JN311907

真説　黒田官兵衛

人物文庫

学陽書房

はじめに

――「軍師」は、役職ではない。

強《し》いていえば、立場であろう。

イメージが創りあげた呼称、といい替えてもよい。無論、モデルは存在した。日本人の多くが連想する「軍師」の典型は、さしずめ三国志の名軍師・諸葛孔明であろうか。

興味深いのは、この孔明にも実は、具体的なモデルが存在したことである。『三国志演義』をまとめたといわれる羅《ら》貫中《かんちゅう》は、元末期から明初期の人であったが、同じ時代を三国志の孔明に似た立場で生きた、歴史上の人物に劉《りゅう》基《き》がいた。

この人物が朱元璋《しゅげんしょう》を支えて、明を建国するにいたるのだが、そのしぐさ、ファッション、ことごとくを羅貫中は借り、今日の孔明の像を創りあげた、と筆者はみている。

ただ、遡《さかのぼ》れば中国には、それ以前にも数多くの「軍師」が活躍していた。

「主将に属して、軍機をつかさどり謀略をめぐらす人」

「巧みに策定・手段をめぐらす人」

右の『広辞苑』があげた二つの項目が、「軍師」の定義であるならば、史上の孔明が理想にあげた前漢帝国建国の功臣、〝帷幄《いあく》の人〟が二人。本陣で作戦会議に参加した張良《ちょうりょう》（字《あざな》は子房《しぼう》）と陳平《ちんぺい》（諡《おくりな》は献侯）である。その一方の張良が学んだ軍略・兵法を、執筆したと伝えられるのが太公望呂尚《たいこうぼうりょしょう》。

一方で、この太公望兵法より以上に有名で、そもそもの兵法を思想として確立した、といわれるのが孫子（正確には二人・春秋時代の孫武《そんぶ》と戦国時代の孫臏《そんぴん》）である。この兵法家の存在は大きい。

どうやら、これら中国古典に登場する人物に共通するのは、戦野に軍勢を率いて勝機をもぎとるという力技《ちからわざ》を、馬上指揮する立場ではなく、むしろ本営の奥深くで作戦を立案し、勝ちを千里の外に決するという役割を担った人々のことを指したようだ。

日本の戦国時代、はじめて天下統一をはたした豊臣秀吉には、竹中半兵衛重治《しげはる》と並んで、機密軍議の相手をつとめた黒田官兵衛孝高《よしたか》がいた。秀吉幕下の諸将は、二人のことを、

「良平（張良と陳平）――」

と比肩した。

豊臣政権を滅ぼした、徳川幕府の二代将軍・徳川秀忠さえもが、近臣に、

「黒田如水（官兵衛の号）は今世の張良なるべし」

といっている（『名将言行録』）。

ときに、半兵衛と官兵衛の二人は、〝二兵衛《にひょうえ》〟と畏敬されたこともあったという。

ところが、この〝二兵衛〟は、〝良平〟と異なり、わずかな期間しか重なって活躍してはいなかった。二人が共に、秀吉の側にあったのは二年弱ほどでしかない。官兵衛より二歳年上の半兵衛は、天正七年（一五七九）六月十三日にこの世を去っていた。肺の病といい、享年は三十六。惜しまれる早逝《そうせい》であった。

このとき秀吉はまだ、織田家中国方面軍の一司令官でしかなかった。その彼を押しあげ、担ぎ、天下を取らせるべく邁進させた「軍師」は、官兵衛であったろう。

もっとも、この「軍師」官兵衛は実のところ、「軍師」の立場におさまりきれる器ではなかった。その上の、軍師を使う主将になれる条件をも備えていたのである。

その証左に、天下取りに邁進する途次において、主君となった秀吉は、官兵衛を、

「楠木正成が再誕なり」（『名将言行録』）

と誉めている。

日本の南北朝時代、神算鬼謀の作戦を立て、自ら軍勢を指揮した正成は、〝楠《くすのき》流〟軍学の祖とされながらも、「軍師」の枠では捉えきれないスケールを持っていた。

秀吉は官兵衛の、その辺りを警戒しつつも、その優れた才覚をもちいつづけ、官兵衛は秀吉の胸中を慮りながら、策をめぐらせ、ついには天下を取らしめた。

本書は「軍師」の範疇に入りきれなかった大器、黒田官兵衛の生涯を追いながら、軍師の

条件を考え、歴史の場面にその実践を学び、併せて官兵衛ほどの才覚をもってしても、なぜ天下が取れなかったのか、を考察することを目的とした。

参考とした原本は、本文のその箇所に明記するよう心がけ、全体としての参考文献は、拙著も含め、巻末に一括している。ただ、『名将言行録』に関しては、拙著『現代語訳　名将言行録　軍師編』を、そのまま引用文にもちいた。

本書が読者諸氏にとり、この難しい時代を生き抜く、多少の参考となれば、それにすぎる喜びはない。

最後になりましたが、前作『関ヶ原大戦』『戦国軍師列伝』につづけて、この度の執筆の機会を与えていただいた、学陽書房編集部の安藤健司氏に心より御礼を申し述べる次第です。

平成二十五年初夏　東京練馬の羽沢にて

加来耕三

目次

序章　三者択一の決断

信長の上洛

黒田官兵衛《かんべえ》、諱《いみな》を孝高《よしたか》。戦国の播州姫路（現・兵庫県姫路市）に蟠踞《ばんきょ》していた、小大名・小寺《こでら》氏の家臣である。

その彼が、〝天下布武〟に邁進する織田信長に謁見を許されたのは、三十歳のとき。天正三年（一五七五）七月のことであった。その瞬間から、官兵衛の境涯は波乱万丈の奇譚《きたん》を織りなすこととなるのだが、そのことはしばらく措《お》く。

まずは、信長の上洛にふれておかねばならない。歴史は、偶然・必然の玉突きに似ていた。信長の上洛戦が成功しなければ、そもそも官兵衛の出番もなかったろう。

この大作戦を織田家に持ち込んだのは、越前朝倉家の客将・明智光秀であった。のちに本能寺の変を引き起こし、信長のみならず官兵衛の人生を一変させるこの男は、年齢も不詳であり、主君となる信長に、いつから仕えたものか、実は定かではなかった。

永禄七年（一五六四）九月とする説もあるが、筆者にはどうも後世の付会《ふかい》のように思われてならない。案ずるに、光秀が信長の前に現れたのは、永禄十一年の信長上洛の直前、とみるのが妥当ではあるまいか。

信長は光秀の出現により、越前（現・福井県中北部）に居候していた十五代将軍候補の足利義昭を得て、ようやく、上洛戦の大義名分を手にすることができた。

織田家に仕えた光秀の、急速な出世も、この周旋の価値を考察すれば頷《うなず》けよう。

だが、将軍を擁立すれば、天下の政治が仕切れるのではないか、と考えた戦国武将は、ほかにもいくらでもいた。問題はこの思いつきを、どう具現化するかであった。

なにしろ京都には、十三代将軍・足利義輝を弑逆《しいぎゃく》した三好三人衆や松永久秀——畿内を牛耳った暴戻《ぼうれい》勢力——に擁立された十四代将軍の足利義栄《よしひで》がすでにいた。

この天下に跳梁《ちょうりょう》している勢力を向こうにまわし、義を徇《とな》えて、その勢力を討ち、斬り従えなければ、真に上洛したことにはならない。妄想ではなく、信長は義昭擁立の思いつきを、凄まじいばかりのエネルギーで現実化しようとした。

永禄十一年七月十六日、義昭は信長と同盟関係にある北近江の小谷城主・浅井長政の許《もと》にたどりつき、同月二十五日には美濃（現・岐阜県南部）の立政寺に入って、直接、信長からの丁重な出迎えを受けた。

光秀はこの間、朝倉家の客将から、義昭の昵懇衆《じっこんしゅう》となり、さらに義昭周旋のために赴いた織田家に移って、すぐさま侍大将としての厚遇を得た。

「当然である。信長が上洛できたのは、私のおかげなのだから……」

内心、光秀はそう自負していたかもしれない。もっとも、信長はこの人物なりに、光秀の周旋で義昭を得なくとも、上洛する準備は整えていた。

「帝を戴けばよい」

信長はこの点でも、戦国の世にあっては異質な武将であった。

この時代、有名無実の将軍を知る武士はいたものの、俗世間から隔絶された天皇の存在に注目する者は、よほどの物識りか物好きでしかなかったろう。

武将たちに官位を授与する資格は将軍家にあり、将軍が朝廷に奏上して実現する仕来《しきた》りとなっていた。その大本――勢威もなく、接しても実利を生まない中世の遺物＝朝廷を、尊重して敬意を払うなどといった武士は奇人といってよかったろう。

ところが信長は、父・信秀の薫陶によって、将軍を超越する京都の朝廷の存在を認識していた。彼は皇室と朝廷の衰微の救済を、大義名分に掲げる腹づもりであった。

その段取りは、はやくも永禄十年十一月九日、ときの正親町《おおぎまち》天皇（第百六代）から綸旨《りんし》を賜わった時点でできていたといえる。

戦乱の中、三年間、即位式を行えなかったこの帝は、信長を、

「織田尾張守」

と呼び、その武勇を古今無双と誉めて、皇室御料回復の下達を行った。

信長にすれば、上洛の名分としてはこれで十分であったろう。それに、義昭が加わった。

四囲の情勢で、上洛が困難なのは信長とて他の戦国大名と変わりはなかった。が、何事に

も熱中するこの男は、まずは周到な外交辞令と虚喝《はったり》を尽くして、周囲を静まらせたうえで、「尊皇と佐幕」——二つながらのスローガンを、堂々と掲げて上京を具体化した。

途中、行く手を遮《さえぎ》るのは、南近江の六角承禎《じょうてい》（義賢《よしかた》）ただひとり。

信長は執拗に、承禎に使者を送って道中通過の許諾を得ようとしたが、畿内の三好三人衆と手を結ぶ承禎は、ついにその求めに応じなかった。承禎には、名門としてのプライドがあり、たかが出来星大名の織田ではないか、といった蔑視もあったようだ。

加えて承禎は、信長と同盟関係にあった浅井氏を許すことができなかった。この世からどちらかが消えるまで、戦わねばならぬ。とくに、六角氏側の憎しみは大きかったに違いない。

六角氏と佐々木氏と浅井氏

——近江（現・滋賀県）の支配者は、史上を流転した。

鎌倉幕府の執権・北条義時（政子の弟）が、背に腹はかえられず、自らを討とうとした後鳥羽院（第八十二代天皇）に戦いを挑んだ承久の乱のおり、宇治川の先陣争いで一躍、勇名を馳せた佐々木信綱は、佐々木氏の嫡流ではなかった。が、義時に認められ、近江守に補任され、惣領職をも相続することとなった。

この信綱の嗣子・近江守泰綱が、京都六角洞院に屋敷を構えたことにより、以後、六角氏を称することになった。ちなみに、泰綱には対馬守氏信《うじのぶ》という弟（信綱の四男）があり、歌人として名が聞こえていた。この氏信が、京都の京極高辻に館を構えたことから、京極氏が始まった。しばらく六角・京極の二氏は、ともに各々の分限を守っての泰平がつづく。

両者がともに、不倶戴天の敵となったのは南北朝の争乱時からであった。

六角氏は鎌倉幕府への恩顧に生き、京極氏は当主・佐々木導誉《どうよ》の判断で足利尊氏と行動をともにした。そのことが両家の均衡を大いに狂わせることとなり、京極氏の優越がつづくきっかけとなった。そこへつづいて、日本史上空前絶後の応仁・文明の乱（一四六七～一四七七）が勃発した。

京極氏は東軍の細川勝元へつき、六角氏は西軍の山名持豊《もちとよ》（宗全《そうぜん》）の与党となった。

本拠地の近江では、十三郡の争奪戦がおこなわれ、京極氏の分国＝出雲（現・島根県東部）、隠岐（島根県隠岐諸島）、飛騨（現・岐阜県北部）の守護などをめぐって、両者の争いは激化した。十一年つづいた抗争は結局、双方ともに勢力を弱めることとなり、出頭人の京極高清が出るに及び、美濃の実力者・斎藤利国（妙純・美濃守護代）の協力もあって、ときの六角高頼との戦いに競り勝った京極氏が、一応の近江統一をはたした。

しかし、勝利した京極氏の被官・浅井亮政《すけまさ》が下剋上に及び、主家の継嗣問題に介入して、実権を掌握。大永三年（一五二三）には、江北の地を事実上、平定してしまう。亮政に攻められた京極高清は敗走し、一時は尾張（現・愛知県西部）への亡命を余儀なくされる。

のちに高清は亮政に迎えられ、小谷城の一隅へ移ったものの、天文七年（一五三八）（あるいは永正十四年（一五一七）二月十六日）に、そのままこの世を去ってしまう。

もし、このおり六角氏に力量のある定頼《さだより》（高頼の二男）がでなければ、亮政は一気に南北近江を、自力で統一していたに違いない。信長の父・織田信秀における斎藤道三、武田信玄における上杉謙信のような存在として、定頼は浅井亮政に、それ以上の下剋上を許さなかった。この定頼の子が六角義賢であり、法名を承禎と称した。

『江濃記』では天文十三年（一五四四）九月下旬に、六角家と越前の朝倉氏、伊勢（現・三重県の大半）の関氏、同じく長野氏、国司の北畠氏、美濃の土岐氏、摂津の上衆・下衆などが合流して「京極佐々木六郎殿」を攻めたとある。しかもこのおり、京都にあった朝倉氏は、

「京極家の家老である浅井下野守入道休外という者は、勝《すぐ》れた武勇・兵法・宮廷儀式の達人であるから、彼の方へそっと命令されれば、京極征伐は実に簡単に運ぶであろう。そのあとで、京極の跡目を浅井に授けられればよい」

と言上したというのだ。

このときの浅井下野守を、『江濃記』は「高政」としているが、この人名は浅井氏の系図には見あたらない。おそらく前述の、亮政であったろう。同年十月二十二日、京極の嫡流は自害により絶えたという。ちなみに、浅井家は亮政―久政―長政とつづく。

この長政の正室が、信長の愛妹・お市である。

いずれにせよ、六角氏と浅井氏の確執が、鍍金《めっき》のように簡単に剥《は》がれるものではなかったことはうかがえよう。

信長は永禄十一年（一五六八）九月七日、尾張・美濃の軍勢に部将・滝川一益らが切りとった伊勢の軍兵、同盟者徳川家康、浅井長政から派遣された軍団を率いて、一気に近江路に殺到した。

総勢四万とも、六万ともいわれる兵数である。

なかでも織田軍の行列は、行き交う人々の目を奪った。尾張の経済的な豊かさを反映して、華麗なことは海内《かいだい》随一といわれただけのことはあったようだ。織田家は銃器の数も多かったが、それらが延々と砂塵をあげて西進するさまは、壮観としかいいようがなかった。

——一方の六角承禎は、戦慄したに違いない。

まさか、と高を括《くく》っていた足利義昭の奉戴・上洛を、信長はひきとってわずか二ヵ月後に、はやばや実行に移してみせたのであるから。

戦《いくさ》は素人が勝利する

承禎は、家の伝統に加えて兵法家としても勇名を轟かせた戦術家であったが、疾風怒濤の進撃をみせる数万の織田連合軍を、防ぎ支える手だてなどは思いもつかなかった。

巧緻なゲリラ戦術を駆使しようにも、大軍の大洪水があっけなく、味方の諸陣を瞬時に席巻し、すべてを押し流して、さらっていってしまったのである。為《な》すすべもなかった、というのが実感であったろう。

「戦《いくさ》は兵力の大きい側が勝つ」

信長の戦術思想は、平凡このうえもなかった。

それだけに、徹底している。小味で変幻自在な戦法など、彼は身につけることもなかったし、関心も示さなかった。ただただ必要な場所に、最大の装備・兵力を迅速に動員・集結させ、息もつかせず攻めたてることだけを工夫しつづけた。敗れたらどうするのか、理屈はいらない。さっさと逃げればよかった。相手が悪すぎた。六角承禎─義弼《よしすけ》（義治）父子は、土崩《どほう》の中で観音寺城を捨てて、這《ほ》う這《ほ》うの体《てい》で甲賀山中まで逃げ込んだ。

信長は月の変わらぬ二十六日には、足利義昭を奉じて入洛に成功。京都に入っても、織田連合軍の勢いは止まらなかった。山城国（現・京都府南部）勝龍寺に三好三人衆の一《いっ》・岩成《いわなり》（石成とも）友通《ともみち》を攻め、摂津、河内の諸城を屠《ほふ》り、降参して来た三好家の家宰・松永久秀をあっさりと許すと、その軍勢をも加えて大和国（現・奈良県）へ雪崩のごとく侵攻した。

十月十八日、流浪の身から一転、足利義昭は従四位下に叙せられ、参議、左近衛権中将に任じられて、征夷大将軍を宣下され、同二十二日にはついに参内へ──。

「すべては、御父織田弾正忠殿のおかげである」

と、新将軍義昭は破格に、信長への感謝を言葉にした。

信長が、この言葉をどう聞いたかは不明である。朝廷との外交儀礼にも参加しながら、矢継早の政策も発表、断行しなければならない。尾張の田舎大名も、きわめて多忙であった。

諸国関所の撤廃、近江における検地、撰銭令、神社仏閣への矢銭（軍事費）請求。自由都市といわれた堺にも、同様の矢銭を課している。ちなみに、これから先、織田家の宿敵となる石山本願寺には五千貫、堺の会合《えごう》（納屋）衆には二万貫を強要。両者はこの時、この申し入れを受け入れている。信長はすぐさま、伊勢・琵琶湖・堺といった富有の地を直轄地とし、織田家の経済的基盤を固めた。

——さて、甲賀山中に逃れた六角承禎である。

彼はのち、元亀元年（一五七〇）になってようやく、信長に降参するのだが、この六角氏は黒田官兵衛と系図上は遠縁関係にあった。否、より正確を期せば、六角氏の家来筋に黒田氏はいた、ということになる。

江戸時代に入って、福岡藩二代藩主・黒田忠之《ただゆき》（官兵衛の孫）の命により、貝原益軒《かいばらえきけん》が寛文十一年（一六七一）に起稿し、貞享四年（一六八七）に脱稿した『黒田家譜』（首巻の「源姓黒田氏系譜」）を信じれば、官兵衛の先祖は承禎と同じ佐々木信綱にいきついた（出自の先は第五十九代宇多天皇となる）。

近江源氏の嫡流——ただし、官兵衛の先祖は信綱の長男・重綱と父の遺領をめぐって争い、相伝の土地を没収された、近江守護泰綱（六角氏）の、さらにその下の弟・氏信（京極氏）から出ていた。この氏信は幕府に重用され、引付衆や評定衆を歴任、兄・泰綱の家をも上まわりかねない繁栄をもたらした。

官兵衛の黒田家は、その京極氏信の子・満信《みつのぶ》の二男宗満が、琵琶湖の北東・伊香郡《いかごおり》黒田邑《むら》に住したことにより、「黒田」姓になったという。

この地は、賤ヶ岳の南麓から東麓にかけて開けた平野部にあった。「構《かまえ》」と称する集落があり、ここここそが黒田氏発祥の地、黒田左衛門大夫判官宗清《むねきよ》（宗満の別名）の構屋敷のあったところである、と先の『黒田家譜』は述べている。

この宗清という人物は、延文二年（一三五七）に七十九歳で没したというから、もし史実通りなら、鎌倉時代末期の弘安二年（一二七九）から南北朝のはじめ頃を生きたことになる。

なお、南北朝のバサラ大名で、京極家の当主でもあった佐々木導誉は、満信の子か、満信の兄弟である宗綱の孫か、という位置づけとなった。

右の伊香郡黒田邑は、後世に木之本町黒田となり、現在では合併した長浜市内に、「黒田氏旧縁之地」の石碑が残っている。「黒田判官代　源宗清」の墓石も、ここにあった。

流転する家

――少し、佐々木源氏の出自「黒田」について考えてみたい。

室町幕府の奉公衆の名簿『永享《えいきょう》以来御番帳』には、佐々木黒田備前守高光の名があった。

この人物は『建内記』にも登場する。また、少しあとの康正二年（一四五六）七月の記録に、幕府奉公衆の一人として、黒田伊豆守信秀なる人物が登場した。このほかにも、黒田左馬助貞長の名が『親長卿記《ちかながきょうき》』にみえている。このように、佐々木黒田氏は存在したが、肝心の宗清をはじめ、高政にいたるまでの名は、今だ何処にも発見されていない。

最近になって、播磨の黒田（現・兵庫県西脇市黒田庄町黒田）を出身とする説も、発表されている。出典は「荘厳寺本《しょうごんじぼん》黒田家略系図」——播磨国多可郡黒田村（現・兵庫県西脇市黒田庄町黒田）の真言宗・荘厳寺に伝えられたもの。

黒田家の家譜は、官兵衛の祖父以前、あまりにも謎が多く、そのため江戸時代に入っても全体に疑問視する向きは少なくなかった。とりわけ、唯一の史料ともいうべき『黒田家譜』の出典が、『江源武鑑』（近江守護佐々木六角氏の末期四代の時代を、日記形式で描いた書物）や江戸時代前期の儒官・堀杏庵《ほりきょうあん》が作成した『寛永黒田系図』しか根拠がない点があやしい、というのだ。

たとえば、享保十九年（一七三四）に近江の人で儒者の寒川辰清《さむかわたつきよ》（あるいは、かんかわときよ）が著した『近江輿地志略《よちしりゃく》』に拠れば、伊香郡黒田邑の穂先長者の墓を、「黒田判官宗清」と貝原益軒は唱えているが、墓名がそもそも摩滅して読めず、「宗清」との断定はできない、とある。

また、寛政四年（一七九二）の序がある『淡海國木間攫《おうみのくにこまさらえ》』には、黒田氏の「宗満」以来、この一族は坂田郡黒田庄本郷村（現・滋賀県米原市本郷）に在城していた、と述べていた。「明ニ知レ難シ」――疑問符を投げかけている。

では、「荘厳寺本」には、この間の黒田氏をどのように記しているのか。

播州黒田家の祖は、赤松円光《あかまつえんこう》である、と断じている。円心（則村）の弟であり、その子・重光こそが黒田姓を最初に名乗った人物である、というのだ。

つまり、播州黒田氏は近江源氏ではなく、赤松氏の庶流ということになる。

なるほど、この地は丹波国（現・京都府中部および兵庫県東部）に隣接しており、播磨国では一番京に近い。丹波篠山から亀岡へ抜ければ、最短の直接距離である。戦略的拠点といってよい。

黒田重光は観応二年（一三五一）三月十一日、多可郡黒田城に移り、五千貫を領有。「志摩守」を私称したとある。今日、これを確認する史跡はないが、江戸時代まで平時の黒田氏が居住したあとが、「搆《かまえ》」（構）という地名として残っていたという。

以来、二代重勝―三代重康―四代光勝―五代重貞―六代重昭―七代重範―八代重隆―九代治隆と家督は伝わり、黒田氏は二百数十年、この地に存在しつづけ、官兵衛（孝隆、のち孝高）はそのうちの八代重隆の次男であり、姫路の小寺職隆の養子に入ったと述べていた（黒田九代のうち、初代重光と五代重貞が小寺氏と婚姻関係にあったという）。

ちなみにこの系図によれば、官兵衛の父・重隆の母（重範の妻）＝「証果院見洪妙観大禅定尼」は、「佐々木高信」という人の娘であった、という。天文十八年（一五四九）に没したというなら、官兵衛が四歳頃までは一緒に暮らしていた可能性もある。

貝原益軒が参考にした『江源武鑑』では、黒田重隆の父を高政としていた。しかも重隆は「備前赤坂福岡」の生まれとし、堀杏庵が『寛永諸家系図伝』を作成するにあたって、「赤坂郡福岡」と修正。実在の邑久郡《おくごおり》福岡と異なり、こちらは所在不明の地名であった。

備前福岡には妙興寺があり、官兵衛の先祖の墓所とされている（現・岡山県瀬戸内市長船町福岡）。だが、その墓碑は刻銘が摩耗して字を読むことはかなわない。

元文二年（一七三七）の『備前國誌』によれば、妙興寺にある古墓を、

「赤松氏族の墓と云ふ」

と記していた。

しかし、流離譚が皆目、伝わっていなかった。

黒田重隆について、姫路市の御着に近い小寺家の菩提寺・心光寺（のちに同市北平野台町へ移転）の過去帳を写した山口武帍《たけとら》によれば、その法名、卒年月日は「善彛宗卜禅定門、永禄七年（一五六四）二月六日卒」となる。

ところが荘厳寺の略系図では、「霊光院覚智性悟大禅定門、永禄十年八月十七日卒」とあった。なお、この武帍は江戸の天明年間（一七八一～一七八九）に、黒田職隆の廟を建設するため、播磨へ派遣された人物である。

官兵衛は天正十三年（一五八五）に、キリシタンとなったとされており、以来、仏式を廃した。仏式に復したのは、次代の長政のときからであった。このことと、あるいは二つの法名、二つの卒年月日が生まれたことと、何らかの関係があるのだろうか。

二つの黒田家譜

興味深いのは、官兵衛が小寺職隆《もとたか》の猶子となったという下りだ。職隆は則職《のりもと》の嫡子であり、御着城主の小寺の一族として、「赤松目代」の役職を負い、姫路城に入っていたというのである。

一方、官兵衛には兄「黒田左衛門尉治隆」があって、この人物が九代黒田城主になったという。荘厳寺系図に拠れば、川向うの石原城主・石原掃部助、加古川上流の赤井五郎（後屋城主の子か）と戦って討ち死にしたとある。

多可郡黒田城はこれを機に廃城となった。元亀年間（一五七〇〜一五七三）のことらしい。

前出の山口武俤は、播磨での古記伝承を採集した結果、

播𠯁《ばんしゆう》にて一覧せし諸記録に、黒田官兵衛孝隆ハ美濃守職隆の猶子と記せし事見へ侍れバ、如水（官兵衛）公ハ下野守重隆公の御子にて、職隆公の御猶子なる事、実ならんか。
（「播磨国飾東郡妻鹿村御塔之記」・『播磨古事』所収）

「荘厳寺本黒田家略系図」が荘厳寺に残されたのは、官兵衛の母が多可郡比延庄村（現・兵庫県西脇市比延町）を治めていた比延氏の生まれで、その母方に「勝岡」姓があり、この家に黒田家の系図が残っていて、赤松氏の庶流である黒田家の菩提を弔うために、約二百年前に系図を抜粋して、略系図を作り、これを荘厳寺に納めたのだという。

原本の系図が明らかになれば、官兵衛前史もまったく異なった展開をみせることになるかもしれない。ただ、現時点では、佐々木源氏の支族と同様、播磨黒田氏も歴代が、まったく一次史料に姿を現してこない。たとえば、『赤松諸家大系図』にも、黒田城の黒田氏は記載がなかった。播磨の一土豪が、自ら貴種性を高めるために創作したのだろうか……。

いずれにしても、この荘厳寺本の略系図だけでは、官兵衛の才覚、その前提となった黒田家代々の商才も説明できない。そのため、あえてここでこの伝承は置く。が、播磨国で黒田氏の展開を考えるとき、ちらちらと思い出して推論してみる価値はありそうに思う。

一方の『黒田家譜』しかり。こちらの系譜も、宗満―高満―宗信―高教―高宗とつづくというが、これらの人々の実像を証明するものは、系譜以外にはない。代々、落魄《らくはく》していたのだろうか。個々の経歴は何一つ、具体的に述べられていなかった。

また、『寛政重修諸家譜』は高宗のところに、「高宗より重隆まで其間中絶《そのかん》」と筆記。興味をひくのは、高宗の子・右近大夫高政である。

「故ありて近江国を去《さる》、備前国邑久郡福岡（現・岡山県瀬戸内市長船町福岡）に移り住むといふ」

とあった（『黒田家譜』）。

この高政は、官兵衛の曾祖父にあたる人物である。何をしでかしたのか、どうやら十代将軍・足利義稙《よしたね》の逆鱗にふれたようだ。家譜に「軍令を犯して」とあるから、戦場《いくさば》で先駆けの功名でも狙ったのであろう。この時、高政は六角高頼《たかより》―氏綱《うじつな》父子の陣中にあった。京極氏の分家であった黒田家は、いつしか敵対する六角氏の家人となっていたようだ。

もっとも、右の話、将軍の機嫌をそこねるほどの地位に、はたして高政がいたかどうか。

ちなみに六角氏綱は、管領・細川政元の養子である澄之《すみゆき》（前関白・九条政基《まさもと》の子）が、同じく政元の養子・細川澄元《すみもと》（阿波守護・細川義春の子）と争った戦《いくさ》で負傷。それがもとで父に先だち、六角氏は高頼の跡を氏綱の弟・定頼が継いでいる。

その定頼の子が義賢《よしかた》、すなわち承禎《じょうてい》であることはすでに述べた。

「いっそ、他国へ逃げるか」

高政がもし、そう口にしたとすれば、この人物は明らかに尋常人《じんじょうびと》ではなかったろう。なるほど、捨ててもおかしくない程度のものしか、彼はもちあわせていなかったかもしれない。が、だからといって、土着の人間が他郷へ、軽々と移り住むこと自体が、ほとんど不可能な時代であった。人間はことごとく、土地に縛られて生きていた。それが中世である。

ときおり、室町・戦国時代を誤解している小説に出会うが、武士が牢人して、身一つで諸国を流浪するというのは、織田信長以降のことであり、多くは江戸時代に入ってこそ可能な現象であった。まして家族を連れて、ふいに未知なる他国に移り住むなどということは、実際問題としてできるものではなかったろう。

時代はいまだ、街道も整備されておらず、村落は各々に孤立し、点在する村は横の連帯はもっていたものの、見知らぬ他国の人間に対しては、どこまでもつめたかった。

門地や身分がとびきり上等の、たとえば公卿ともなれば、押領された所領を取り返すすべのないまま、地方の守護大名やその下の守護代などに庇護を受けることはできたであろう。が、近江源氏の傍流でしかない高政が、自らの家譜を他郷で誇ったとすれば、それは物笑いの種になるのが関の山であったろう。冷笑され、簀《す》巻《ま》きにされるのがおちであった。

検証してみるとよい。室町武家の中途半端な旧家・名門の類は、ことごとくこの時期から信長登場までの間に、天下六十余州で消え去っている。

なぜ、受け入れてもらえなかったのか。他人が入って来ても、分けるべき土地がなかったからだ。農耕器具の改良は、もう少しあとの時代のこと。村という村は一律、一族縁者で構成されており、兵農分離はまだ行われておらず、庄屋が武将、百姓が兵卒をつとめた時代である。見知らぬ他人を受け入れる土壌そのものが、村落にはなかったのだ。

第一、「城下町」という概念そのものも、なかった。京の都や堺のような、町と呼べる大集落が、さて、天下にどれほどあっただろうか。

高政の生き残り処世術

備前国邑久郡福岡を目指したという高政は、この地に黒田の一族——正しくは佐々木定綱の弟・盛綱の子孫——である加地《かぢ》氏、飽浦《あくら》氏が生活を営んでいたことを頼りに移住した、というが、おそらくそれだけが信用手形ではなかったはずだ。

筆者は、福岡へ移り住んだ高政—重隆の父子の墓が、日蓮宗の古刹・教意山妙興寺にあった点に注目した。中世の一時期、鎌倉仏教の一宗門として発生した日蓮宗が、爆発的な勢いで法線を拡大させたことがあった。なかでも、帰依する人々を一気に増やした階層がある。商人層であった。

平安時代の末期、平清盛が大々的に着手した日宋貿易あたりから、徐々に形成された商人《あきないびと》は、鎌倉—室町と時代を経るごとに、商品経済の勃興にともなって、武士や農民と拮抗するほどの発言力を持つようになった。

とりわけ京は、非公認ながら商人＝町衆の都市となっていた。

そうした町衆が、心の支えとしたのが日蓮宗であった。

「南無妙法蓮華経」

この題目を、声高らかに連呼すれば、現世の望みはたちどころにかなう、と信じられた法華（日蓮宗）の教徒は、現世利益《げんせりやく》を信奉する商人にとっては打ってつけの宗旨で、とりわけ有徳人《うとくにん》と呼ばれた富商を中心に、豊かな地域＝商売の可能な地方で一気に広がった。

題目が外向きでリズミカルに明るく、内省的な「南無阿弥陀仏」の念仏より、成り上がろう、商売を広げよう、と積極的に考える商人には、音律的にも向いていたのかもしれない。

——高政は、これに便乗したのではあるまいか。

無論、加地氏や飽浦氏とも、以前から抜け目なく意思を通じ、往来を心がけてはいたに違いない。

加えて、室町武家の行儀作法も、高政は意識して、身につけていたように思われる。

これは彼のみでなく、官兵衛までつながる、黒田家代々の伝統的気質とでもいうべきか。

彼らには、公卿ほどではないにしても、一般の公家並、室町武家並の学問の匂い、文学嗜好者としての雰囲気があった。漢籍をある程度は講義ができ、万葉や和歌を読み聞かせ、連歌の会につらなり得るだけの教養を、持っていた可能性は高い。

そのうえで、各地の情報を集め、分析し、慎重に福岡の地を選び、周到に準備して、保険をかけるように手蔓《てづる》を幾つも求め、各々に教養を中心とした社交の才覚を発揮したに相違ない。これらについては、多少なりの根拠がある。以下、ふれていきたい。

まずは、移住先に狙い定めた「福岡」である。なぜ、「福岡」であったのか。

この地が、黒田家に幸いしたことは間違いない。

後年、筑前（現・福岡県北西部）に入国した官兵衛は、福崎の丘陵に城を築き、城下町を開くと、この地を「福岡」と名づけている。

備前国邑久郡福岡は、となりの長船《おさふね》と共に、多数の刀鍛冶《かたなかじ》が住み、「福岡一文字」「備前長船」などの名工が輩出した土地柄であった。

そこに市が集い、商業集落が生まれ、

「西の道随一」

とまでいわれた、山陽道の要衝となっていた。

このあと登場する宇喜多直家《うきたなおいえ》が、元亀元年（一五七〇）に岡山に城を築き、城下町を開いたため、有力商人がこのおり大挙移住したことで、福岡はさびれてしまうのだが、高政の頃はどうにか一家を養うことができたようだ。ただし、何をして生計を立てていたかは、皆目不明である。筆者は、商いであったろう、と推測している。

土地をもたない者が、家運を興そうとすれば、商人として財力を蓄えるしかなかった。

「その方を召しかかえてつかわす」

などという言葉が、武家の主人から出るようになるのは、信長の専属家臣団制ができて以降のことである。

土地とワンセットになっていた武士に、土地を持たない流れ者は、そう気安くはなれなかった。土着の農民が、その素質を認められて足軽奉公に出るのとは、根本的にわけが違っていた。至難のことであったといえる。

大永三年（一五二三）に高政は死に、その跡を重隆《しげたか》が継いだ。

永正五年（一五〇八）生まれのこの人物は、幼い頃、父と共に備州福岡へやって来た。父に似た苦労人であったろうが、重隆は新しい土地に根を張る前に、下剋上で勃興した浦上村《うらがみむら》宗《むね》にあっさり、この地を追い払われてしまう。

相手の質《たち》が悪かった。浦上氏はもと播磨守護・赤松氏の被官であったが、次第に勢力を増し、応仁・文明の乱ののち、ときの浦上則宗が主君・赤松政則の死後、その後嗣義村《よしむら》にかわって国政を担当。勢威はいつしか主家を凌ぎ、その地位は逆転した。

さらには、浦上村宗の代になって、彼は鞭をあげ、大地を叩くようにして主君の赤松義村を殺害する。大永元年のことで、それにより村宗は播磨・備前・美作《みまさか》（各々、現・兵庫県南西部、岡山県南東部、岡山県北東部）の三ヵ国を横領したことになる。

黒田重隆が追われたのは、おそらくこの下剋上の渦中であったろう。下が上に取ってかわる、虎狼《ころう》のようなこの社会現象は、つぎつぎに下へ下へと誘爆して、規模を広げてゆく。

蛇足ながら、浦上村宗は赤松義村の嫡男政村（晴政）に討たれ、浦上氏は政宗・宗景兄弟の時代となるが、二人は不仲でさらなる下剋上の波にさらわれる。

目薬と竹森新右衛門

さて、重隆。彼の逃亡先が、播磨の姫路であった。

なぜ、姫路なのか。ここにも浦上氏の威名は轟いていた。が、勢力圏の外周に近かったようだ。重隆からすれば、懸命に村宗から遠ざかりつつ、改めての手蔓を求め直し、時間の許されるかぎり準備しての、亡命であったろう。

『黒田家譜』は、ここへの土着の理由を沈黙している。

かわって理由《わけ》を語ったのが、匿名で書かれた、しかも明らかに後世に記されたと思われる『夢幻物語』（金子堅太郎著『黒田如水伝』所収・原本不明）であった。

もっとも、この伝承によれば重隆は、夢に近江（佐々木）大明神をみて、そのお告げで播州の「広宗大明神」（正しくは広峰大明神）に参拝する。祭られていたのは牛頭《ごず》天王――これは薬師如来の化身で、別に惣社大明神、広峰大明神といい、疫《やく》を除く神、産業の神としても信仰を集めていた。

重隆は半信半疑ながら参詣し、神主の井口太夫と会い、夢のお告げの話をしてみると、

「黒田家に何か、家伝の妙薬はありませんか」

と、太夫は問うてくれ、話が黒田家秘伝の目薬の調合法に及び、祈禱札（護符）と一緒にこの目薬を配ればどうか、ということになり、配ったところ、霊験あらたかとの評判が立ち、一躍、重隆は財を成したという。

同様の挿話は、『村田出羽伝』（金子堅太郎著『黒田如水伝』所収）にもあった。

こちらはのち、〝黒田二十四騎〟に数えられる村田出羽守吉次の生涯を、外曾孫の杉村紀

年が承応元年（一六五二）にまとめたもの、とされている。

ちなみに、吉次は通称を兵助といい、幼少より豪胆であったという。十六歳で初陣して以来、数多くの武功を輝かせ、朝鮮出兵でも活躍した。

筑前入国後、「出羽」と改めて知行二千石を賜っている。足軽大頭を勤め、元和七年（一六二一）十月二十九日に五十七歳でこの世を去っていた。

『村田出羽伝』が、『夢幻物語』と多少内容の異なったのが、目薬で成功した人物を重隆ではなく、その子・職隆《もとたか》（前名・満隆《みつたか》）としていた点であろうか。

別の資料では、「玲珠膏《れいしゆこう》」と商品名をつけられた目薬（『黒田家譜』には出てこない）――これを商い、財を成して、それを地《じ》の人に貸すことによって、さらに富裕層となったという。

筆者が興味をそそられたのは、『夢幻物語』で重隆が身を寄せていた先の、竹森新右衛門という人物であった。

重隆は新右衛門に資金を融通してもらって、目薬を大量に調製し、大明神のお札を抱き合わせにして売り歩くだけの、〝量〟を造ることができた。換言すれば、黒田家の発展は新右衛門のおかげ、ということになる。

――どうやら、この人物は実在したらしい。

しかもこの人物は、後世にいう〝黒田二十四騎〟の一・竹森新右衛門次貞の実父であった。

父の方の新右衛門は、土地持ちの有徳人（富商）であり、重隆はこういう人物にも手蔓をのばしていたのだろうが、彼の手腕のたくみさは、相手を魅了することができた点にあった。

新右衛門はよほど、重隆の人柄に惚れ込んだようだ。自己資金をおしみなく投じるだけではあきたらず、ついには己れの人生をも託してしまう。彼はなんと、重隆の、家来になったのである。

このことは、黒田家にとって特筆すべき出来事であった。家運興隆の端緒といってよい。その証左に、官兵衛が天正八年（一五八〇）に因幡（現・鳥取県東部）、伯耆（現・同県西部）へ進軍するにあたり、惣社大明神の神前で、中白《なかじろ》の旗を黒田家の軍旗と定めたとき、新右衛門の子、次貞を旗奉行に任じている。

以来、竹森家は代々、黒田家の軍旗・吹貫《ふきぬき》（吹き流し）などを、専ら預かる名誉の家柄となり、知行地のほかに御旗地を賜わり、配下に御旗差二十八名を持つ身分となった。

ちなみに、次貞は黒田家の筑前入国後、「石見《いわみ》」と称し、元和七年（一六二一）十一月九日に、七十二歳でこの世を去っている。

なお、蛇足ながら、次貞には松若という弟があった。

天文二十一年（一五五二）に、播州大野（現・兵庫県）に生まれた、と「黒田家臣傳」（『黒田家譜』所収）にある。長じて官兵衛の家来となり、その勇力人に勝《すぐ》れた腕前を、戦場で遺憾なく発揮し、大活躍を演じた。
とりわけ弓馬術にすぐれ、当時の戯れ歌に、
〽けなげ松若、矢がたらぬ——
と、わざわざ謡《うた》われたほどの勇者であった。

商人と「銭の病」

その松若が、天正十一年（一五八三）四月、主人官兵衛とともに羽柴（のち豊臣）秀吉の対柴田勝家戦＝賤ヶ岳の合戦に参加した。

美濃の大垣にあった秀吉は、敵の猛将・佐久間盛政（勝家の甥）が味方の中川清秀（瀬兵衛）の砦を襲うことを知り、急ぎ中川にこのことを伝えるべく、伝令を出そうとした。

が、敵の重包囲網を掻《か》い潜って、山中へ登るのはきわめて困難な決死行であった。

「誰か、いってくれるものはおらぬか」

秀吉に問われても、応じる者がない。

この時、であった。進み出たのが松若である。

「それがしが参りましょう。たとえ敵にとらわれても、決して君命をはずかしめることはいたしますまい」

松若は出発した。が、ついに消息不明となる。このとき、彼は三十一歳。

官兵衛は、松若が十六歳以来ことに勇名をあげた九度の功名を、人柄と共に思い出し、涙したという。余談ながら、筆者が興味を抱いたのは、その後の竹森家であった。

行方不明となった松若には、秦桐若《はたきりわか》という、自らの目標とすべき十人力の先輩部将が黒田家にあり、松若はその娘を妻として、亡くなるまでに一子をもうけていた。

天正九年生まれの新十郎といい、父が死去したとき三歳。のちに、四郎左衛門と改名したが、長じて黒田長政に仕えた。当然のごとく黒田家では大切にされたが、その母のたっての願いで、ほどなく彼は藩士――正規の武士をやめてしまう。

なんと四郎左衛門は、その後、福岡城下で商人となったのである。しかも――、

其《その》一家甚《はなはだ》富《と》めり。寛永三年（一六二六）（四郎左衛門は）死す。年四十六。ここを以《もつ》て、其子孫皆豪商となりぬ。

どうやら竹森家は、四代で初代の新右衛門に先祖返りしたようである。

筆者は、その先祖返りに興味を持ったのではなかった。日本の中世史と近世史を、比べて眺めていると、つくづくその異同《いどう》に感じ入ったのである。

有徳人の竹森家初代新右衛門が肩入れし、黒田家が目薬を商ったことは同時代を通じて広まり、民間にも長く伝承された。目薬商人をしていたことは、まず間違いあるまい。

しかし、『黒田家譜』には、この種の話がまったく出てこなかった。なぜか。商いという行為そのものを、黒田家は武士として恥じたように思われる。

このようにいうと、商人のする金儲けは、卑賤のする業とみなされていたのだろう、と簡単に理解される読者が、あるいはいるかもしれない。なるほど、室町時代末期の商人は、江戸時代の商人以上に、その身分をいやしめられていたことはあるかもしれない。が、実はそれだけではなかったのである。中世はいまだ、迷信の世界に棲んでいた。

「此《この》一門にあらざらむ人は、皆人非人《にんぴにん》なるべし」(『平家物語』巻一)

平家一門を従えて、平清盛が歴史の表舞台に登場したのは、平安時代の末期であった。

時代は古代から中世へと大きく転換し、さらに藤原氏のような大貴族、公卿が、土地を私有化する荘園制度が発展、天皇とは別の「院」による政治も一般化し――それら中世に派生した、ありとあらゆるものが矛盾を露呈し、行き詰まり、あちらこちらでほころびを見せはじめたのが、清盛の時代であった。

国家の財政は大きく傾き、飢饉や内乱の打ちつづくなかで、人々は不安におののき暮らしていた。そうした貴族社会の混乱を、打破すべく役割を担って登場したのが清盛であったわけだ。彼は今風にいえば、土地支配に代わる斬新な経済原理を導入し、これを背景として日本を変革しようとしたのである。

まさに、「一所懸命」とはまったく異なった、海上王国建設の野望といってよかった。その根本にあった経済原理こそが、貨幣による流通の支配であった。商人道である。

ところが、これがなかなか円満に進まない。中世人の頑《かたく》なな恐れが、それを阻んでいたのである。同じ頃、人々が頓《とみ》に耳にする言葉があった。「銭の病《やまい》」である。

この頃の、京都の様子を伝えた記録『百錬抄《ひゃくれんしょう》』（編著者は未詳）によれば、

「近日、天下の上下、病悩《びょうのう》す。これを銭の病と号す」

とあった。

昨今の日本人の感覚では、金もうけに走ったり、金をたくわえようと必死になること、と受けとられそうだが、清盛の時代の〝病〟はまったく別ものであった。

疫病《えきびょう》が流行したことを受けて、「銭の病」だ、銭を使うようになったから、人々は病に倒れたのだ、との風評が天下にひろまったのである。

日本の古代・中世において、銭は現世利益の代表ではなく、呪術的な意味合いをもつもの——呪物《じゅぶつ》そのものであったといってよい。

銭の正体

十二世紀後半から十三世紀にかけて、大宋国から本格的に銭が日本へ流入した。

それまでの日本には、皇朝十二銭が存在した。奈良時代から平安朝の中頃まで、約二百五十年の間に、「和同開珎」を含めて十二種類の銭貨が王朝政府によって鋳造された。が、流

通より蓄蔵されたため、商いの役には立たなかった。

この間、律令制は荘園の発生により崩れ、摂関政治の常態化により、王朝は強力な中央政府としての権限をもって、効果的な貨幣の発行をおこなうことができなくなる。庶民は貨幣に対する信認を著しく減退させ、物品貨幣に戻っていった。

皇朝十二銭の最後が、「乹元大宝《けんげんたいほう》」である。村上天皇（第六十二代）の天徳二年（九五八）以降、わずかな期間に流通したようだが、五、六年で終焉となってしまった。

約二百五十年に及ぶ日本の鋳銭の歴史は、ここに幕を閉じ、六百年にわたる無鋳時代が始まった。この空白期に、いつしか入り込んだ金属貨幣が宋銭であった。

ところで、ここで大いなる疑問が生じる。貨幣を知っていた中世日本人が、それでいてその便利さに気づかなかったのはなぜか。無論、経済そのものが幼稚であったことがあげられよう。まだ、商人が大々的に活躍する時代にはいたってはいなかった。職人歌合の『東北院職人歌合』の中では、商人は職人の一種として、「賈人《こじん》」という名称で登場している。

が、それだけではなかった。忘れてはならないのが、銭のもつとされた呪術的な側面であった。現在でも中世でも、通貨の価値は上がったり、下がったり変動した。

物々交換では起こりにくいことが、銭にはときおり起こった。古代・中世の日本人は、この高低を銭自体が持つ呪術的な力だと考えたわけだ。

『徒然草《つれづれぐさ》』に、大福長者といわれた金持が、銭に対して、

「君のごとく神のごとくおそれとうとみて、従え用いることなく」と述べた件《くだり》が出てくる。帝や神に仕えるように、銭を蓄蔵しなさい、というのだ。

銭壺を土に埋めなさい、というのもあった。

「銭を買う」――同じ意味で、「売る」も「買う」も用途は同じであった。

すでに見たように、平安の都ではいつしか、市井《まち》住まいで銭を蓄積することを「徳」というようになり、本来は人柄がいいという意味であった「有徳《うとく》」は、富裕の人を指すようになった。

しかし一方で、呪術的な意味合いゆえに、聖職＝神社仏閣の地面に銭は埋められ、〝魔〟を封じるための〝力〟として使用されてもいたのである。

――この埋めるという行為は、お金の利息とも関係があった。

金融の起源は日本の場合、「出挙《すいこ》」にいきついた。

これは稲作《いなさく》により収穫した「初穂《はつほ》」を、神に捧げる神事から来ている。「初穂」は神聖な蔵に貯蔵されたが、この蔵の初穂を次の年、種籾《たねもみ》として百姓に貸し出した。

そして収穫期が来たら、借りた種籾に若干の神へのお礼を添え、「利稲《りとう》」(利息の稲)という形で蔵に戻した。この「出挙」の「利稲」こそが、利息の起源であったろう。

このような「初穂」＝「初尾《はつお》」は、神が行う神事でなければならなかった。

律令国家になると、「公出挙《くすいこ》」が行われるようになる。こちらは、国衙《こくが》の蔵に納めた税＝

租稲《そとう》を使ったようだ。「公出挙」があるならば、「私出挙」もあった。神社仏閣も種籾を貸出し、「利稲」を稼いだ。問題はそれらの業務に携わった人々を、俗人とはみなさず、「神人《じんにん》」（じにんとも）、「寄人《よりうど》」と呼ぶようになり、彼らは神聖な神仏の代理人たる帝の、直属の臣である、との認識を育てることになった。

「供御人《くごにん》」

とも称されている。

もともとは「供御」＝帝の食するものを指したが、いつしか使うもの全体をいうようになり、「供御人」は自らを「神仏の奴婢《ぬひ》」（あるいは「神奴《しんぬ》」、「寺奴《じぬ》」など）と呼称し、胸を張った。商工業がいまだ、分離していない時代である。鋳物師のような手工業者も、金融業者も、芸能の民もみな、各々に「神仏の奴婢」を自称し、自分たちこそが天皇の直属民である、と自らを鼓舞し、周囲へ吹聴しながら、諸国を巡るようになった。

それが平安―鎌倉―室町と時代がくだることによって、のちの士農工商の最下位、低い身分制度の中に落とされていくことになる。なぜ、商人は貶《おとし》められたのか。

筆者は神仏への敬虔さ、敬いおそれる心を、中世人が失っていったことが、結果として「神仏の奴婢」を俗化させることになったのではないか、と考えてきた。

下剋上の具現・北条早雲

いい替えれば、下剋上の上昇気流が〝銭〟を貶《おとし》めた、ともいえる。

そのことを、如実にわが身一つで語ってくれる人物に、北条早雲がいた。

正しくは、伊勢新九郎。後年、この人は早雲庵宗瑞《そうずい》と号した。間違っても「北条早雲」とは名乗らなかったが、ここでは俗伝に拠る。

近江の黒田から、備前の福岡へ移り住んだ黒田高政が、大永三年（一五二三）に五十七歳で没した四年前、八十八歳でこの世を去った早雲が、箱根の坂を下り、小田原を実力で切り取ったのは、六十四歳のときであった。

「われは、今川殿の代官なり」

彼は自らを正当づけたが、これは明らかな虚喝であった。

箱根の向こうの今川氏は、駿河（現・静岡県中東部）一国の守護であり、むろん伊豆（現・伊豆半島および伊豆諸島）を勝手に奪うなどは明白な越権行為であって、世上、許されるはずもない。が、それでも私人の略奪よりは、ましであろう、と早雲は考えて行動した。

が、日本史はこの一挙をもって、いよいよ戦国時代の幕を切って落とす。

別な言い方をすれば、これ以降の世の中は、〝下剋上〟となったわけだ。それまでは、父祖が守護や守護代であるとか、中央の公卿や室町将軍家の一門・支族であるとかの身分や門地、筋目が、世に際立つ拠《よ》りどころであった。だが、早雲の立場は微妙である。守護・守護代の出自ではない。室町幕府政所執事《まんどころしつじ》・伊勢氏の一族とされながらも、出身については京都、大和、山城、備中といった幾つかの説を持っていた。しかも、早雲が下剋上の種子《たね》にする駿河の今川氏——より厳密には、今川治部大輔義忠《じぶだゆうよしただ》の内室・北川殿をたよったおりの境遇は、一介の牢人者でしかなかった。

そうした実にか細い境遇からスタートし、早雲は今川家の客将となり、やがて、伊豆・相模《さがみ》（現・神奈川県の大半）両国を領有。子孫にいたっては、関東の大半を支配する戦国大名となった。同時代、この早雲をしのぐ成功者はまずいまい。彼の成功は、いかなる秘訣によってもたらされたのであろうか。

要因はいくつかあるだろうが、その根本は〝忍耐〟の一言に尽きたのではあるまいか。群雄が各地に割拠し、領地を獲得すべく鬩《せめ》ぎあう戦国乱世の幕開け、京都を灰燼と化した応仁・文明の乱が、ひとまず終息をみたとき、早雲はすでに四十代半ばとなっていた。人間の寿命が、五十年あるか無いかといわれた時代である。普通であれば乱世の兆しにおののきつつ、隠遁生活を心がけてもおかしくない年齢であった。ところが彼はこの頃から、野心を抱いて新天地・駿河へ向かうのである。これは、尋常なことではなかったろう。

今日の年齢に置きなおせば、七十過ぎに相当する。これほどの歳になって、住みなれた生活をすて、新たな暮らし——しかも、非常に投機性の高いもの——へ、迷うことなく入っていける人はどれほどいるだろうか。

無論、早雲は無智でも粗野でもなく、ましてや行き当たりばったりの男ではなかった。黒田高政―重隆―職隆の三代同様、あらゆる準備を万端整えた。徹底した計算のもと、決して希望的観測だけを持たなかった。

四十半ばの、人生経験を豊富に持った早雲は、同志六人を語らい、たった一つの切り札をたよりに駿河へ。駿河の守護・今川義忠の妻・北川が、早雲の妹（叔母とも姉とも）であり、その北川の産んだ龍王丸は甥にあたった。

待ちに徹した早雲は、七年後、文明八年（一四七六）正月、今川家の当主・義忠の、遠州塩買坂での一揆による討ち死にに出会う。後継者の龍王丸が幼少であったため、割れた家中を調停し、その存在感を明らかにした。

龍王丸は駿府（現・静岡市）の館に帰って、元服すると彦五郎氏親《うじちか》を名乗った。今川義元の父である。

早雲はこの一件での忠功を賞され、富士郡下方荘《しもかたのしょう》（現・富士市）を賜わって、興国寺城（現・沼津市根古屋《ねごや》）を居城とした。このときから、六人の同志は早雲の家臣となる。

――一日の成功のために、毎日の積み重ねがあった。

日々といえば、早雲は今川家の人々に接するおり、必要以上に言葉を選び、交際の節度にも気を配っていた。なにぶんにも、味方は六人しかいなかったのだから。

少しでも身代を大きくしたければ、兵力がいる。戦闘力をもたない彼は、いつの日か好機がめぐって来れば、今川家の兵力を借用する心算であった。否、今川家のみならず、管領の上杉家や近郊の豪族とも、できるかぎり広範な誼《よしみ》をつうじて、〝いざ鎌倉〟（いつの日にか）に備えた。と同時に、領民を手なずけるのにも、日々、工夫を怠ることはなかった。

このあたりの処世、実に黒田家とよく似ている。

次に、鎌倉幕府最後の執権・北条高時《たかとき》の流れを汲む韮山城《にらやま》（現・静岡県伊豆の国市韮山）の城主家に養子入りした早雲は、堀越公方を滅ぼして、伊豆を奪った。

さらに彼は、箱根の向こう側――小田原を狙ったが、ここでも短兵急を戒め、用心深く、大森式部少輔《しきぶしょうゆう》氏頼《うじより》という実力者が〝崩れる〟のをひたすら待った。

歳月が再び、流れた。明応三年（一四九四）八月二十六日、氏頼が没してしまう。氏頼のあとは、その子・信濃守藤頼《ふじより》が嗣いだ。早雲はしきりと藤頼に、親交を結びたい旨を伝え、やがて藤頼の油断したところで、鷹狩りにこと寄せて一気に小田原城を乗っ取った。

早雲と黒田二代の共通点

六十四歳にして箱根を越えた早雲は、その後さらに十七年間を生きたが、さすがにこれ以上の領土拡大は考えなかった。なにしろ、わが子の氏綱が若過ぎた（早雲が八十八歳でこの世を去ったとき、ようやく三十三歳だった）。

攻めから守りに転じた早雲は、徹頭徹尾、領民をいつくしみ、今川家や扇谷《おうぎがやつ》上杉家との交際に気を配った。

早雲はすでに、興国寺城を居城とした時点で、政令を発して領民の疾苦《しっく》の状況を調査し、賦税《ふぜい》を軽減するとともに農業を奨励した。

そして徐々に蓄えてきた金穀も、土豪・領民に遠近の距離なく、低利息で貸与している。土地の武士も領民も、借金のかわりに毎月一日と十五日には、早雲に謁するために城を訪れる決まりとなっていた。すると早雲は、熱心に度々、来謁する者には債務そのものを免じることも珍しくなかったという。そのためであろう、多くの人々が城下に集まり住みつき、それがやがて集落になった。

登る坂道はいささか異なってはいたものの、黒田家が到達した世界は、かぎりなく北条早雲の手法に酷似していた。商人として世に立った黒田重隆―職隆父子は、いやしめられた商人の立場から、自らを立派な商人と恃《たの》み、公家や武家、農民に対してすら対峙《たいじ》する気迫を示したことであろう。自己を主張するためには、倫理的な裏付け、自らを手厳しく律するものを持たねばならない。他人《ひと》から笑われるようなことがあっては、商人は生きてはいけない。

のちの商取引における〝信用〟に通じる道徳心を、彼らは自らに植え付け、磨き、育てて、守っていったのである。そのことが黒田家の場合、重隆―職隆父子の人柄にも如実であったように思われてならない。

おそらくは長い浪々の生活の中、わずかに甲冑一領に太刀一振を持って、武士たるものの面目を保っていたであろう、素寒貧《すかんぴん》の身の上——そのまま姫路へ放浪してきた父子が、その二代のうちに、無頼漢のような境遇から才覚一つで財をなし、田畑を買い入れ、小作人を雇うまでになった、という成功譚は一面、商人の心映えを語ってはいまいか。

目薬はむしろ、その象徴であったろう。

ただ、黒田父子は有徳人になることをもって、黒田家の悲願とはしていなかった。金儲けは方便（手段）であり、目的はあくまでも武家としてのわが家の再興にこそあったようだ。

その目的ゆえであろう、幾つもの蔵に金銀を蓄える身代になると、黒田父子は早雲と同じことをしている。米や銭を近隣の在の者たちに貸し与えたのである。低利で。

ただし、条件をつけた。借りている間、無理のない範囲で、屋敷に手伝いに来いという。

そうしておいて父子は、出入りする者の中から見所のある者を見極め、

「わが家の被官にならぬか」

と持ちかけた。

併せて、その逸材の子、とくに男子にも気を配ったであろう。

武家には、家来が必要である。これを金穀で購《あがな》おうとしたのが黒田家流であり、この手法は官兵衛も後年、しかも隠居してからもちいている。官兵衛の時代ではあたり前となっていたかもしれないが、重隆—職隆の時代では、さぞかし珍しかったに違いない。

この時代、士農工商の身分的上下関係はなかった。人物を見込まれ、生活基盤が整えば、農民でも職人でも商人でも武士になれた。

黒田重隆─職隆父子の場合は、小なりとはいえ戦国大名の、やがて小寺《こでら》氏に召しかかえられ、主従の契りを結ぶわけだが、この時代、くり返すようだが、専属家臣団というものはなかった。創ったのは織田信長であり、彼が活躍する以前、村落の小領主や土豪（国人）が、土地を持ったまま守護大名の被官となるのが一般的であった。

いい替えれば、土地を持たない他国の者を召しかかえることは通常、あり得なかった。ところが彼らは、その土地を自らの富で入手したのである。しかも、家来まで養っていた。ここが、重要であった。黒田父子は、足軽として傭《やと》われたのではない。いきなり家老級となって、小寺家の人となる。今日風にいえば、小寺氏の事業に新興の黒田氏が出資したようなもの。ニュアンスとしては、共同経営に近いものがあった。

天文十一年（一五四二）七月、重隆は山脇職吉《もとよし》という人物と共に連署し、小寺則職《のりもと》の意に従う奉書《ほうしょ》を発給していた。麦の年貢を免除するというものであり、おそらく黒田家が小寺氏に仕えたのは、この政職《まさもと》の父・則職の代からであったろう（「芥田文書」）。

ただ、重隆は天文年間、いまだ「黒田」を称していたかと思われる。

重隆の跡を継ぎ、小寺家の重臣となったのが職隆、すなわち官兵衛の父であった。

思うに職隆は、商才にめぐまれながらも、父同様に教養があり、謙虚な人柄で行儀がよく、つねに温雅な表情を保つことができた、有徳の人であったろう。対座した相手に不愉快な思いをさせず、対する儀礼上の尊敬を失うことのない、篤実な文化人であったに相違ない。学問は父・重隆以上であったかも。官兵衛から類推すれば、考えられないことではなかった。

職隆は主君則職の時代、まだ「黒田」姓であった（「鶴林寺文書」）。則職の没年は明らかではないが、政職の発給文書が永禄七年（一五六四）が初見であることから、これ以前に没したものと思われる。

職隆の活躍ぶりはめざましく、幾つもの文書にその足跡が現れているが、奉行人として、「長浜職秀」なる人物と、連署奉書を発給している様子から、ほどなく筆頭家老に登ったものと推察される。

官兵衛の生誕と初陣

主家となる小寺氏は、下剋上で浦上氏にとってかわられた名門＝赤松家の支流——正しくは、宇野氏の庶流であり、御着《ごちゃく》城（現・兵庫県姫路市御国野町御着）を本拠に播磨中部に領国を広げ、衣笠《きぬがさ》・上月《こうづき》、さらには本家筋の宇野の各氏を傘下に吸収し、小ぶりながら戦国大名家を形成していた。ときの城主は、小寺政職《まさもと》であった。

その一字をもらって、「職隆」と名を改めた官兵衛の父は、あわせて「小寺」姓も与えられた。これは、一門に迎えられた待遇を意味している。加えて、天文十四年（一五四五）には有力な支城の一つ——といっても、実体は砦のようなもの——姫路城を預けられた。

この姫路城はそれ以前、政職の執事をつとめた、八代六郎左衛門が城代をつとめていた城であり、職隆は六郎左衛門の地位をも引き継いだと考えられる。持参した土地、金穀がものをいったのだろう。事実上の筆頭家老にすわった、と解釈してもさしつかえなさそうである。

官兵衛こと幼名万吉は、その職隆の嫡子として生まれた。天文十五年十一月二十九日の辰《たつ》の刻（午前八時頃）であった。

「此時、雲降て其家をおほふ。是《これ》、英雄の生《うま》る丶奇瑞なるべし」

とは、福岡藩の藩儒者・貝原益軒《かいばらえきけん》とその弟子が『黒田家譜』に述べた蛇足。

「又《また》家門の繁昌すべき前兆なるか、幼よりして大志あり」

とつづけた。

先にもみた益軒は、江戸初期に黒田家の祐筆《ゆうひつ》の子に生まれ、医術や儒学を修め、主家から家譜の編纂を命じられた人物。四十二歳から五十八歳にかけて、十六年を費やして、この家譜をまとめたことは、すでにふれている。

官兵衛を持ちあげねばならない立場であったから、〝奇瑞〟を述べたのだろうが、幼少期の万吉は、のちの豊臣秀吉の「軍師」を彷彿させるような挿話もなく、武芸の好きな、どこにでもいそうな、やんちゃな少年でしかなかったようだ。

弓矢、乗馬に明け暮れたという。七歳のおりに、浄土宗の僧・円満坊について読み書きを習ったというが、学問に熱心だった、との説は『黒田家譜』にも述べられていない。

その万吉の生活が一変するのが、彼の十四歳のときであった。母が死去し、その母を恋しがり、追い慕うように、万吉は和歌・連歌に目をむけるようになったという。

母は歌人・明石宗和《そうわ》の娘であった。宗和は備前守正風《まさかぜ》といい、号を隠月斎と称した人物だが、関白・近衛稙家《このえたねいえ》に歌を教えたことで知られている。その娘である官兵衛の母も、もとより和歌や連歌に嗜《たしな》みがあったに違いない。

もし、この母をもつことがなければ、官兵衛の「軍師」はなかったかもしれない。

しかし、性格的にのめり込みやすいのが、官兵衛の性分――〝武〟の嗜みを捨ててまで、〝文〟に打ち込む彼の姿を、父や円満坊はよほど心配したようだ。

「実《げに》も、今、戦国の世なれば――」

と、〝武〟に戻るように、と懸命に諫めた結果、十六、七歳頃であろうか、どうにかもとのやんちゃな生活へ戻ったという。この間、漢籍の兵法も学んだようだ。

永禄四年（一五六一）、万吉こと官兵衛が十六歳になったある日、御着城主・小寺政職《まさもと》が鷹狩りの途中、姫路城へ立ち寄った。このとき、主君の配膳役をつとめた官兵衛は、ここで正式に主君へのお目通りを得る。万吉をみた政職は、そのきびきびとした立ち居振る舞いが気にいったようだ。近習としたい、と職隆に所望し、御着城へそのまま万吉を連れて帰った。

時代はこの頃、ようやく本格的な戦国の沸点に近づきつつあった。

貴賤の階級が崩壊し、社会が激しく逆流する中、〝有徳人〟と呼ばれる富商が誕生し、農商も含め、世の中は商品経済の勃興に大きく刺激を受けていた。武士も、同断である。

前年の五月、織田信長が尾張桶狭間において、駿河・遠江（現・静岡県西部）・三河（現・愛知県東部）を支配する、〝東海一〟の太守・今川義元の大軍四万七、八千（実質二万五、六千）を、わずか三千弱で奇襲し、その首級をあげていた（義元の享年は四十二）。

官兵衛が御着城で暮らすようになった年の九月には、第四次川中島の合戦が行われ、武田信玄と上杉謙信の龍虎相討つ決戦の中、後世、信玄の「軍師」と呼ばれることになる山本勘助が戦死を遂げている。

信長が二十八歳、秀吉二十五歳、家康が二十歳であったことを思えば、官兵衛の出生は少し、歴史的に遅かったようにも思われる。

遅いといえば、初陣も官兵衛の場合、十七歳といささか遅久《ちきゅう》（待つことが久しい）のように思われた。

初陣は武将にとっての、本格的デビューを意味し、将来を占うことになる。それゆえ、父や一族一門など、周囲は慎重にその子のこれからを考え、勝敗の定まらない合戦にはできるかぎり出すことをさけて、間違いなく勝てそうな戦《いくさ》を、あてがうのが一般的であった。

大敗をいきなり経験させ、気弱になられては本人のためにならない、との親心からであった。

しかし、平均十五歳の当時の初陣にあって、官兵衛の十七歳は印象として遅かった。思うに播州はこの頃、一応に平穏であったのだろう。しかるべき合戦がなく、つい月日を重ねてしまったようだ。そのためであろうか、十七歳にして官兵衛が初陣した、その記念すべき相手の名前は伝わっていない。近在の土豪を、形だけ討ったのだろう。

結婚と長男の誕生

もしかすると、官兵衛本人にとっては、印象の薄いものであったのかもしれない。

「無理をするな」

と、政職がいったことも考えられなくはないが、この主君との関係は、はて、といささか首を捻るものがあった。同じ頃、官兵衛は元服していた。

幼名の万吉から、仮名《けみよう》（元服の際に烏帽子親につけてもらう呼び名のこと。通称、俗称とも）の「官兵衛」を称するようになり、諱《いみな》を「孝隆」（のち孝高）と名乗ることになる。

祖父の重隆、父の職隆——二人の「隆」を世襲したのだろう。が、本来ならば、主君小寺政職から偏諱《へんき》を与えられてしかるべきであり、その場合は父と同じように「職」の一字を名乗りに入れるのが普通であったが、なぜか政職は、已れの一字を官兵衛に与えていない。

また、元服式における加冠役、理髪役にしても、政職がつとめてしかるべきなのに、史料はこの点についても沈黙している。

のちのち流転する人生の中で、都合の悪いこと、として抹消され、あえて書き記されなかったものか。たまたま記述されなかったのか、そのあたりのことは今もって釈然としない。

官兵衛の自分史にとって、次のエポックは二十二歳のときであった。

永禄十年（一五六七）、彼はついに婚礼している。結婚相手は、志方《しかた》城（現・兵庫県加古川市志方町）の城主・櫛橋伊定《くしはしこれさだ》の娘であった。普通に「幸円《こうえん》」と伝えられているが、これは法号ではない。どうやら、雅号のようなものであった可能性が高い。彼女は、十五歳であった。『福岡藩分限帳集成』では、彼女のことを「光《てる》の方」としているが、「幸円」は一方で小寺政職の姪にあたった。このおりの婚礼は、主君の政職が媒酌している。

この結婚、櫛橋伊定が官兵衛の人物を見込んで、ぜひに、と申し入れたとの説があった。なにしろ婚礼の前年、伊定は赤合子《あかごうす》の兜に胴丸具足を、わざわざ官兵衛に贈っていた。

彼が小寺家にあって、将来を嘱望されていたことは、ほぼ間違いなかったろう。

結婚と前後して、官兵衛は父から家督をゆずられている。この時、職隆は四十四歳。まだ、隠居にはいささかはやい気もしなくはない。おそらく、余力のあるうちに家督を息子にゆずり、後見するつもりでいたのだろう。官兵衛は名目上とはいえ、戦国大名・小寺家の家老の座と姫路城主としての地位を相続したことになる。

その翌年、すなわち永禄十一年十二月三日、官兵衛に長男が誕生した。名を松寿《しょうじゅ》、のちに福岡五十万二千四百余石初代藩主となる黒田長政である（五十二万石は、三代藩主・光之の代から）。

父となった官兵衛は、二十三歳。母となったその妻は、十六歳であった。

官兵衛の夫婦仲は、きわめて円満であり、彼は生涯、側室をもたなかった。そのこと自体はすばらしいことではあったが、このことは一面、武家にとっては重大な問題を抱《はら》んでいた。

武家は鎌倉以来、代々の当主を中心・頂点に、一族郎党が集まる形態で構成されてきたが、次期当主に不安があっては、家来たちの忠義心がぐらつき、武門のまとまりが悪かった。

まだ、小大名・小寺氏の一家老にすぎない分限とはいえ、家臣団は徐々に形成されており、彼らは主人官兵衛に功名栄達をもたらすことによって、自らの武運をも開こうと考えていた。一応、松寿がいるとはいえ、時代は乱世である。

いつ、何が起きてもおかしくはなく、一方、当時の医療技術は特段、幼児に対してお手あげ状態で、その死亡率はきわめて高かった。どうであろう、三人つづけて子供が生まれ、その子が成人に達しうる確率を、当時の親たちはどのぐらいに考えていただろうか。おそらくは、一人でも育てばよい、というものであったろう。

松寿もどうなるか、知れたものではなく、信用手形のように周囲は、官兵衛の次なる子供を待ちのぞんだが、側室を持たないとなれば、子供の生まれる可能性は正室にのみ、頼らねばならなかった。

これは親族・家来たちにとって、正室の心情とは別に、心配の種であったに違いない。

現に「幸円」は、松寿を生んでのち、次男の熊之助を生むまで、十四年間、子を成していない。しかもこの待望の次男は、十六歳のおり突然の事故で、夭折《ようせつ》していた。

それ以前、松寿も父・官兵衛の行動をとがめた信長によって、殺されかけており、結果を知る後世人《こうせいびと》のわれわれからみても、黒田家の系譜には氷上を踏むような、あやうさがつきまとった。

では、一子誕生の頃、若き父・官兵衛は何をしていたのだろうか。

彼は専ら、領国内の行政と播州の勢力争いに忙殺されていたといえる。

ちなみに、官兵衛の初見発給文書は、永禄十年十二月二十三日付の、姫路の称名寺《しょうみょうじ》に対する「下地売券《したじばいけん》」（下地の売り渡し状）であった。署名は「祐隆」。三年後の、三月十二日付の借銭請取状の署名は「考隆」とあった。いずれも、官兵衛のものである。

主敵は龍野《たつの》城（現・兵庫県たつの市龍野町）の、赤松《あかまつ》下野守政秀《まさひで》。そもそもは、官兵衛の主人・小寺氏の主家筋にあたる人物であった。

官兵衛の苦戦と信長の四面楚歌

名門赤松一族たる龍野城主・赤松政秀は、くり返される下剋上の荒波の中で、真に赤松党を継ぐにふさわしい知勇兼備の実力者といえたかもしれない。

なにしろ、赤松氏にとっては不倶戴天の敵、浦上村宗の長男政宗を、永禄七年に名目上の主人・赤松晴政を迎えて、見事に討ち取ったのがこの男であったのだから。

ために、播州の均衡は大いにくずれた。永禄十二年（一五六九）八月、その政秀が東播磨では一番大きな勢力＝別所安治（長勝）と組んで、播磨御着城主・小寺政職の、支城である姫路城を攻め取るべく、兵三千をひきいて姫路の西方一里（四キロ）の地点まで押し寄せて来た。

地元では、青山面《あおやまおもて》の合戦という。青山とは夢前川《ゆめさきがわ》の下流であり、ここでの戦いが、官兵衛が直接、兵をひきいて臨んだ、最初のものではなかったろうか。

彼は小よく大を制して、

「勇名是《これ》より大《おおい》にあらハる《ママ》」

と、『黒田家譜』に述べられている。官兵衛が勝ったことは間違いない。

ただ、つづく政秀との戦いでは、播州土器山《かわらけ》にて対陣したものの、官兵衛はかなりの犠牲者を出したことが知れる。なかには父・職隆の弟である、井手勘右衛門友氏（重隆の末子）

や母里《もり》（あるいは、ぼり）小兵衛なる人物が討ち死にを遂げていた。

「昨今の戦《いくさ》に、母里氏親戚二十四人戦死せり」

と『黒田家譜』にあった。

この母里小兵衛について、興味深い挿話がある。

彼は黒田職隆の家来――否、小寺家における同輩というべきか――であったが、土器山の戦いの前に、珍しく遺言じみたことを、職隆の前で口にした。

「我此度《このたび》は討死すべし、若《もし》死なば貴殿に内室なし。我妻《わがつま》を必《かならず》娶《めとり》て、我幼少の男子を養育し可給《たまうべし》」（『黒田家臣傳』下巻）

そして、本当に戦死した。職隆はその言葉を遺言としてまもり、小兵衛の妻を後妻に迎え、忘れ形見の一子を引きとって育てた。それがのちの、福岡藩黒田家の重臣・母里雅楽《うた》だというのだ。ちなみに、雅楽は母里太兵衛のいとこともなった人物。

もっとも、太兵衛は本来、曾我《そが》姓であり、職隆に幼少より仕え、官兵衛によって取り立てられ、母里の家に養子となって、ついには黒田家臣団の筆頭〝三年寄〟の一人となった。

官兵衛―長政父子の先手の大将をつとめ、「所々の働き比類なし」といわれた豪勇であり、福島正則から名槍「日本号」を呑み取り、〝黒田節〟にうたわれた人物である。

蛇足ついでながら、太兵衛の「母里」姓について――。

慶長十一年（一六〇六）、太兵衛は江戸城の天守台に石垣を普請する奉行を黒田家を代表してつとめ、その褒賞として二代将軍・徳川秀忠から腰物を与えられた。

そのおり、秀忠の書状の宛名が「毛利」とあったため、以後、太兵衛は正式書類の姓を「毛利」とし、官名により〝毛利但馬〟とも称した。これ、母里太兵衛のことである。

この時代の人々にとって、姓はあまり重きをおくものではなかったのかもしれない。


赤松政秀は、一方において信長と誼《よしみ》を通じていた。小寺、宇野《うの》などはそれを潔しとはしなかったようだ。

さて、播磨国内の勢力争いに、鎬《しのぎ》を削って二十代の後半をすごした官兵衛は、やがて三十歳をむかえた。天正三年（一五七五）である。運命の年といってよい。彼はついに、織田信長、羽柴筑前守（秀吉）と出会うことになる。すべては、天下の情勢に起因があった。

十五代将軍・足利義昭を奉じて上洛した信長は、旭日の勢いで戦線を拡大。官兵衛が赤松政秀と青山の戦いを演じた翌年＝元亀元年（一五七〇）六月には、徳川家康と組み、姉川の戦いで浅井・朝倉連合軍を粉砕撃破している。

一方、信長の膨張をみて、自らが傀儡《かいらい》でしかない、と悟った将軍義昭は、渾身の智謀をふりしぼって、反織田同盟の画策に奔走する。当初、同盟荷担に消極的であった大坂本願寺の顕如《けんにょ》も、浅井・朝倉連合軍の敗北をみて、直後の九月、全国各地の一向一揆勢力に、信長と闘うことを宣言する。

——一時信長は、絶体絶命の窮地に追いつめられる。

将軍義昭の計算は、畿内各所で反織田勢力——三好三人衆、浅井家、朝倉家、比叡山延暦寺、本願寺など——が決起して、信長の兵力を分散し、各個に釘づけにして、そこへ戦国最強の武田信玄を武装上洛させ、一気に信長にとどめを刺させるというものであった。

さしもの信長も、硬直した各戦線に将と兵を取られ、信玄との直接対決に万全の準備ができない。大いに困惑した。しかし、そこは信長である。反織田同盟の謀主である将軍義昭に、むりやり浅井・朝倉両家との和睦を働きかけ、せせら笑って動かぬ義昭の態度をみてとると、それに屈服することなく、正親町天皇の勅命を下させることによって、一時しのぎの和睦を実現するにいたった。

こうして元亀二年五月、伊勢長島の一向一揆と戦い、大苦戦に陥ったのを最後に、九月には比叡山を焼き討ちし、翌元亀三年九月には将軍義昭に十七ヵ条に及ぶ意見書を提出。その謀略の動きを一時しのぎにせよ止め、十一月には〝越後の虎〟上杉謙信と同盟を結んで、その義心にすがり、朝倉義景を反織田封鎖の埒外《らちがい》、すなわち国許への帰陣に誘導してもらって、ついには包囲網の一角を食い破り、防戦から攻勢に転ずることに成功した。

周囲の情勢

元亀四年（一五七三）七月二十八日、世の中は改元されて「天正」となった。

その少し前の四月、信長にとっては〝恐怖〟そのものとしかいいようのなかった、戦国最強の巨人・武田信玄が陣没した。享年五十三。

主将の信玄を失った反織田同盟の主役は、ここで本願寺顕如に代わったが、彼の信長と戦うか、それとも地獄に落ちるか、と門徒に迫った究極の二択をもってしても、信長を捕捉し、つぶすことができない。「天正」改元は、まさしく信長に幸運をもたらしたように展開した。

改元の七月、山城槇島城《まきしま》に挙兵した将軍義昭は、いまだ信玄の死を知らず、勇み足で信長に戦いを挑み、将軍としての面子《メンツ》を立てたかったのだろうが、敗れて河内若江に追われてしまった。

朝倉・浅井の両家も相次いで滅ぼされ、翌天正二年（一五七四）の八月になると、長島の一向一揆もついには殲滅《せんめつ》された。天正三年五月には、三河の長篠・設楽原で、信玄の後継者・武田勝頼の騎馬軍団を信長は徳川家康と共に、完膚なきまでに撃ち砕いている。

一方、それに呼応するように、西の〝毛利〟の動きも活発化していた。

この家は、戦国きっての梟雄《きょうゆう》ともいうべき毛利元就《もとなり》が、七十五年の生涯をかけて、一代で中国地方に十ヵ国を制圧したことによって誕生した、新興の王国であった。

織田と毛利――この二大勢力に挟まれた形で、播磨の小勢力・小寺氏が右顧左眄している。

「どちらにつけというのか——」

小寺家のみならず、播磨・備中・美作（かつての赤松氏の守護領）の人々は、戦々恐々としながら、わが身のふり方に苦悩していた。

とりわけ、畿内を制圧した信長に、最も近い播磨の動揺は想像を絶するものがあった。

信長が播磨に侵攻を企てた最初は、本書の冒頭——上洛戦の翌年＝永禄十二年（一五六九）八月のことであった。このおり三木城主・別所安治《やすはる》（長勝）と龍野城主・赤松政秀の二人は、将軍義昭を奉じた信長を正義と考え、これに与《くみ》していた。

敵対したのが、小寺政職と宍粟《しそう》郡に本拠を置く宇野政頼《まさより》であった。

信長軍の先鋒は、別所安治と池田勝正《かつまさ》——彼らは小寺方の庄山《しょうやま》城など五城を早々に落として、御着城をも落城寸前まで追い込んでいた。

別所氏は安治の先々代・則治のころ、東播磨三郡の守護代であったが、下剋上の波に乗り、東播磨八郡を領有。安治には重棟《しげむね》（孫右衛門・重宗・長棟）という弟があり、安治の息子が長治となる。一方の池田勝正は、管領細川氏の被官として、摂津に侵入してくる三好・松永勢と争った。信長の上洛後に、降参。和田・伊丹と並んで、摂津の三守護と称された一人である。

永禄十二年十月、〝三守護〟の一・伊丹親興《ちかおき》が、もう一方の赤松政秀に加勢し、そのまま浦上内蔵介を討ち取っている（『細川両家記』）。親興はのちに信長と対立し、天正二年十一月に居城の伊丹城を、荒木村重に攻められ、落城して自害することになる。

この頃の信長の播磨侵攻は、そのむこうの毛利氏が味方であったことから、のちの中国攻めとは戦い方そのものが違っていた。それゆえであろう、追いつめれた小寺政職も、どうにか寸前のところで滅亡をまぬがれている。永禄十三年正月、信長は禁中の修理を行うことを名目に、各地の大名・小名に上洛をうながした。

このおり播磨国では、代表者として別所長治（安治の子）と叔父の重棟が上洛。「播磨国衆」の中には、小寺政職も含まれていたと考えてよい。

一番いいのは、日和見に歳月をやりすごして、大勢が定まってから勝ち馬に乗るのがなによりであったが、東西の二大勢力のぶつかる地点では、その地域が取り込まれた時点で、東西勢力の優劣が決定してしまうため、生き残るには日和見は不可能であった。

これまでの播州中の小競り合いに、各々大勢力の後見がついたようなもの。旗色を鮮明にしなければ、中小の勢力はそもそも、わずかな歳月すら生き残ることは難しかった。

にもかかわらず、各々の小大名家・国人たちは、意志決定が迅速には運ばない。

中世における評定は、参加者全員の合意賛同を必要とした。主人一人の決定で、ものは決められなかったのである。小寺家にあっても、織田家でもなく、毛利家でもない家を推す者もいた。

「三好家こそが、よろしいかと存ずる」

というのだ。

――この提案、一概に妄誕《もうたん》と切り捨てることはできなかった。

ここでいう三好家は、阿波国三好郡（現・徳島県三好市および三好郡東みよし町）を本拠として興った一族で、三好元長の子・長慶《ながよし》（有職読みで「長慶《ちょうけい》」とも読む）の代に、最盛期を迎えた家を指した。

三好氏の版図は山城・摂津・丹波・和泉・河内・大和・淡路・阿波・讃岐および播磨・伊予の一部に及んだ。だが、栄枯盛衰は世の倣《なら》い。三好家の場合は、永禄五年に長慶の一弟・義賢《よしかた》（別名之康・号は実休）が戦死し、翌年に長慶の嫡子義興《よしおき》が病没したあたりから、衰運の奈落へとむかいはじめる。

――獅子身中の虫・松永久秀がいたからだ。

義興を失った失意から、自らの病が進んだ長慶は、広がる領土の政務を総攬《そうらん》できなくなり、親政に代わるある種の集団体制を三好家にしいた。この処置はしかたのないものであったが、この拡張する家の内部で暗躍し、主家をくいつぶして、己れの懐《ふところ》を肥やしたのが久秀であった。この梟雄は、十河一存《そごうかずまさ》の子・熊王丸（のちの義継《よしつぐ》）が三好家の嫡養子となるや、長慶の二弟・安宅冬康《あたぎふゆやす》を謀殺する。内訌《ないこう》が広がる中、長慶は永禄七年に没してしまう。享年四十三。

それにしても、久秀である。

悪事というのは、積み上げていくと、どこか空疎で滑稽な色彩をおびるもののようだ。後世、主人長慶の死も久秀の毒殺、義興も同断——何もかもが、久秀の魔の手によるものだ、とみなされることになる。

主家簒奪《さんだつ》、十三代将軍・足利義輝の弑逆《しいぎやく》、これに加えて戦《いくさ》のおり、東大寺の大仏を焼失させた責任まで、久秀個人は負わされ、後世、大極悪人のレッテルを貼られることとなった。

長慶を失った大国の三好家は、当主となった義継とその後見人である三好長逸《ながゆき》、彼を筆頭とする三好三人衆と家宰の松永久秀が、ときに味方に、ときに敵にわかれて、大版図を割り合い、互いに勢力を後退させながら、信長の上洛を迎えてしまう。

結果、三好義継、松永久秀はとりあえず信長に降り、三人衆は大坂本願寺と同盟して抵抗の烽火《ほうか》をあげる道を選んだ。後世の感覚でいえば、何を今さら三好家を頼るか、と思うが、このようにみてくると、その実歴は満更でもなかったのである。

加えて、人の印象は時間の長さとともに深まるもの。播州は畿内に近く、三好家四代にわたる戦《いくさ》ぶりをみせつけられてきた小寺家の中に、いまだその残像が消えず、消えるどころか虚像が大きくなっている武士がいたとしても、一面しかたのないことであった。

　こうした判断ミスは、今も決して少なくはない。

『黒田家譜』などに拠れば、天正三年（一五七五）六月、御着城主・小寺政職は城に重臣たちを集めて、評定を開いたという。三好家を入れての三者択一であったか、織田か毛利かの二者択一であったか。それは置いて、ここで重要であったのは、小寺政職に自らの意見がなかったことである。

　彼は事態の切迫に、ただ狼狽《うろた》えるだけで、自らの方針を示すことができなかった。

　無論、時代はいまだ中世のまっただ中であり、織田家における信長のような専制君主は、むしろ珍しい存在であった。毛利元就や三好長慶ですら、軍議では衆議にはかり、弟たちや部将の意見を大いにたたかわせた。が、彼らには落としどころが、事前に定まっていた。

　しかし、政職にはそれがなかった。重臣たちの意見は当然の如くに割れた。家老の一人、小河三河守は毛利家こそ頼むべし、と主張。重臣の江田善兵衛も、それに同意している。評定は圧倒的に、毛利家につく方面へかたむいた。

　これを一気に、織田陣営にむけたのが官兵衛であった。

　評定に臨んだ彼は三十歳、重臣の中では年齢的に若い方であったかと思われるが、官兵衛は虚仮威《こけおど》しの言質を使うことなく、理路整然と〝情報〟からの分析による、独自の意見を述べた。

『名将言行録』では、次のような記述になっている。

小寺藤兵衛政職《まさもと》がある一日、部下の者や老臣を集めて、いま、天下の形勢をみると織田・毛利・三好の三家が鼎《かなえ》のごとくなっている。家を興すには何《いず》れにつけばよいか、と訊ねた。

すると孝高（官兵衛）がすすみ出て、今後、天下の権を握るのは間違いなく織田であろう、といったので、その理由を問うたところ、孝高は、

「三好は主殺しの罪があるので、天はこれを滅ぼすに違いない。毛利は一門中に吉川《きつかわ》・小早川両翼があるとはいえ、輝元が国許にあるため軍法ははかばかしくない。だが、信長は尾張半国から興り足利義昭を取り立て、将軍にしたので諸人が心を寄せ、今でははやくも山城も掌中にした。のちのち天下を制するのは、必ずやこの人物であろう」

といった。同座の人々も孝高の意見に同意したので、直ちに彼を使者に、信長に荷担する旨を告げた。ときに、天正元年（一五七三）七月のことであった。

また、『黒田家譜』やその他の史料では、小寺政職の評定は天正三年六月とある。

併せて官兵衛は、天下を争うのは毛利輝元と織田信長――この二人であろうとまず語り、毛利家の吉川元春・小早川隆景の名補佐ぶりを高く評価した。

が、つづいて総大将の輝元の資質に疑問を投げかけ、大将の器ではない、と断じた。理由は、輝元自身が戦《いくさ》に出馬していないことをあげている。

それに比べて信長は、桶狭間の戦い、姉川の戦いと自らが指揮をとり、その大将としての器を明らかにしてきた。ここで官兵衛の端倪《たんげい》すべからざる凄味は、この評定が行われたわずか一ヵ月前の、三河の長篠・設楽原の戦い——織田・徳川連合軍対武田勝頼——にも論評が及んでいる点であった。

後世の付会ではなく、この場で実際に言及されたものであったならば、官兵衛の情報収集能力は極めて質の高いものであり、のちの「軍師」としての片鱗をみる思いがする。

彼の意見は一つ一つ実例をあげ、最後を次のようにしめくくっていた。

凡《およそ》信長数度の動《はたらき》を聞《きく》に、向ふ所の敵、敗北せずといふ事なし。是《これ》武勇智謀共に備《そなわ》り、其上《そのうえ》畿内近国を領じ、天下の要地に居住して、其《その》勢漸《ようやく》天下におよぶべし。後にハい《ママ》かにもあれ、先《まず》信長の天下に定り候ハんと存ずるハ、此故《これゆえ》なり。

信長の合戦を検証すれば、まさに向かうところ敵なしではないか。これはこの人物に武勇と智謀の両方が備わっているからで、そのうえ信長は畿内を中心に抑えて、天下六十余州の真中に住んでいる。その勢力は中心から周辺へとこだまするだろう。

官兵衛のおかしさは、あえて、とりあえず信長が天下を取ることは間違いない
「のちにどうなるかは別として、とりあえず信長が天下を取ることは間違いない」
と、語ったところにも明らかであった。

織田家の事情

こうした官兵衛の、厳乎《げんこ》な優秀さはどこからうまれたのか。筆者は代々、流牢して来た黒田家の世馴《よな》れ、代々がはぐくんだ叡智が底辺にあったからだ、と考えてきた。

生き残るうえで、黒田家が最も重視したのが情報であった。しかも、生《なま》のもの。亡命するにも、手蔓《てづる》を求めるにも、何より大切なものは人々の動静であった。

「黒田」の地から姫路まで、この系譜が途絶えることなく伝えられたのは、一《いっ》に大は天下の情勢に通じ、兵理に造詣があり、その上、文学も解したこと。小は村洛の気質、隣人の性格にいたるまで——それらを巧みに収集し、分析して、生き残る術《すべ》に活用した点にあった。

（なんと、官兵衛のみごとさか）

主人の政職も改めて認識し、この若い家老に小寺の家運を託して間違いあるまい、と判断した。官兵衛は使者として、信長の居城である岐阜城を目指すことになるが、それ以前から彼は、おそらく織田家について個人的に研究していたに違いない。

「誰を頼ろうか」

まずは「申次《もうしつぎ》」＝取次役が、最初の懸案であったはずだ。

小寺家という織田氏の圏外から、信長に接触を持とうとすれば、何よりも織田家の部将のいずれかを、介添《かいぞえ》に頼まねばならない。この「申次」は、重大かつ厄介な意味を持っていた。

信長戦法の特徴の一つに、敵地に最も近い武将が先鋒を受け持つ、という取り決めがあった。何より現地の地理に明るい点が評価されたからで、武力で攻めるにしても、外交交渉を行うにも、地の利を得ていることは大きい。

小寺家が織田家の系列に組み込まれた場合、当然、西に向かっての先鋒を命じられる可能性が高かった。もし、そうであるなら、西にむかって攻める織田軍の方面軍司令官を「申次」にしなければ、のちのち混乱が生じる危険性を孕《はら》んでしまう。「申次」がほかの戦域を担当する部将・幕僚であった場合、その人物（与親《よりおや》）の配下＝与騎《よりき》（与子《よりこ》）となれば、小寺家の命題である〝生き残り〟を図るうえで、播州近隣の領土拡大にはつながらなくなってしまう。

ところが厄介なことに、この時点で信長はいまだ、中国方面軍司令官を決定していなかったのである。適任者が、いなかったわけではない。元亀年間（一五七〇～一五七三）を通じて、織田家の重臣――方面軍司令官の要職につきうる部将は、都合七名も存在した。柴田勝家・丹羽《にわ》長秀・佐久間信盛・滝川一益《かずます》・中川重政・明智光秀・羽柴藤吉郎（秀吉）である。

元亀元年に入ると、当時、友好的な外交関係にあった、毛利氏に宛てた信長の書状に添える副状《そえじょう》は、秀吉が出すようになった。対毛利氏外交の窓口的な役割を、秀吉は命じられたわけだが、そもそも天正元年（一五七三）七月、信長に追放された将軍義昭が、毛利氏と本願寺との盟約を結ばせてからの状況とは、大いに異なっていた。また、重臣間にも、浮き沈みがあった。

元亀三年に、領地問題で筆頭家老の柴田勝家の代官ともめたことが災いし、中川重政が改易、追放となった。逆に浅井・朝倉攻めで活躍した秀吉の地位が、急上昇した点が注目に値《あたい》した。

浅井長政の北近江三郡を与えられた秀吉は、実質十二万石ほどの大名（七万石との説もある）となり、その実力は柴田勝家・丹羽長秀・佐久間信盛の尾張はえぬき三人と、ほぼ互角になったことを意味していた。

——少し、この年＝天正三年を整理してみる。

六月、明智光秀を主将とする丹波攻めが計画され、官兵衛が信長の前に現われる七月には、正親町天皇より信長に、官位昇進の勅諚《ちょくじょう》がくだされていた。このおり信長は、これを固辞して、かわりに家臣の任官を願い出ている。

ちなみに、このおり先の七将のうち叙目《じもく》した者は三名。明智光秀が惟任《これとう》日向守となり、羽柴藤吉郎が筑前守となった。滝川一益が伊予守となったのも、このおりと考えられている。

八月から九月にかけて、信長の目は越前に釘づけとなっていた。朝倉義景亡き後、勢力を西に伸ばし、これまで手痛い目にあってきた一向一揆の殲滅《せんめつ》戦を、彼は企画・立案していたのである。制圧した北陸は、柴田勝家に与えられた。

十一月二十八日には、織田家の家督と岐阜城を、信長は嫡子信忠に譲り、安土城建設が公にされている。

こうした情勢をふまえた時、この時点で戦域が織田家で一番西にあったのが、佐久間信盛の七ヵ国の兵を率いての、近畿方面軍＝本願寺攻囲戦に参加していた荒木村重であった。

村重はすでに、摂津一職の支配権を信長から与えられていた。

丹波方面司令官の明智光秀が、播州へ転戦することがなかったとはいえないが、信長の方面軍編成は一定の戦域での平定が終了すれば、一度は解散となるのが常であった。ましてて、主将の掛け持ちは考えられない。

普通に考えれば、村重こそが官兵衛の「申次」となるべき立場であった。

村重自身も野心はあり、積極的に播磨への働きかけを行った形跡がある（『武功夜話』）。

だが、村重は思うようには動けなかった。担当した本願寺が、あまりにも手強かったからである。

その間隙を縫って出てきたのが、秀吉であったかと思われる。

彼は中国方面軍司令官を切望していた。この工作にあたったのが、稀代の軍師・竹中半兵衛重治《しげはる》であった。

竹中半兵衛という人

秀吉に、信長の四男（五男、末子説あり）「於次《おつぎ》」（のち秀勝）を養子にもらうように、と進言したのが半兵衛だったという。

於次がいつ秀吉の養子となったか、実は今一つはっきりとしない。天正四年（一五七六）十月頃に、秀吉の実子・石松丸が死去しており、天正八年三月には長浜八幡宮の奉加帳に、秀吉とともに「羽柴次　秀勝」と署名があるから、これ以前に養子入りして元服し、秀吉が中国方面軍の司令官となってからは、その留守を預かったようだ。

天正元年八月、信長は浅井・朝倉両氏を討滅すると、浅井の旧領を秀吉に与えた。秀吉の長浜城主誕生である。

この時期、織田家中で城持ち大名は、近江坂本城主となっていた明智光秀だけで、信長譜代の柴田勝家や丹羽長秀らも、いまだ城は与えられていなかった。いわば秀吉は、光秀につぐ、織田家二人目の出頭人であったことになる。喜ぶ秀吉に、

「今が最も大事なときです。譜代の重臣・柴田殿らは、あなたが長浜城主となったことを、必ずや敵視するに違いありません。あなたの落度をさがすのは必定です。また、信長公の性格を甘くみてはなりませぬ。決して、油断なさりませぬように――」

半兵衛はそういって、ひとつの策を授けた。

それが、於次の件であった。当初、さしものずうずうしい秀吉も、さすがにためらった。己れのような卑賤の出の者が、そのようなことを申し出ると、誇り高い信長の不興を買うに違いない、と思ったからである。

しかし半兵衛は、

「そのご心配は、まったく無用です。信長公には男子が多くあります。喜んで養子にくれるでしょう。第一、あなたには子がいないではありませぬか」

といった。

この一策が直接、中国方面軍司令官に秀吉が決定した要因とは断定できないが、この先、秀吉の軍功がどれほど増えても、次代はわが子の於次にいくと思えば、信長の秀吉を見る目は当然、やさしいものとなったであろう。秀吉の出世、天下取りにあたえた影響は、決して小さくはなかった。

半兵衛の存命中、人々は、

「秀吉の成功は、半兵衛がいるからだ」

といい、また、当の秀吉も半兵衛の死後、

「あの男の存命中は、どんなことでも、世の中に難しいことがあると思ったことはなかった」

と繰り返し語り、その死を惜しんだという。

この竹中半兵衛は、もともと尾張の隣国美濃の斎藤氏の家臣である。

美濃は京の都にも近く、街道は四通八達し、隣国の尾張に出れば東海道、関ヶ原付近からは北国《ほっこく》街道、東山道《とうさんどう》、伊勢街道が伸びていて、天下の交通の要衝となっていた。

信長がはじめて、公式の場で半兵衛を見たのは、元亀元年（一五七〇）六月のことであった。半兵衛の傍《かたわ》らに、介添え役として控えていた当時の木下藤吉郎《きのしたとうきちろう》は、わが事のように喜んだが、居並ぶ織田家の将領たちは、まったく別な感慨に打ちのめされていた。

天下一の堅城と畏称されていた、美濃の稲葉山城を手勢わずか十六人を率い、しかも一夜にして落としたという、およそ信じられないような快挙を、やってのけた神謀鬼才の軍将のイメージが、目前の半兵衛の風貌《ふうぼう》とは結びつかず、人々を戸惑わせていたからである。

「長身痩軀閑雅《そうくかんが》の風采《ふうさい》」（『五梁記《ごりょうき》』）

とある。

伝えられる半兵衛の外貌は、体つきが華奢《きゃしゃ》なうえに病弱で、頬《ほお》には透きとおるような白さがあったという。そのため女装すれば、そのまま類稀《たぐいまれ》な美女になったとか。信長の前に出たときの年齢は、半兵衛二十七歳。稲葉山城を占拠したのは、二十一歳のおりであった。

彼の居城は美濃国内の西に寄り、近江の名山・伊吹山を背景に、標高四〇二メートルの菩《ぼ》提《だい》山（岩手山）の山上にあった。現在の岐阜県不破《ふわ》郡垂井《たるい》町と関ヶ原町の境にある山であり、垂井町から揖斐《いび》郡揖斐川町に通じる、岩手峠から南東に伸びる尾根の先端に位置していた。

彼の拠《よ》る菩提山は本来、同族——おそらくは本家筋——の岩手弾正《だんじょう》（忠誠）に属する砦であったが、それを分家した竹中家の先代、半兵衛の父・遠江守重元《しげもと》が、天文十四年（一五四五）に実力をもって奪い取り、増改築を施したと『美濃国古領侍伝』にある。

一説に、このおりの一挙で竹中家の所領は、六千貫（石高に直すと二千四百石）にも達したという。

稲葉山城乗っ取りの真相

弘治二年（一五五六）、別説には永禄二年（一五五九）、岩手弾正と姻戚関係にあり、美濃安《あん》八《ぱち》郡に五千貫を領有する西保《にしのほ》城主・不破河内守光治《みつはる》が、突如として菩提山城を襲撃してきた。

このとき、城内に重元の姿はなく、留守を預かる所太郎五郎（のちに竹中善左衛門と改名）が、からくも城を支えている。弘治二年が正しければ、半兵衛は十三歳となり、あるいはこの一戦が、彼の初陣であった可能性もなくはない。

そのことが影響したのかどうか、半兵衛は以後、自らに兵法修行を課した。

兵法はもとをたどれば兵器の使いよう、軍隊の編成法、陣の敷《し》きよう、駆《か》け引き、築城法から陣地の構築法などを総括したものである。中国伝来のものであったが、戦国乱世にあって日本独自の発展をみた。大軍対大軍の理合《りあい》を、一対一の斬り合いの場合と同一視するところに、日本の兵法の特色があった。またその根本には心理戦を据えており、軍の進退を〝先の先〟、〝先〟、〝後の先〟と区分した。

竹中半兵衛は生来、穏《おだ》やかで無口な男であったらしい。

それが掌《たなごころ》を指すように、敵の心を読んでしまう。勝負は決戦場に立つ以前に決着がついていた。それゆえかどうか、いざ一戦の局面でも、半兵衛は乗馬までが静かな風情であったとか。戦国武者が好んで乗った悍馬《かんば》や肥馬、大馬には乗らず、どちらかといえば穏やかな馬を好んで、静々と馬上を打たせた。

戦場に出ても騒々しい振る舞いはせず、服装も地味な色合いに終始し、具足は馬の裏皮につぶ漆で荒々と塗り、浅葱《あさぎ》の木綿糸で威《おど》していた。冑は一ノ谷の立物を打ったのをかぶり、緑の木綿の道服に紋をつけて長々と着用。愛用の太刀「虎御前」を帯び、目立たず、それでいて落ち着いたようすであったという。

寔《まこと》に雷電《らいでん》（雷鳴と電光）左に落れども動かず、麋鹿《びろく》右に起れ共瞬《またた》かず、惣軍を己れが任とし、勇道に工夫のほかは雑事なりと心得、強《し》いて小事に精《くわ》しからず、万《よろず》自然と任せしなり。

（『美濃雑事記』）

それでいて半兵衛が戦場に姿を現わすと、味方の兵卒たちはきまって、戦うまえから勝ったも同然のように勇み立ったという。

だが、美濃での半兵衛は若すぎた。己れの兵法を鍛える時間を最優先したため、彼はつとめて己れを周囲に目立たないよう、政治の埒《らち》外に身を置くように心がけていた。

そこにいるのかいないのか、わからないという〝透明感〟では、彼の意図はかなりの線で叶《かな》えられた。が、主君の斎藤道三とその息子義龍の対立に、竹中家が巻き込まれたことから半兵衛は一転、呆気者《うつけもの》の愚評を浴びることになる。

――弘治二年（一五五六）四月、義龍と戦った道三が敗死した。

このとき、半兵衛の父・重元は道三の陣営の人であった。

先にふれた半兵衛十三歳のおりの、不破光治の菩提山城来襲は、実は、この戦いの最中の出来事であった。竹中家は敗者側に与《くみ》したことから、勝者となった主流派による反動、巻き返し、若い半兵衛へのあからさまな侮蔑に繋がっていったことは、容易に理解できよう。

――このタイミングで、その後の半兵衛の生き方を決定づける人物が登場する。

安藤守就《もりなり》である。半兵衛の岳父であり、美濃北方《きたかた》（合渡）の城主。その領地は広く、稲葉一鉄《いってつ》、氏家卜全《ぼくぜん》（直元）とともに、〝西美濃三人衆〟とも呼ばれていた。

守就は反発・不平不満が固まった、〝惑星〟のような人物であった。

永禄四年（一五六一）五月十一日、父を倒して国主となった義龍は、三十五歳でまさかの

急逝。死因はハンセン病とも、卒中だったとも伝えられている。後継に十四歳の龍興が立ったが、

「与《くみ》し易し」

と、見てとったのが守就であった。

彼はかつての道三がそうであったように、美濃の国主にとってかわろうと画策する。ここで、半兵衛の出番となった。

稲葉山城攻略を謀議したであろう永禄七年正月の時点で、敵とする国主の龍興は、その座に就いて三年目であった。年齢は十七歳と若く、その政治・外交・軍事の手腕もいまだ未知数。だからこそ、クーデターも計画されたわけだが、その計画の具体的な立案ができる人材は、守就陣容にひとり半兵衛しかいなかった。

半兵衛は、稲葉山城に人質として入っていた、弟の久作（重矩）を使う作戦を考案した。久作と秘かに連絡をとり、病気と偽らせ、見舞いと称して屈強の家臣をまずは六人、城内に送りこむ。そうしておいて日時を合わせ、半兵衛自身が家臣を十人ばかり率いて、白昼堂々と登城した。持参の長持には、進物と称して武器が入れられている。先乗り組と後詰の組が合流した。

「兵は詭道《きどう》なり」（『孫子』）

であった。目的を遂げるためには、手段を選んではいられない。

一方、城方はよもや殿中において、こうしたクーデターが発生するなどとは、誰一人として予想もしていなかったようだ。ために、城中の者はいたずらに狼狽するばかり――半兵衛はそれを煽ることで、味方兵力を過大に思い込ませる演出をしている。

竹中家の老臣・不破矢足は、城内の合図用櫓太鼓を番士と斬り結びつつ確保すると、城外で固唾《かたず》を飲んで事の成否を待つ安藤守就の手勢二千人に入城を促した。いっせいに挙がる鬨《とき》の声、雪崩《なだれ》をうって攻め入る軍勢――。

国主龍興は恐怖のあまり、一気に美濃平原を駆け抜けると、本巣《もとす》郡文珠村（現・岐阜県本巣市文殊）の祐向山《ゆこうやま》に入った。守就の軍勢は城の要所を固め、クーデターは半刻を経ずして成就した。

半兵衛の名は、一夜にして天下に鳴りひびいた。

この急変を知った信長は、稲葉山城へ早々に使者を出して、

「美濃半国やるから、織田家と組もう」

と、懸命に説かせている。

だが、半兵衛＝守就ラインは、稲葉山城を信長には渡さなかった。あくまで自前で、クーデター政権を成立させようとしたのである。

読者のなかには、半兵衛の稲葉山城乗っ取りを、主君龍興を諫《いさ》めるための義挙と、いまだに信じている向きがあるかもしれないが、残念ながらその美談を認めては、史実とつじつま

が合わなくなってしまう。半兵衛たちは稲葉山城を、半年にわたって占拠しつづけた。

　この間、高札が領内に幾度となく掲げられ、支配者が変わったこと、年貢納入にかかわるこまごまとした通達や指示が出されている。彼らは明らかに、新たなる領国経営を開始していたのである。主君を諫めるためであれば、半年に及ぶ占拠は必要なかったに違いない。

　国主龍興の暗愚が深かったため、説得に時間を費やしたとしても、それほどの暗君に反省を促すこと自体が、はたしてできたのであろうか。聞き入れた振りをして帰城ののち、半兵衛たちを討つ挙に出たとしてもおかしくはなかったろう。

　現に、同時代の快川《かいせん》和尚（のちに、信長に焼き殺された）は、半兵衛らが稲葉山城を乗っ取った時、美濃にあって書簡の中で、

「悪逆の所業」

　と、その行動を罵倒《ばとう》していた。

　――その半兵衛がほどなく、二歳年下の官兵衛と出会う。

第一章　播州戦線

信長との謁見から英賀合戦へ

天正三年（一五七五）七月、官兵衛は信長に会うべく姫路を出発した。

この頃、信長は岐阜城にいる。中次を羽柴筑前守（秀吉）とした、信長への執り成しは成功し、官兵衛は信長との謁見が叶った、と『黒田家譜』はことこまかに述べている。

広間へ通された官兵衛を、信長は近くに召し、直談をもって子細をたずね、それに対して官兵衛は臆することなく中国征伐のために、しかるべきご家来を大将として、播州へ下されたい、そのおりには小寺家が先手を仕ります、といい切った。

また、姫路の地勢学的な特徴もつぶさに述べ、播磨国内（現・兵庫県西南部）の勢力図をわかりやすく語り、それを聞いた信長は、

「其儀《そのぎ》ならば、あの藤吉郎を幡（播）州に遣すべし。汝が申《もうす》ごとく、幡《ママ》州手に入《いれ》ずしてハ、毛利家を退治し難し。先《まず》彼国平げん事第一の計なり」（『黒田家譜』）

と述べ、官兵衛に播州の先導をよろしくたのむ、秀吉と相談して諸事はらうように、その

おりは小寺家が先手をつとめるように、などと語った。

よほど信長は、官兵衛の出現がうれしかったようだ。この時、名打刀の「圧切《へしきり》」（正しくは、「圧切長谷部金霰《きんあられ》鮫《さめ》青漆《あおうるし》打刀《うちたち》拵《こしらえ》付《つき》」）を与えている。現在、この刀は国宝となっている。

この「圧切」には、一つの挿話があった。信長に仕えていた茶坊主の一人、観内（あるいは管内）が無礼を働いて、膳棚の下に逃げ込んだところ、怒り心頭に発した信長は、この刀で追いかけたあげく、棚ごしに刀を圧しつけて、棚下の観内を切ったという。

その切れ味の凄まじさに、さしもの信長も驚いたようだ。「圧切」と名づけ、佩刀《はいとう》にしたと伝えられている。

――信長との初見は、名場面といってよい。

ところが、『信長公記』には右のやりとりが、一切ふれられていなかった。

官兵衛にとって――のちの黒田家にとっても――生涯にわたる大事件であったのだろうが、信長にしてみれば、連日やってくる諸国の大名小名の、数ある使節の一人にしかすぎなかったようだ。

天正三年十月二十日のところに、「播州の赤松・小寺・別所・其外国衆参洛候て御礼これあり」とあった。この小寺こそ、官兵衛であったかと思われる。

すでに織田家と通じていた赤松広秀に比べ、小寺政職はこれまでに反織田的行動をとることも多く、実際の織田家の調略は、蜂須賀正勝、荒木村重なども行っており、そうした窓口を官兵衛が担っていたのだろう。

「小寺が織田に、誼《よしみ》を通じた――」

そのことは、すぐさま播州中に知れ渡った。秀吉たちも、大いに喧伝したであろう。

対する毛利家の反応は、この大家にしては素早いものであった。毛利家の重臣・浦《うら》（乃《の》美《み》）宗勝《むねかつ》が、五千の兵を率いて英賀《あが》（現・兵庫県姫路市英賀）に上陸せんとした。

それを阻止すべく官兵衛が出陣し、ここに英賀合戦が行われる。

この一戦を、天正四年とした読みものが多い。『黒田家譜』もその一つだが、『黒田家文書』の編纂者は翌天正五年と考えていた。

天正四年七月十三、十四日の連日、大坂湾では第一次木津川河口海戦が行われている。

一度、信長によって遮断された、大坂本願寺と毛利氏との連絡網を再び結び、兵糧を中国地方から運び入れるための海戦であったが、毛利氏の瀬戸内水軍八百余艘は、二百余艘の織田家の兵船を大いに破り、目的を達して、瀬戸内海の制海権を確立したといってよい。

英賀への上陸は、その成果をさらに広げるべく、陸路でも織田軍を圧倒しようと企てたものに他ならなかった。ならば、天正五年でなければなるまい。

なぜならば、英賀には「御堂」があり、この一向宗の拠点には寺内町《じないちょう》が形成され、堺と似たような町衆自治が行われていたからである。とくに、商人の炭屋《すみや》一族は有名であった。

このとき官兵衛は、五千の大軍と正面から激突する愚を避け、敵の上陸したところに奇襲をかけ、そのおり近在の百姓たちに命じて、彼らに旗や指物を多数集めさせ、後方にあって陣を構えているように見せかけ、数におごって上陸してのち、一休みしている毛利勢を、一気に攻め、敵を総崩れに追い込んだ。

興味深いのは、このおり戦勝報告を信長に書き送ったのは、秀吉ではなく荒木村重であったことだ。信長は小寺政職が敵を多く討ち取ったこと、官兵衛が大きな成果をあげたことを喜んでいる（『黒田家文書』）。そのことを村重は、官兵衛に伝えていた。まだ、この時点で中国方面軍司令官は、秀吉に確定していなかったようだ。

では、こうした大混戦の中から抜け出し、秀吉が中国方面軍司令官の地位を獲得したのは、いつ頃であったのだろうか。『信長公記』の動きをみるかぎり、天正五年十月二十三日ではなかったか、と思われてならない。「羽柴筑前守秀吉、播州に至って出陣」とある。

さらには十月二十八日、播州中を駆けまわって人質を集めてまわったことが述べられていた。おそらくこのおり、説得に直接、出向いたのは官兵衛であったろう。

中国方面軍出陣準備

秀吉は十月二十三日以前、自らの先遣隊として竹中半兵衛、蜂須賀正勝、前野長康らを姫路へやり、官兵衛と人質をとる事前の打ち合わせを行っていた。

本来なら、機動力、行動力に溢れる秀吉も、一目散に姫路に来てしかるべきであったが、この時、彼は信長に謹慎処分を受けていたため、動けなかった。

先に述べた北陸戦線において、北陸方面軍司令官の柴田勝家が唱えた、上杉謙信との決戦方針に反対し、攻めて来た越後勢を順次、畿内に引き入れて戦うべきだ、と主張したものの、秀吉の策は柴田に無視され、あげく二人は口論となり、秀吉は勝手に自領の長浜へ帰陣してしまう。明らかな、軍令違反であった。

このおり秀吉は、長浜でやけくそのどんちゃん騒ぎを引き起こし、かえって信長の、

「秀吉めは、謀叛する気ではあるまいな」

といった警戒心をとくことに成功した。

一説にこのどんちゃん騒ぎ、竹中半兵衛が進言したものともいう。わが子を養子に出していなければ、信長はあるいはここで、秀吉を打ち首にしたかもしれない。

しかも、秀吉を欠いた織田家の北陸方面軍は、越後勢と手取川で戦い、完膚なきまでに上杉謙信によって敗れてしまった。決戦の日が、天正五年（一五七七）九月二十三日である。

謹慎中の秀吉は、官兵衛に手紙を送り、自分のかわりに「富平右」と何事も相談するように、と述べていた（『黒田家譜』）。

この「富平右」を富田平右衛門尉知信とする向きが多いが、これは人違いのように思われる。ここでいう「富平右」はなるほど富田平右衛門尉ではあったが、信長の行政官として活躍し、自ら茶会を開くことのできた信長の重臣で、剃髪後に「水西一白《いっぱく》」と号した人物のこ

とである。ときおり「富田左近将監」と、一白を同一人物のように述べるものをみかけるが、実はこの名前の人物は二人いた。

一人は奥州の蘆名氏の老臣であり、「隆資」と諱をいう。もう一人が、「富平右」＝一白であり、彼も一時期、左近将監に任官していた。

天正十三年七月の、秀吉の関白就任にともなっての叙爵がそれであった。一白は山崎の合戦あたりから、かつての同僚であった秀吉に臣下の礼をとり、小牧・長久手の戦いでは秀吉の本陣の後方をまかされ、九州征伐、小田原征伐にも出陣している。一万百石を領し、上山城と美濃・近江などに一部の所領をもち、加増されて都合二万百六十五石余を知行している。のち文禄四年（一五九五）には、伊勢の安濃津城主として五万石となった。

思うに一白は行政の練達者であり、そのことはのちに、関東・奥州の惣無事令の執行奉行をつとめたことからも納得できる。

『寛政重修諸家譜』は平右衛門尉・左近将監の諱を「知信」としているが、天正十八年十月二十八日に「豊臣知信」を従五位下信濃守に叙任する口宣案（勅旨伝達の際に作られる文書）や、同十九年七月二十一日の富田信濃守宛の秀吉朱印状に「父左近将監」とみえることから考えれば、「知信」は一白の子息・信高の初期の諱であり、一白とは別人ということになろう。彼の諱については、信広・長家なども伝えられている。

なお、一白は慶長四年（一五九九）致仕し、同年十月二十八日に死去している。

秀吉にとっては仲のいい同僚、竹中半兵衛のような存在ではなかったろうか。実務能力に長けており、その点を買っていたものと思われる。

姫路を頼りにしていた秀吉は、官兵衛に対して、ついには兄弟の契りを結ぶ。


其方のき（儀）ハ、我らおと、（弟）の小一郎（秀長）めとうせん（同然）に心やすく存候間、なに事をミな〳〵（皆々）申とも、其方ちきたん（直談）の□もとて、せうし（諸事）御さは（裁）きあるへく候。


これは秀吉が官兵衛に、天正五年七月二十三日に宛てた書状であり、短期日のあいだに、しかも数回しかあっていない段階で、秀吉はよほど官兵衛を気にいったようだ。

と同時に、播磨経略の中心をどこにおいていたかが察せられる。

さらに五ヵ月後、秀吉は官兵衛と別所重棟の二人にあって、重棟の娘を官兵衛の長男松《しょう》寿《じゅ》と結婚させてはどうか、と提案している。秀吉はこの両人こそを、播磨国内の土豪・国人たちを調略するための尖兵と位置づけていた。

なお、秀吉は手紙の中で「くわんひょうへ」と述べており、官兵衛は当時、「くわんびょうえ」か「くわんぴょうえ」と読んだことがうかがえる。

天正五年秋、官兵衛は息子の松寿を安土城へ人質として差し出した。

それを受けて秀吉は、五項目からなる起請文を官兵衛に宛てて提出している。

一つ目は、これから戦う赤松七条家（赤松一族）の所領と淡川《おうご》（河）を与えるとの約束。

二つ目は、官兵衛を疎略に扱わない、どんなことでも直接、話をして決めようとの決意。

三つ目は、人質松寿の身の安全について。

四つ目は、姫路城借用のこと。

五つ目は、先の英賀での活躍は官兵衛の才覚に拠るものである、との再確認。

以上であった。

官兵衛を教導する半兵衛

天正四年（一五七六）十一月、姫路へ出向した蜂須賀正勝、前野長康、竹中半兵衛ら織田家中国方面軍の先遣隊の——将領たちの間で、にわかに現われた官兵衛のことが話題となった。

「小寺官兵衛なる者、心底なかなかの曲者《くせもの》にて、一国を望む不敵な進退と見受けた」

と正勝がいうと、人々は大いにうなずいた。

彼らは、官兵衛をあまり歓迎していなかったようだ。秀吉の手厚い扱いが、一種の嫉妬を招いていたのかもしれない。

「油断すべきではない。また、近づけすぎるべきでもあるまい」

と、重ねて正勝が力説した時、その場にいた半兵衛は次のようにいった。

「毒変じて良薬となる、との譬《たと》えもあるではありませんか」

しばらく登用して、その進退（駆け引き）を見極めても遅くはない、といったところであろうか。官兵衛に、織田家の力を使って、主君・小寺政職を襲い、自ら下剋上を遂げて、それを足場に播磨一国を奪う意志があったかどうか。

ただ、保守的で硬直した小寺家に比べ、人材第一主義をとり、抜擢人事の常に行われる織田家が、官兵衛にとってはまぶしく、きわめて仕えがいのある家に見えたことは間違いなかったろう。自らの才に自負心をもつ官兵衛の心は、本人の気づかないところで揺れていたのではあるまいか。何よりも秀吉自身が、義兄弟の契を結んで来たほどなのだから。

半兵衛は中国方面軍の中で、誰よりも官兵衛を客観的にみていた。正勝が感情的になったのも、自らのライバルとして官兵衛をとらえていたからであった。

（これからの秀吉どのには、必要な逸材――）

そうした思いから、半兵衛は官兵衛の突出した才覚、生々しい野心、向上心を矯《た》めようとする。次のような話＝「誓文破り」が、『名将言行録』に載っていた。

黒田孝高（官兵衛）は秀吉と親交が深かったので、秀吉はかつて誓文をもって孝高に、他日、知行を与えるとの約束をしたことがあった。ところが、のちに秀吉は次第に立身出世をしたにもかかわらず、その約束を実行しなかったので、孝高はことあるごとに不平をいっていた。重治（竹中半兵衛）は孝高とは友人であったから、ある一日、孝高のもとを訪れたところ、孝高は右の誓文について不平を述べはじめたので、重治が、その誓文とはどのようなものなのか、と訊ねると、孝高は説明をしながらその誓文を取り出した。重治はその誓文を手にし、見終えると、なにもいわずにこれを引き裂き、火に投げ入れてしまった。孝高は大いに驚いたが、重治は、この誓文があるからこそ、不平もいい、自然、つとめも充分にできなくなって、結局は己れの身のためにならないことになる、といったので、孝高も致《いた》し方なく不平を鳴らすのをやめ、勤勉となったので、それから次第に出世をしたという。

半兵衛は、官兵衛の心の中にある奢《おご》りを、誓文を破ることで官兵衛に知らしめたのだが、実は同じことを、半兵衛も自らにおいて行っていた。

重治は秀吉から与えられた自筆の懇書を、

「このようなものを残しておいては、自分も後々これをもって述懐することもあろうし、子孫も自身の身のほどをわきまえずに、父にはこのような懇切な書を与えたのに……などと羨《うらや》み、また恨むことがあるやも知れない」

といって、裂き捨てた。

さすがに半兵衛は、人物ができていた。

人の心が常に変わることを熟知し、思い出や過去の実績がときに、将来、マイナス方向へ人の心を引っぱることを、彼は看破していたといえる。

天正五年十月、いよいよ秀吉の中国方面軍一万五千は、播磨と美作（現・岡山県北東部）の国境近く、まずは上月城の攻略を最初の主要目標として、出撃した。目指す上月城は別名を、七条城《しちじょう》ともいった。

この城に立籠《たてこも》っているのは、赤松七条家の一族であり、当主の赤松政範《まさのり》は佐用郡をその本拠地としていた。

播磨進攻の初動

秀吉のかたわらには、この時、竹中半兵衛と黒田官兵衛の〝二兵衛〟が揃っていたが、この時点での中国方面軍は、のちの〝中国大返し〟をやってのける大軍団に比べると、格段に見劣りする軍団であった。

なにしろ、出陣したおりの方面軍の中核＝秀吉の家臣団は、ことのほか少なかった。

いま、竹生島《ちくぶじま》の宝厳寺に伝わる『竹生島奉加帳』――勧進に応じて寄進した米や銭を記したもの――をもとに見てみると、長浜城主時代の秀吉の、直臣は一門衆、尾張・美濃衆、近江出身者に大別することができた。

秀吉の正室おねの叔父にあたる杉原家次、おねの妹の夫たる浅野長政、縁戚の杉原小六郎、木下将監（昌利・秀長の縁戚）など。

次に尾張・美濃衆として、竹中半兵衛、尾藤《びとう》知定（知宣《とものぶ》）、神子田《みこだ》半左衛門尉（半右衛門とも）正治《まさはる》、山内一豊、伊藤秀盛、一柳直次《ひとつやなぎなおつぐ》、桑山重晴《しげはる》、木村秀晴などの名があるが、半兵衛は織田家からの出向組。ちなみにその家禄は、千五十三石。秀吉の直臣・一豊はこのとき四百石であった。

近江出身者では、与力として宮部継潤《けいじゅん》（三千石）もいた。

しかし、秀吉直臣の多くは百石から数百石取りであり、秀吉がのちに定める軍役（百石につき四、五人）をあてはめれば、各々の家来（陪臣）は数人から二十人程度のものでしかなかったはずだ。

秀吉の北近江三郡が、種々ある評価の中で一番低い七万石であったとすれば、すべての兵数は六千人ほどにしかすぎなかったことになる。残りはすべて、主君信長からの借りもの。借りものの方が、兵力は大きかった。

これが、初期の中国方面軍の実体であった。それだけに秀吉は力攻めではなく、調略重視――もし、それが無理ならば、短期決戦による連勝を考えねばならなかったわけだ。

天正五年（一五七七）十月二十三日、京都を進発した中国方面軍が、まず入城したのは播磨の御着城ではなく、官兵衛の姫路城であった。のちの国宝、世界遺産ではない。天守のない、本丸と二の丸からなる戦国の城であった。

なぜ、御着城ではなく、支城の一つに秀吉は入ったのか。毛利氏の参戦で、播磨の親織田家、親毛利家の勢力図は揺れ動き、官兵衛の主君政職はその態度を再びにぶらせて——事実上は二股をかけて——秀吉のもとへの出頭に、何かと口実を設けては応じなかったからである。

今一つ、姫路城は播磨全体の中間に位置しており、戦略的にうってつけの地勢にあったことも大きい。当初、東播磨の有力国人領主＝小大名の三木城の別所長治、御着城の小寺政職は〝味方〟と識別されており、戦いの主軸は西播磨と考えられていた。

十一月に入って、中国方面軍は西に進まず、北上して但馬国（現・兵庫県北部）朝来《あさご》郡に侵入する。この通路の確保は、北からの敵をふせぐとともに、生野《いくの》銀山の資源を入手する狙いがあった。そのため、但馬国最南端の岩洲城をまずは落とした。あっさり、落城したようだ。その証左に、不名誉な城将の名が伝わっていない。

『校補但馬考』には「不詳」とあり、伝承として物部葵之助治政の名があげられているが、『朝来志』には山口太郎とあった。

要害堅固で知られた竹田城も、一日で落ちている。但馬の国人たちは、意地やこだわりがあまりなかったようだ。中国方面軍は「二十有余日」で竹田城、八木城、坂本城、朝倉城、三方城、宿南城を攻略。朝来と養父《やぶ》の二郡を制圧した（『武功夜話』）。

秀吉は永禄十二年（一五六九）にも、尼子氏が九州の大友氏と示し合わせて出雲へ進撃したおり、挟撃された毛利氏の要請で、信長の命により但馬へ攻め込んだことがあった。

それゆえ、地理や国情は熟知していたのであろう。無論、それ以来の〝調略〟も、とどこおりなく行っていたに違いなかった。

あの時は毛利氏の盟友、この度は宿敵であった。歴史はどこまでも非情なようだ。

そのうえで十一月二十七日、中国方面軍は備前国境に近い、西播磨地域で毛利氏を頼み、反旗を翻した旗頭の上月城主・赤松政範《まさのり》を討つべく、出陣した。

秀吉は半兵衛・官兵衛に二千余の兵力をさき、政範の妹婿である福原助就《すけなり》が千余の兵と立籠る、福原城（別名を佐用《さよう》城）を攻略すべくむかわせた（福岡野城は誤り）。

『播州佐用軍記』に拠れば、千種川の上津の渡しから渡河した半兵衛は、城内から討って出た助就と交戦。かなりの犠牲を出しつつも、城へ福原勢を押し戻し、山麓に放火して、総攻撃を仕かけたが、このおりはうまくいかなかった。

囲む師は必ず闕《か》く

苦戦を聞いて蜂須賀正勝が加勢にむかったが、やはり城を陥れることはできなかった。

「はや、兵糧攻めか──」

との声も出たが、なにしろ緒戦である。できれば、華々しく勝利をもぎ取りたい。

そこで大手門から半兵衛と官兵衛が、搦手から正勝が、一斉射撃を行った。

城兵もこれに応射したが、物量戦は織田家の十八番《おはこ》である。二刻（四時間）もすると、城内の弾薬は枯渇してしまった。とりわけ、大手方面の城兵に敗色が濃厚となり、それをみた官兵衛が間髪入れずに突撃を敢行。ついに、開城となった。

この福原城攻めのおり、官兵衛がもちいたのが孫子の兵法であった。

『孫子』の「軍争第七」に、「囲師必闕」（囲む師は必ず闕《か》く）という策がある。

敵を攻めるとき、逃げ道のないようにふさいで、戦ってはいけない。逃げ場を失った敵は、それこそ窮鼠《きゆうそ》猫《ねこ》を噛《か》むで、死にもの狂いで抵抗してくるから、味方の犠牲が大きくなる。

一方だけでも逃げ道を開けておくと、助かる方法はある、と敵は心の片隅で考えてしまい、必要以上に無理な抵抗をせず、そこから逃げ出す。そのうえで、逃げ道に伏兵をひそませておいて、敵将を討ち取ればよい、というのが孫子の言であった。

これは、あらゆる交渉事にも応用がききそうだ。相手を追い詰めすぎては、いけない──。

この福原城攻めのおり、秀吉の勘気にふれて牢人となった平塚藤蔵が、一つだけ開けてあった逃げ道を官兵衛に教えてもらい、みごと城主の福原助就を討ち取って、帰参が許された、との挿話が『黒田家譜』にみえる。

もっとも、先の『播州佐用軍記』では、高倉山に籠る赤松義則が、秀吉軍を恐れて戦線を離脱したうえ、逃亡した途中、高倉山に詰めるべく福原城を出た半兵衛の軍勢にみつかり、激戦となって、城に火を放って自害したという。

また、別の史料では、城から脱出した助就は、多くの城兵を討ち死にさせたことの責任から、福原家の菩提寺・福円寺で自刃して果てた、とあった。

いずれにせよ、緒戦に勝利した半兵衛・官兵衛は、福原城から約一里離れた赤松政範の上《こう》月《づき》城へ、秀吉の軍勢と合流して駒を進めた。

秀吉は本隊を率いて高倉山へ登り、上月城の正面となる仁位山《にいざん》に向かった。

これに対する上月城の備えは、周辺の山岳に支城や砦を構築して、防戦につとめる腹積もりでいた。都合、十七ヵ所。なかでも高倉山（赤松義則）、利神山《りかんやま》（別所定道）、徳久山（真島景綱）、柏原城（早瀬正義）が手強いとみられていた。

半兵衛・官兵衛はともに最前線をうけもち、千種川、佐用川を渡河。高倉山の義則は側面からの攻撃を受けもっていながら、怖気づいて高倉山に退却してしまう。うわさほどでは、加勢になかったようだ。そのため、高倉山に進出した中国方面軍は、多くの敵を討ち取り、加勢にかけつけてきた毛利方の宇喜多直家の軍勢三千（主将・宇喜多広維《ひろつね》）を、散々に打ち負かしている（打たれた首は、六百十九）。

直家は守護赤松氏の守護代浦上氏の被官から身をおこし、下剋上してついには備前一国（現・岡山県南東部）を取り、毛利氏の助勢を得つつ、備中・美作にまで支配力を拡大していた。

彼は毛利輝元の命を受けて、織田方の龍野城（城主・赤松広秀）を攻め、ここを基点に姫路の小寺氏、三木の別所氏を攻略する手はずを整えていたのだが、秀吉の進攻速度が思いのほか早く、逆に直家は中国方面軍に追われ、福原―上月を防衛ラインとすることになってしまった。

一時、上月城の将兵は、直家が後詰に来てくれた、と喜び勇んで城門を開いて打って出たところ、攻城方の別所重棟の兵はこの勢いに押され、一旦、崩れそうになったが、官兵衛の軍勢がかけつけて、押しかえしたことで窮地を脱したという。

上月城攻めは、中国方面軍にとって、いわば最初の正規の一戦――負けることはもとより、徹底して自軍の強さを、敵方にみせつけなければならない一戦であった。

高倉山から尾根づたいに仁位山へ進軍した秀吉は、ついで上月城の北にある太平山を奪取する。この山は上月城の城山より高く、仁位山と太平山の二つの山を確保した秀吉は、ここから一斉援護射撃を行い、敵が怯んだすきに、城郭へ雲梯《うんてい》をかけて乗り越え、方面軍はついに十二月三日、この城を落とした。

このおりも心理的動揺を城方に与えた、というのが勝因の要につながったようだ。

二つの山から釣瓶落《つるべお》としに攻撃される、と危機感をもった城兵は、城に立籠って七日もすると、幹部の上月十郎の首を持参して、中国方面軍に生命《いのち》乞いをするありさまとなったが、一切聞き入れられず、逆に彼らは逃げられないように、今度は「囲む師は闕かず」――柵を三重に巡らせ、十二月三日に城を落とすや、敵兵の首をことごとく刎《は》ね、さらに見せしめとして、婦女子二百余人を備前国境付近で処刑。子供は串刺しに、女は磔《はりつけ》にして晒《さら》すなど、残虐の限りを尽くした。福原城でも、二百五十人が撫《な》で斬りにされている。皆殺しであった。

非戦闘員であっても、敵側の者に対してはまったく容赦をしない。これは信長の、一貫して示してきた対戦者への姿勢であった。

と同時に、これから攻める備前・美作の国衆への威嚇でもあったといえる。恐れ慄いて降参してくれれば、秀吉は寛大な態度でそれを許すつもりでいた。官兵衛もこの時、遠く安土より信長から感状を与えられている。多数の首を討ち取ったことが、明記されていた。

ちなみに上月城の水の手を断って、籠城戦を窮地に追った功名の将は生駒親正《いこまちかまさ》（幼名・甚助）であった。半兵衛と同じ美濃の出で、織田家に改めて出仕し、与力として秀吉に従っていた。彼は近江国山田郷（現・滋賀県草津市北山田）において二百六十石を与えられている。

のちに、秀吉の主力決戦にことごとく参戦。讃岐一国を与えられ、高松城主となった人物である。

三木城へ

開城した上月城には、改めて尼子勝久・山中鹿介《しかのすけ》主従が入城した。

名門の流れである。尼子氏は出雲の守護代から下剋上して戦国大名となり、尼子経久《つねひさ》（一四五八〜一五四一）の代に、その最盛期を迎えた。出雲・隠岐・伯耆《ほうき》・石見・安芸・備後・備中・美作・因幡・播磨――十ヵ国を支配。しかし、この栄光は長くはつづかず、経久の孫・晴久《はるひさ》のとき、毛利攻めに失敗したのを機縁に、一族の内部抗争もあり、衰退の一途をたどった。勝久は分家の出であったが、没落した旧家の再興を織田家に賭けたのであった。

秀吉は、十一月に龍野に帰陣している。

なお、福原・上月の両城を落とした秀吉は、戦勝報告のため安土へ向かったが、めあての信長は同盟者・徳川家康の招待を受けて、三河吉良への鷹狩りに出かけて留守であった。

しかし、そこは信長である。留守中に秀吉が来たら、褒美として渡すように、と名物茶器「乙御前《おとごぜ》の釜」を恩賞として準備しており、その労をねぎらう用意をしていた。

天正六年（一五七八）正月を、秀吉は安土で過ごしている。この頃は、播磨平定に余裕があったのだろう。二月、播磨姫路城に戻った彼は、加古川で軍議を開き、今後の方針について話し合った。もはや播磨は制圧したも同然と、中国方面軍の意気はあがっていた。

ところがその直後、味方の別所長治が三木城に籠って、織田家に反旗を翻してしまう。

別所氏は「播磨八郡之守護」（『天正記』）であり、播磨随一の国衆。当主の長治は、このとき二十四歳であった。

永禄四年（一五六一）に父・安治（長勝）が急逝したことから、家督を継いだ長治は最初、祖父重治に後見され、祖父の死後は二人の叔父・吉親と重棟《しげむね》に家政の実権を委ねていた。外交をうけもっていたのが重棟であり、彼は上洛した将軍義昭、ついで信長に忠誠を尽くす選択をしたのだが、今一人の叔父・吉親にはそれが気に入らなかったようだ。

『天正記』ではこの吉親を、無用な叛逆に別所氏を駆り立てた「佞人《ねいじん》」と決めつけている。

実はこの長治の離反には、もう一つのカード、将軍義昭の関与があった。彼は、本願寺と毛利氏を結ぶ反織田包囲網を完成させるために、別所氏を味方に誘ったのである。長治の叛乱はたちまち、高砂の梶原氏、明石の明石氏以下、播磨国内の有力国衆の離反を誘発させた。そうした中で秀吉への信義を貫いたのは、官兵衛と別所重棟の二人だけであったといえる。

別所長治方の作戦は、本城の三木城と野口・神吉《かんき》・淡河《おうご》らの別所方諸支城が相呼応し、三木城が攻囲されれば支城が一斉に蜂起して、中国方面軍の背後を脅かし、諸城の一つが攻められたならば、三木城から救援を出す——といった手配りであった。

「苦戦にならば、毛利の援軍が秀吉の後方を突いてくれる」

別所方はそう、信じて疑わなかった。

当然、半兵衛も官兵衛も相手の作戦は読めていた。

「兵は拙速《せっそく》を聞く。未《いま》だ巧《たく》みの久《ひさ》しきを睹《み》ず」（『孫子』作戦篇）

意味はわかりやすい。戦いはたとえ拙劣でも即決することが大事である。いかに戦争巧者でも、長引いて成功したためしはない、との意。

敵のペースで、戦うほどの愚はあるまい。秀吉は播州国内の絵図を書かせ、将兵に地理を熟知させたうえで、急ぎ本城の三木城とそれ以外の支城を分断。まずは枝葉を刈るべく、支城の各個撃破に討って出た。

四月三日払暁、野口城攻めを開始した秀吉は、城下の神社仏閣を焼き払い、間断なく三日間、攻めつづけた。ようやく、野口城の城兵にも疲れが露わになりはじめる。

秀吉は大音声で将兵に告げた。

「中国勢との合戦に、弱気をみせるは美濃・尾張武士の名折れぞ」

城攻めの要は一つ、攻めて攻めて攻め抜いて、城方に息をつかせぬほどの猛攻を加え、物資と気力を一挙に消耗させることにある、と檄を飛ばし、自らも三百騎の馬廻りを率いて突っ込んだ。

「大将に後《おく》れをとるは、武士の名折れぞ」

中国方面軍の総攻撃は、力押しとなった。

ついに城主・長井政重は和を請い、開城に及ぶ。

秀吉は政重を許し、その生命《いのち》を奪うことをせず、城兵の逃亡にも追い討ちをかけなかった。これも、一方をあける戦術と同じこと。心理作戦であった。

調略の潮時

織田方の大将はやみくもに強いだけでなく、分別のある人で情も深い。思慮もあって、誠に仁将である——といった評判を、秀吉は得ようとしたわけだ。

一説に、別所長治の謀叛は、長治の代理で軍議に参加した叔父の吉親、家老の三宅治忠が主張した作戦を、秀吉が冷たくあしらったことを、二人が根にもったというのがあった。それに、将軍義昭の調略が及んだというのだ。

別所氏は赤松円心以来の名門である。そのプライドを傷つけたことが、これほどの大事となったのであれば、むろん、秀吉も反省したのであろう。

天正六年（一五七八）三月二十九日、秀吉は三木城を囲むが、この要害に四、五千の兵で立籠られては短期日の攻城は難しい。まず野口城（城将・長井四郎左衛門政重）を落としたところ、三木城から救援軍がかけつけたが、兵力が隔絶している。

別所方は毛利氏に急使を送り、加勢を請うた。四月中旬、毛利氏の大軍が吉川元春・小早川隆景に率いられて播磨に進攻して来るや、上月城を囲んだ。

秀吉は三木城攻めを一時中止し、四月十三日に本陣を高倉山に移して、荒木村重の力を借りて毛利軍と対峙する。事態を憂慮した信長は、応援の軍団を続々と播磨にくり出した。嫡男信忠・丹羽長秀・佐久間信盛・滝川一益・明智光秀など。信長は彼らに、「先に残りの支城を刈れ」と命じた。目標とされたのが、神吉《かんき》城（神吉頼定）であった。

六月二十八日から開始された織田方の神吉城攻めは、織田軍の最新兵器「竹把《たけば》」が威力を発揮、鉄壁の守備を誇る将方に混乱の波紋を呼ぶ。「竹把」とは、七尺＝約二メートルほどの竹を幾重にも重ねて束にしたもの。五束を一列に結び合わせて、これを連ねて楯として敵の陣地に接近した。城兵はこの「竹把」、別名「長蛇崩し」を見たことがなく、大いに面喰ったという。それでも城は容易に落ちず、戦局は膠着状態がつづいた。

攻守両軍ともに、疲労と焦燥が見えはじめる。〝調略〟がその威力を最大限に発揮するのは、実はこうした局面であった。城将のひとり、城主頼定の伯父・神吉貞光が、織田家の重臣・佐久間信盛と旧知の間柄であったことから、織田方はこの関係を利用し、甘言をもって貞光を説得。寝返らせることに成功した。

七月十五日の夜半、城の西から城内に入った織田軍は、放火をしてこちら方面に城方の注意を引きつけ、反対側の東からどっと城内に乱入。神吉頼定は討たれ、神吉城は落城となった。七月十六日、早朝のことである。

この神吉城が最初に、織田方の総攻撃を受けたのはなぜか。

毛利方による瀬戸内海上からの、兵糧・弾薬の補給ルートであったからだ。それも、最も重要な位置にあった、といえる。この城の陥落が、三木城を兵糧攻めにする条件を有利にしたことは確かである。

織田軍はつづいて、別所一族の櫛橋《くしはし》左京亮伊定の、志方城を八月十日に無血開城させ、さらに端谷《はぜたに》城（衣笠範景）を一万余で攻囲。城主範景以下全城兵が、必死の突貫を行ったところをことごとく討ち取り、八月十三日に開城を行っている。

三木城への兵糧運搬ルートを一つずつ潰していった織田軍は、九月に入ると魚住城（現・明石市大久保町西島）の魚住頼治を攻撃して、この方面における補給ルートをも攻略。つづいて、高砂城（梶原景行）に迫った。この城は加古川に船をうかべて兵糧を運び、三木城へ入れるルートであり、秀吉はここを断ち切るべく、十月十八日には高砂城への総攻撃を開始する。

この時、毛利家の〝両川〟＝吉川元春と小早川隆景の二人は、陸海双方から挟撃体制をとって攻城中の織田軍へ迫り、これに城兵も加わって打って出て、形勢を一気に逆転した。

攻囲軍を蹴散らして、高砂城に入城した毛利軍は、軍評定を開き、席上、元春は「この余勢をかって三木城まで攻め上がろう」と主張する。のちに詳しくふれるが、このとき毛利軍は上月城の奪還にも成功していたのである。

だが、なぜか毛利の大勢は慎重論でしめられ、隆景は梶原景行に兵糧を与え、彼を残して毛利軍を撤退させてしまう。

一方の秀吉は、あきらめない。再度、高砂城を攻撃。すると景行は、今度は逃亡した。

ここに秀吉は、播磨の海岸線をすべて抑えることに成功する。

上月城と荒木村重の謀叛

——話が前後する。

播磨一、争奪戦の激しかった上月城である。天正五年（一五七七）十二月、赤松政範の拠るこの城を開城させた秀吉は、城番に山中鹿介を駐屯させた。

鹿介は、名門尼子氏の末裔・勝久を主君に迎えるべく上洛。するとこの間に、この頃、毛利方であった宇喜多直家が上月城奪回を家臣の真壁《まかべ》彦九郎治次《はるつぐ》に命じた。彦九郎は奇襲して一夜でこの城を奪取したものの、鹿介が尼子の旧臣を語らって、一千余騎をもって下向してくると、臆病風に吹かれたものか、彦九郎は城を捨ててさっさと逃亡してしまう。

上月城をとりかえした鹿介は、二千余の兵を集めて守備を固める。

彦九郎の失態で、毛利氏の手前、苦境に立った直家は、数度にわたって上月城を強襲し、ついにこれを奪い返した。今度は、上月十郎景貞が二千の兵をもって、改めて上月城に入った。

一時撤退した鹿介からの要請もあり、秀吉が再び加古川に方面軍を率いて到着したのが天正六年三月四日のことである。以前と同じルートで進撃した秀吉は、城を攻囲。城方は、宇喜多氏へ救援を要請した。

秀吉の中国方面軍対宇喜多勢二万五千の戦いは、激越を極めたが最後は物量がものをいった。城方、宇喜多勢とも弾薬が不足して、勢いがややおとろえる。

この時、守将の上月十郎を背後から射殺しようとしたのが部下の江原兵庫助であった。彼は事前に、官兵衛の調略により内応を約束していたのである。

大混乱となった城中へ、官兵衛の手勢が突入、開城となった。

守将十郎は、傷を負いながらも城を脱出し、秀吉を討つべく高倉山の本陣を目指したが、千種川沿いの櫛田近辺で秀吉の親衛隊に発見され、討ち死にしている。

ちなみに、十郎の妻は志方城主・櫛橋伊定の娘であり、官兵衛の妻の姉にあたった。

おそらく官兵衛は、以前から十郎との間に出入りがあり、家臣とも面識があったのだろう。誰が内通者となってくれるか、そうした当たりも常日頃からつけていたに違いない。

尼子勝久・山中鹿介主従に、再び上月城はもどった。その直後の三月二十八日、秀吉は本陣を高倉山から姫路書写山《しょしゃざん》・十地坊《じゅっちぼう》へ急ぎ戻す。

別所長治が、まさかの謀叛に及んだからであった（前述参照）。

四月中旬、局面打開をはかるべく、毛利〝両川〟が再び出陣して上月城を攻囲した。

天正六年三月二十九日から開始された、三木城攻めは容易に陥落に結びつかない。

秀吉は半兵衛を安土の信長のもとに遣わし、四月下旬には織田信忠を総大将とする二万余の兵力が播磨へ派遣された。

ところが、この援軍、織田方の諸将が秀吉への感情的もつれから、何事によらず非協力的で、無為に時間を費やすばかり。

六月に入って自ら上洛した秀吉は、戦線再構築のため、上月城放棄を信長に進言した。許可を得た秀吉は、同月二十九日に加古川に帰り、鹿介の娘婿である亀井新十郎茲矩《これのり》を呼び、上月城へつかわして、城を脱出して再起をはかるように、と指示したが、鹿介は同じ犠牲を払うなら、このまま城にとどまって戦いたい、と秀吉の申し出を拒絶した。

結果、孤立無援となった上月城は、七月五日、ついに落ちた。

尼子勝久は自刃、山中鹿介は捕虜となってのちに、備中高松の毛利軍本営に護送される途中、備中国川上郡（現・岡山県高梁市）の阿井の渡しにさしかかったところで、河村新左衛門に斬りつけられ、川に逃がれたところを福間元明に首を打ち落とされた。享年は、三十三前後であったかと思われる。

十月、播磨で思わぬ苦戦に陥っていた秀吉の許へ、さらに憂慮すべき事態が出来《しゅったい》した。味方の、有岡城の荒木村重が、一族や与力大名を率いて、主君信長に離反したのである。

七月、三木城攻囲の一角を受け持っていた村重が、突然に戦線を離脱して居城・有岡城へ帰ってしまったのだ。

——村重は、信長期待の武将であった。

織田家の地生えではない。天文四年（一五三五）に摂津の土豪・荒木義村（あるいは高村）の子として生まれている。当初、摂津三守護の一人・池田城主の池田勝正に仕えた。官兵衛の父・職隆がそうであったように、村重も主君に気にいられ、一被官《ひかん》の分限から主家の「池田」姓を許されるまでに栄達。十五代将軍・足利義昭の出現で、その幕下に馳せ参じ、やがて将軍義昭が信長と対立すると、村重は躊躇《ちゆうちよ》することなく信長に忠節を誓った。

元亀四年（一五七三・途中に天正へ改元）二月、反信長勢力であった三守護の一・和田惟長《これなが》を攻めて高槻城を奪い、天正二年十一月、伊丹城を攻めて残る三守護の一人・伊丹忠親を放逐した。

信長は村重の活躍を大いに賞賜《しようし》し、一躍、「摂津一職《いつしき》」（大坂本願寺の領域を除く、摂津全域の支配権）を与えた。

伊丹城を有岡（在岡）城と改名し、この城を居城として許された村重は、すでにみてきたように、中国方面軍を信長から任される、最短距離につけていたこともある人物。

その期待の人物がなぜ、主君信長を裏切ったのか。世上、村重の過失に信長の猜疑心が絡んだとか、明智光秀が謀叛をしようとするとき、村重が邪魔なので前もって葬り去ろうとしたとか、俗説はいずれも華々しいが、村重の場合も別所長治と同様、背後に足利義昭の〝調略〟があった。途中、村重は数ヵ月にわたって、織田・毛利の両家いずれに着くべきか、天秤にかけていたようだ。

村重の謀叛を聞いた秀吉は、おそらく立ちすくんだに違いない。すでに支城を大方刈りとり、裸城同然となった三木城の周辺に、付城《つけじろ》を五、六十も設置し、さて、これから持久戦にもちこもうか、と考えていた矢先である。

「なぜだ……」

さしもの秀吉、半兵衛・官兵衛の〝二兵衛〟にも、すぐには村重の謀叛の理由は思いあたらなかったであろう。だが、この叛乱は中国方面軍にとって堪《こた》えた。村重はつい二、三ヵ月前まで、秀吉と行動をともにしていた友軍であったのだから。

官兵衛、有岡城へ

織田家から離反した村重は、改めて足利義昭、毛利輝元、本願寺光佐（顕如《けんによ》・第十一世）と連絡をとりあい、十月には大坂本願寺に人質を送って、正式な同盟戦略に参加した。

彼の謀叛は、居城の有岡城のみではすまなかった。村重の与力大名である、茨木城主で高山右近の従兄弟でもある中川清秀。高槻城主の高山右近。さらには尼崎城の嫡子村次、花隈《はなくま》城の荒木志摩守、三田城の荒木重堅、能勢郡能勢城の能勢十郎も、もとより村重と行動をともにした。

清秀などは、一度、安土に釈明のため上ろうとしていた村重に、

「安土にいくなどもってのほか。腹を切らされるならば、摂津で一戦に及ぶべし」

と、焚きつけたとされる人物である。

謀叛が疑われた当初、信長はすぐさま家臣の福富直勝、佐久間信盛らを派遣。翻意をすすめたが効果がない、と知ると、ついで茶の湯で村重の友であった松井友閑《ゆうかん》、縁戚に連なる明智光秀、そして〝調略〟の名手とされていた秀吉に説得を命じた（あるいは、万見仙千代《まんみせんちよ》＝重《しげ》元《もと》とも）。

村重は彼ら糾問使《きゆうもんし》に、「謀叛は事実無根だ」と弁明したが、その証しとして母親を人質に出すことも、自らが安土城へ出頭することも、ついにはなかった。

十一月九日、信長は大軍を摂津国山崎に進める。

この間、秀吉は十月十五日、三木城の付城で茶会を催している。一種の敵方への、別に慌ててはおらぬぞ、とのデモンストレーションであったろうが、これは竹中半兵衛の献策かもしれない。〝二兵衛〟の一方の官兵衛は、それどころではなかったろう。

官兵衛の縦横無尽の活躍ぶりを、田舎の小大名の、しかも才気走った家老のスタンドプレーと受け取っていた方面軍の部将たちは、別所長治と荒木村重の立てつづけの裏切りを、官兵衛の大胆不敵な智謀＝調略をもちいて味方に誘い、やがては己れが播磨一国を手に入れようとする、官兵衛の陰謀の破綻と受け取った。利害を説く縦横の策士が、己れの〝利〟をからめたため、失敗したのだ、と解釈した。

「先走らず、もっと充分に時間をかけて道理を説けばよかったものを……」

無論、官兵衛はそうした批判を歯牙《しが》にもかけていなかったが、別所氏の三木城はともかく、村重の有岡城が敵方になったことは、中国方面軍の戦略を担う「軍師」の立場として、明らかに失策であった。

もとより、冷静に考えればこの反逆、村重一人の個人的事情によるものではないことは明らかであった。将軍義昭による、反織田大包囲網の一環である。官兵衛はそのことに、おそらく気づいていたであろうが、彼は一面、三十三歳の若者でしかなかった。

己れの才覚をほこる若きエリート意識からも、到底そのことの重大さに思いいたらなかったようだ。己れの調略が、将軍に負けるはずがない。自己への過信が、強すぎたのであろう。

(今こそ、冷静に――)

茶会を秀吉に進言したのが半兵衛ならば、彼は官兵衛にもそう忠告したはずだ。

だが、官兵衛にはその声が心底に届かなかった。なにしろ半兵衛はこの年の五月、帷幄にあって秀吉の相談に預かりつつ、備前八幡山城主・明石景親《かげちか》の調略に成功していた。

早くも、備前攻略の先陣を切っていたわけだ。官兵衛には、抑えがたい半兵衛への競争心もあったろう。自分が直接、村重に会えば事態は逆転できる、と一筋に考え、おそらく乗り込んでいくときには、織田方の人質となっている息子松寿の、安否のことなどは考え及ばなかったのではあるまいか。

人間、熱におかされると、行動は独善的でなおかつ、直截《ちょくせつ》的なものとなる。秀吉が独自に派遣した蜂須賀正勝、前野長康ですら、村重の決意を翻すことができなかったものを……。まさに、飛んで火に入る夏の虫であった。事前に官兵衛が行くこと、そちらで始末してほしい、との依頼まで、主人の小寺政職が村重にしていたというのに。そうしたことも、官兵衛には見透せなくなっていた。

彼は有岡城に赴き、村重に捕えられて狭小な牢獄に監禁される身の上となる。

官兵衛が幽閉され、秀吉の本陣から姿を消しても、戦局はそれでも移っていく。

天正七年（一五七九）二月六日には、三木城主の別所長治の叔父吉親と、長治の弟・治定、同左近らが、このままでは兵糧攻めに敗れるとみて、果敢にも二千五百の兵（七百余騎）をもって城門を開き、三木城を出撃してくる。吉親は士気を鼓舞するためにも、小規模な戦闘で勝利することを欲したが、城兵の中には、秀吉の平井山を奇襲すべし、と主張するものが多かった。

彼らは、秀吉の本陣を南北両側面から挟撃する作戦を立てた。

だが、卯の刻（午前五時頃）に開始された奇襲部隊の動きは、一部始終、秀吉側に察知されていた。竹中半兵衛も蜂須賀正勝も、秀吉の本陣にはいたのである。秀吉は自らの本陣＝平山砦に敵勢をひきつけるだけひきつけておいて、一気に反撃命令を下した。

地の利は、山頂付近の中国方面軍にある。息せききらせながら山を駆け上がってくる別所軍、山頂からこれを楽々と突き崩した秀吉は、逃げる別所軍を追撃した、別所治定をはじめ、主だった武士三十五名、足軽をも加えると七百八十余人がこの日、討ち死にし、奇襲部隊はさんざん打ち負かされて三木城へ退いた。

半兵衛、陣中に死す

天正六年（一五七八）十一月九日、信長が自ら兵を率いて荒木村重を誅殺すべく、摂津の山崎へ向かったことはすでにふれた。しかし信長は、いきなり力攻めを仕掛けたりはしない。

憎き村重を八つ裂きにする前に、彼にはやっておかねばならないことがあった。村重の与力としてつき従っている、摂津茨木城主・中川清秀と同高槻城主・高山右近（重友《しげとも》）を、村重から切り離す工作である。

本来ならば、説得＝調略の出番であったが、信長の交渉は常に、イエスかノーかの二者択一の強要でしかなかった。まずは、右近に迫る。彼は名にし負うキリシタンである。信長は宣教師のオルガンティーノを高槻城に派遣して、右近が投降すればよし、応じなければキリスト教を禁教とする、との二択を迫った。

秀吉も松井友閑や佐久間信盛とともに、右近のもとへ同道している。

この時、右近の父・飛騨守は村重に与《くみ》しており、有岡城には右近の姉妹が人質となっていた。キリスト教を採れば、これら家族を失ってしまう。右近は信仰か家族か、の苦渋の決断を迫られた。彼はのち、秀吉が天下を取ってから、棄教するか、国を捨てるか、の二者択一を突きつけられ、国外に出る決心をするが、信長に突きつけられたおりの方がはるかに、苦しい選択であったに相違ない。

右近が村重を捨てると、信長は次に中川清秀を〝利〟でつり上げ、ついに彼をも村重から切りはなすことに成功する。『織田家雑録』にはこのおり、清秀の嗣子秀政に、信長は自らの娘「鶴」を嫁し、秀政を婿とした、とも述べられている。もし、この婚礼が有岡城完全攻囲の前であるなら、信長は自分の娘を、清秀の人質に出したことになる。いかにも、この人物らしい凄味といえよう。

有岡城攻めには、信長の嫡子信忠が赴き、十二月には付城の設置を完了。織田方の攻城がいよいよ、本格的に開始された。そして、このタイミングで宇喜多直家が秀吉に投降して来たのである。天正七年正月早々のことであり、直家は早くもこの年の三月には、毛利方の美作三星《みつぼし》城を攻撃している。

直家からの内通を喜んだ信長も、〝梟雄《きょうゆう》〟を許すとなると、どうにも我慢がならない。

「義をうとんじ、欲深し」（『太閤記』）

あるいは信長は、すでにこの世にはいない、爆死した直家の同種＝松永久秀のことを思い出していたかもしれない。秀吉はそうした主君の心情を知りながら、体をはって直家を守った。それだけの価値があったからだ。赦免を願う秀吉に、信長の怒りは爆発する。

すると秀吉は、そのおりは素直に最前線へ戻り、戦場で目立った手柄をたてると、再びその報告とともに直家のことを持ち出した。〝梟雄〟の命運が尽きようとしていたのである。

天正七年十月三十日、ようやく赦免を許された直家は、すでに自ら出向くだけの体力がなく、甥の宇喜多基家《もといえ》に代参をさせ、織田家の当主信忠に御礼を申し述べている。

直家がこの世を去ったのは、おそらく天正十年の正月上旬ではなかったろうか。秀吉は、宇喜多の大軍を、丸ごと組下として従えることになる。

有岡城に入ったまま、消息不明の官兵衛を無視するように、天正七年六月十三日、三木城攻めの陣中で、半兵衛がひっそりとこの世を去った。享年三十六。若すぎる死であった。

『信長公記』はその死を、淡々と記していた。

六月廿二《ママ》日、羽柴筑前守与力に付けられ候竹中半兵衛、播州御陣にて病死候。其《その》名代として、御馬廻に候つる舎弟竹中久作（重矩）、播州へ遣はされ候。

半兵衛が死去する二日前、秀吉は前野長康に宛てて、一通の書状を発していた。

この人物は、すでに幾度か登場している。前野家は尾張（現・愛知県西部）の土着で、長康の父・宗康《むねやす》はかつては岩倉城主・織田信安《のぶやす》に仕え、三奉行の一人に抜擢されたこともある人物。岩倉織田家が滅亡するより早く、同家は信長に随身した。その次男であった長康は、蜂須賀正勝との交わりが深く、ともに秀吉の与力、与力から直臣となって播磨・但馬《たじま》（現・兵庫県北部）を転戦した。これまでも何度か引いた『武功夜話』は、長康の兄・雄吉《かつよし》の孫である雄翟《かつかね》が編んだとされている。

半兵衛が病床のおり長康は、秀吉の実弟・小一郎秀長《ひでなが》に従い、明智光秀の担当戦線である丹波（現・京都府中部および兵庫県東部）の八上《やかみ》城攻めを支援すべく、その支城＝五城の攻略に出向いていた。

光秀は天正三年以来、丹波方面軍の司令官をつとめていた、といってよい。なお、別所長治の妻が八上城の波多野氏出身ということもあり、城主・波多野秀治《はたのひではる》は別所の謀叛を支援、丹波国人衆の蜂起をうながした側面もあった。

秀長は五城を落としてのち、長康を福知山《ふくちやま》城に押さえとして残しておいたのだが、秀吉はその長康に、丹波攻略は明智光秀の担当だから、勝ちに乗じて五城以外に手をつけてはいけない。落とした五城を光秀に渡して、すみやかに帰参せよ、と述べていた。

さすがに、気配りのいき届いた秀吉らしい配慮である。

半兵衛の遺言

ちなみに、光秀の八上城攻めは天正六年（一五七八）六月、波多野秀治・秀尚《ひでひさ》兄弟が軍門に降り、安土に護送されてのち、信長に磔に処されて幕となる。

このおり、光秀が波多野兄弟に助命を条件として降伏を勧め、その証として自分の母（乳母ともいう）を人質に差し出したところ、兄弟が信長に処刑され、それを怒った八上城の将兵が光秀の母を磔にしたうえで一同玉砕した、という挿話は後世の付会、創り話である。

ともあれ光秀は、ここに丹波国多紀郡（現・兵庫県篠山市）を制圧したことは間違いない。ついでながら前野長康は、のちに賤ヶ岳の戦いに参戦後、播磨三木城主となり、ついで但馬出石城五万七千石を拝領。晩年には秀吉の甥・豊臣秀次の後見役となるが、文禄四年（一五九五）七月、秀次の自害に連座し、切腹して果てる運命が待っていた。享年六十八。

——さて、半兵衛の臨終である。

ここで興味を引くのは、先の秀吉書簡が伝えられたおなじ頃、加藤備中守光泰《みつやす》は別途、半兵衛の長康に宛てた書状を、長康本人に届けていたのである。日付は六月九日で、半兵衛が卒去する四日前に書かれており、むろんのこと長康は、これをその死後に読んでいる。すなわち、半兵衛の遺言ととれなくもない。

今際《いまわ》の半兵衛は、長康に何を語ったのか。書簡は時候の挨拶に始まり、帰陣以来の己れの病状をのべて、光泰に手紙を依頼するにいたった事情を説明したあと、日々の心境を語っていた。

そして、乱世に臨んで、天下平定の志を立てたものの、病のために不甲斐ないありさまとなったこと、それに引き替え、長康の活躍はめざましいと称えたのち、秀吉も心配していることであるから、丹波からは早々に退くのがよい、と秀吉と同様のことを諭《さと》している。

が、肝心の自分の亡きあとのことについて、半兵衛はふれていなかった。

半兵衛の遺体は、中国方面軍の陣地＝平井山《ひらいやま》（または平山）に近い長禅寺（禅宗）に葬られた。法名は、「禅幢寺《ぜんとうじ》殿深龍水徹《すいてつ》大居士」。もっとも、この寺はのちに廃寺となり、半兵衛の土饅頭＝墓だけが残っている。ほかに、竹中氏が岩手氏から奪い、半兵衛の父の菩提寺ともなっている禅幢寺にも墓はつくられ、後継者の竹中重門《しげかど》以降は、墓所を泉岳寺《せんがくじ》に移した。いうまでもないことだが、〝忠臣蔵〟で一世を風靡《ふうび》した禅寺である。

では、遺言はほかになかったのだろうか。

いよいよ半兵衛の死期が迫ったとき、秀吉がその手にすがりついた挿話が、『豊鑑』（竹中重門著）と『竹中家譜』に記されている。

「そなたに死なれては、このわしを助けて先手を務める者がいなくなる。半兵衛どの、まだまだ生きていてくれねば……」

中国方面軍を采配する秀吉にとって、安否不明で官兵衛のいない今、半兵衛の死は大きな

損失となる。半兵衛はそれを気遣《きづか》うように、

「それがしの亡きあとは、神子田《みこだ》半左衛門どのがござる。かの者ならば……」

そういって、息絶えたという。

神子田半左衛門は諱を正治、黄母衣《きほろ》衆の一人だが、後任指名は彼ではなく尾藤《びとう》甚右衛門尉だった、とする伝承もあった。こちらは諱《いみな》を知定《ともさだ》（知宣）といったが、生没は不詳。尾張国重吉（現・愛知県一宮市丹陽町）の出身で、早くから秀吉に仕えていたという。先にみた『竹生島奉加帳』にも、名前の出ている人物である。

尾藤は半兵衛の死後、播磨国内で五千石を拝領。ついで但馬豊岡城主となり、播磨高砂《たかさご》に所領を与えられたとも。戦記のうえでは、天正十三年の四国征伐に秀長に属して参戦し、阿《あ》波《わ》（現・徳島県）の木津城を攻め落としている。翌年の十二月には、改易となった仙石秀久《せんごくひでひさ》の旧領、讃岐《さぬき》（現・香川県）の欠所奉行をつとめた。

だが、そのつぎの年、九州遠征に際して友軍の救援を怠り、自身も改易《かいえき》となっている。どうやら、秀吉の逆鱗《げきりん》にふれたらしい。伊勢（現・三重県の大半）の朝熊山《あさまやま》に潜伏し、十二月、秀吉に知られて全山を焼き討ちされた。それでも尾藤はしぶとく生き延び、同十六年に南都＝奈良で病死したとも、同十八年の小田原征伐のおり、下総《しもうさ》（現・千葉県北部）古河の路傍で秀吉の輿《こし》を迎えたが、秀吉の怒りはおさまっておらず、かえって殺害された、とも伝えられているが、今一つ判然としていない。

〝調略〟をキーワードに軍師を考えると、筆者には二人のうちならば、この尾藤甚右衛門尉のほうが、半兵衛の後任には似つかわしかったように思えるのだが、読者諸氏はいかがであろうか。

併せて筆者は、「軍師」の最期をおもわずにはいられなかった。

『名将言行録』に、次のようなくだりがある。

天正七年（一五七九）の春、重治（竹中半兵衛）は秀吉をたすけて三木城を攻めたが、体調がおもわしくなかったので、治療すべく京にのぼった。ところが重治は、病状が思いのほか悪く、治癒《ちゆ》が困難だと聞くと、それであれば陣中において死ぬのが本望だといい、播磨に再び馳せ下ると同六月（十三日）、平山（三木城の向城）の陣中で没した。重治の勇謀・武略を畏れ敬わぬ人はなく、いずれもが昔楠木、今竹中といって惜しんだ。重治は三木の陣にいたおり、書写山で僧の具《ぐ》を買い求めて高野山に預け置き、三木城攻略ののちに、世を遁れようとしたが、これは秀吉が己れの勢威が高まるにしたがって、重治におよばぬことを知り、彼を忌み嫌うであろうと思い、そのように思い立ったといわれている。秀吉は重治の死後、重治が生存中は、なにひとつとして世の中にむつかしいものはなかった、と人に語ったという。

――半兵衛隠遁の原因は、つまるところ秀吉の嫉妬にあった。

秀吉の本性

世上、秀吉をして「大気者《たいきもの》」、大度量の人と見る向きはいまだに多い。だが、これらは彼の演出であって、本性ではなかった。

考えてみるとよい。秀吉は無手勝流《むてかつりゅう》で成り上がり、織田家の方面軍司令官にまで出世したが、それはその実、繊細な神経にこまやかな観察、徹底した気配りあればこそであった。

もし、秀吉がイメージされるような「大気者」であれば、自らが死ぬとき、「秀頼を頼む〳〵」といいながら、周囲にくり返し誓書を書かせるようなことをしたであろうか。

自らも実力で、天下を奪い取ったのだ。ナンバー・ツーの徳川家康に対して、三国志の劉備が諸葛孔明に遺言したごとく、

「あとは貴公におまかせする。よしなに――」

といったはずだ。

人間はいかに自らを偽り、きらびやかに着飾って演出・演技を生涯つづけたとしても、最後には本性がでるものだ。秀吉は本来、小心者で、臆病で、猜疑心の強い人物であった。

それを戦国乱世の中、生き抜くために自らを鍛え、涙ぐましい努力を重ねて、生命《いのち》を元手に丁半ばくちを打つように渡世をしてきたにすぎない。

この種の人間は、総じて嫉妬深い。無論、秀吉もこの感情が劣情であり、ときに人間関係を損なうものであることは理解していた。しかし、普通の人はわかっていながらも、この感情から逃れることができない。

秀吉はどうしたか。彼は理性――多分に経験則による才覚、智恵、ある種の優越感で抑えてきた。

「おれには門地出自、教養がない。腕力も容姿もないが、智恵と才覚では誰にも負けぬ」

これが秀吉の、己れをふるい立たせる原動力、自尊心の根元《エンジン》であった。

したがって彼は、織田家の重臣や同僚、ときに部下から笑われても、心の底では笑い返すだけの力《エネルギー》をもっていた。秀吉が天下を取れたことが、この考え方の正しさを物語っているともいえる。だが、この発想法には一つだけ、大いなる欠陥があった。

もし、自分より智恵のある人間が、自分の目の前に忽然と現われたとき、どうなるか――平常心ではいられない。たった一つの、渡世の武器というべき智恵・才覚で、自分以上の智恵者が出現すれば、優越感は吹き飛ばされ、もはや自尊心は保てない。嫉妬は増幅し、屈折して、より異常な形でその智恵者に向かうであろう。

半兵衛はさすがに、秀吉の嫉妬を見抜いていた。

芸術家が自らの才能を確認するように描いた作品――半兵衛の場合は、調略と合戦での駆け引き＝軍略・兵法――を描き、やがて寿命が近づいたことをさとったとき、平穏に死を迎えるためにも、彼は秀吉のもとを去らねばならなかった。

半兵衛は去る直前に臨終を迎えたが、彼が後任に推した尾藤甚右衛門尉はおそらく、それができなかったのであろう。「軍師」の立場にある者はこのことを、十二分に思慮すべきであろう。

もっとも半兵衛は、形見分けに己れの軍配と軍団扇を、黒田官兵衛に贈っている。あるいは、真に半兵衛が己れの後任として推したかったのは、官兵衛であったかもしれない。

ただ、その人名を半兵衛は口にできなかった。この頃、官兵衛はまだ獄中にあり、暑いさかりの六月十三日に半兵衛が亡くなった時点でも、生死は不明であった。当然の如く荒木村重の陣営では、官兵衛がこちらに寝返ったとして、織田方将領への調略に使ったであろう。万一、村重と共に離反していたとすれば、秀吉の立場もある。半兵衛は公然と、この時点で官兵衛の名をあげえなかったことは、考えられることである。

すでにみた半兵衛伝説＝和製孔明《こうめい》は、この臨終のおりダメ押しを成した。

「半兵衛どのを失ったのは、蜀《しょく》が孔明を失ったにも等しい損失じゃ」

秀吉はかぎりなく悲しみ、天を仰いで男泣きしたという。

おそらく、そうであったに違いない。死人に嫉妬する必要はなく、しかも愧《は》じることもない。しかも半兵衛は、己れの功績のことごとくを、秀吉に残してくれて逝ったのであるから。

秀吉にとって、半兵衛ほどありがたい「軍師」もなかったであろう。

松寿を殺せ

先に引用した『名将言行録』の竹中半兵衛の死後、秀吉が述べたくだり、

「死後、秀吉人に語《かたり》て曰《いわ》く、重治（半兵衛）存生の時は、何事にても世に無ケ敷《むつかしき》と思ひしことはなかりしと」（原文）

とあったが、この秀吉のいう「何事にても世に無ケ敷《むつかしき》と思ひしことはなかりし」の中で、おそらく当の半兵衛が、最も難しいと苦慮した課題が、官兵衛の幽閉中、彼を裏切り者と断じた信長が、織田家に人質として差し出され、秀吉が長浜城に預かっていた官兵衛の一子・松寿《しょうじゅ》を殺せ、と秀吉に命じた時であったろう。

無論、秀吉は必死に抗弁したであろうが、相手は激怒している信長である。この人に見出されて、人がましくなった秀吉は、最後まで主君の命を拒み抜くことができたであろうか。

加えて、官兵衛の得意とした〝調略〟が、この場合は禍《わざわい》となった。

戦乱の中で人がましくなった秀吉は、人間がいかに利害に弱く、信義にもとるものであるかを、体験的に知っていた。秀吉や半兵衛、官兵衛がやってきた〝調略〟は、いわばその利害を前提として成り立っていた。敵方の者を味方に誘うとき、〝利〟を説いて裏切りを勧め

てきた。

　宇喜多直家のように、毛利氏と織田氏の間を、そのときどきの〝利〟で往来した者も少なくない。裏切り者を再び寝返らせる――そうしたことを日常やって来た秀吉にすれば、

「官兵衛もいつ、織田家を裏切るかもしれぬ」

　との思いが、心の奥底にあってしかるべきであった。

　信長が十一月、摂津山崎に出陣したおり、官兵衛が有岡城に入った、との消息が伝えられた。しかも、入ったまま出てこない、という。

　この時期、織田家は全体に、〝裏切り〟〝寝返り〟に極度の緊張を強いられていた。精神的に余裕のあるときであれば、疑心暗鬼は理性で止まる。だが、別所長治についで荒木村重が謀叛した直後であった。しかも官兵衛も、二人と同様、織田家の人間ではなかった。

　信長はこの時点で、小寺家も村重に同調した証拠を握っていたようにも思われる。

　普通に考えれば、主家が寝返ったならば、その家老もそれに従い、旗幟《きし》を鮮明にするもの。信長の怒りは、全身が火の玉となるかと思われるほどに感情が激化し、爆発するが、その生涯を検証してみると、この人物にも演出と本音の使いわけがあった。

　現に、村重を八つ裂きにすべく総攻撃をしかけるかと思いきや、その前に高山右近、中川清秀を村重から切りはなしている。そこには、冷徹な計算があった。もともと、伊勢湾貿易の〝利〟をもって勃興した織田家である。信長は商人が損得勘定を何よりも重視するよう

に、合戦も利害計算を常に先行させた。

怒りを爆発させては損だとなれば、この覇王は決して怒りを噴出させたりすることはしなかった。喜怒哀楽のことごとくを、理性で抑え込めるのが信長の凄さであったといえる。

いかに屈辱的な状況におかれても、動いて〝損〟となるなら、この男は決して動かなかった。村重の謀叛のおりも、信長は終始、温和な態度を周囲にみせ、村重の改心を誘い出そうと懸命に自らを演じている。

だが、官兵衛の場合は、いまだ実否すら定まっていないうちから、あっさりと嫡子・松寿を殺せ、と命じた。

なぜか。村重や高山右近、中川清秀ほどに、官兵衛が大物ではなかったからだ。しょせん、播州の小大名の家老といった認識しか、信長にはなかったはずだ。

利害損得の計算をする必要がない、と判断したのであろう。事実、この頃の黒田家の兵力は五、六百程度にすぎなかった。信長にとっては、憂慮する必要のない兵数であったといえる。

あるいは、かすかに算盤をはじいて、味方の中からこれ以上、裏切り者を出さないためには、ここで全軍に対する見せしめがあった方がいい、との判断をしたのかもしれない。狡猾《こうかつ》といってよい、反応であった。

秀吉は当惑したであろう。信長の命令に抗《あらが》うことなど、彼の処世術にはなかったはずだ。

かといって、弟のように思う、とまでいい切った官兵衛への信義を貫かねば、これから先の中国方面軍の活躍に支障が出る懸念があった。

さて、どうしたものか、と思案にくれていた時、秀吉に助け船を出してくれたのが半兵衛であった。

「私が始末をつけましょう」

とのみ彼はいい、秀吉の苦境を救い、なおかつすべての責任を己れが背負込《しょいこ》んだ。

「以《もっ》て六尺《りくせき》の孤《こ》を託《たく》すべし」

おそらく半兵衛は、旦夕《たんせき》に迫った己れの寿命を見つめていたに相違ない。

彼の見るところ、信長の苛烈なやり方――たとえば一時、敵を許しても、執念深く記憶しておいて、機会がくれば葬る――では、人心はついてこない。

いずれは、誰かに倒されるだろう。乱世を統一し、泰平の世を開きうる大器ある人物は、諸々に問題はあれど、自分の知る限り秀吉だ、との見込みもあった。

では、自分の死後、秀吉の「軍師」がつとまる人物は誰か。半兵衛には、官兵衛以外には考えられなかった。そのためには、官兵衛の心を秀吉につなぎ止めておかねばならない。

もし万が一にも、義兄弟とまで誓い合ったはずの秀吉が、わが子の生命《いのち》を守ってくれなかった、とのちに官兵衛が知れば、彼は二度と身命を賭してまで秀吉のためには働くまい。

半兵衛にはそうした官兵衛の心情が、同質の人間ゆえに、痛いほど理解することができた。半兵衛は松寿を長浜城からつれ出し、後日、信長には殺《あや》めましたと報告して（一説には替え玉まで用意して）、松寿を自らの領地である菩提山城に匿《かくま》った。

主君信長をあざむく――織田家に仕える重臣から足軽にいたるまで、誰もが自らの生命《いのち》をまず考え、為しがたいこと、と考えてきたことである。

もし、信長に露顕すれば、半兵衛は間違いなく殺されるであろう。殺されるだけではすまない。自領の菩提山の城地もことごとくが没収され、その家族・一族はその日から路頭に迷うことになる。自分の家族の嘆きよりも、半兵衛は官兵衛への友誼を取った。

孔子（紀元前五五二～四七九年）と門人たちの問答集である『論語』に、「君子人」（君子というべき徳の高い人）とは、いかなる人のことをいうのか、という問いかけがある。

孔子の愛弟子の會子は、さらりといってのけた。

「以て六尺の孤を託すべし」

一尺は二年半のこと。六尺は十四、五歳の子供といえようか。単に「年少」と受け取ってもよい。

年少のみなしごを託しても、安心してその将来をまかせられる。そういう人間でありたいものだ、と彼はいったわけだ。

今一つ、會子はいう。

「以て百里の命《めい》を寄《よ》すべし」

むかし、諸侯の国は方百里であったから、「百里」はすなわち一国と考えてよい。

一国の使者として、その使命を安心して託される。そういう人間でありたい、と。

それにつづく會子の言葉が、

「大節《たいせつ》に臨《のぞ》みて奪《うば》うべからず。君子人《くんしじん》か、君子人なり」

生命の危機にさらされるような、重大な局面（大節）にぶつかっても、その志を奪うことのできない毅然としたところがある。

そういう人間こそ、君子人なのだ。


半兵衛は、まがうことなき「君子人」であったろう。

現代でもそうだが、なかなか自分の子（それも幼い子）の将来を託せる師や友はいないものだ。

まして、戦国の世において——半兵衛は稀にみる有徳の人であったといえる。

この時、十一歳であった松寿は、利《き》かん気で頭が良く、年齢よりは体軀も大きかった。父に似ない逞《たくま》しさと、闊達《かったつ》で明るい人柄を持っていた。

直接、養育にあたったのは竹中家の老臣・不破《ふわ》矢足であったという。半兵衛が己れの生命《いのち》と引きかえた、この少年こそが黒田長政《ながまさ》であり、筆者は半兵衛と官兵衛＝〝二兵衛〟の軍略・兵法を正統に受け継いだ愛弟子がこの長政であった、と確信してきた。

後年、関ヶ原の戦いが起きたおり、家康は半日で圧勝し、天下を取ることができた。その多くを準備したのが、家康の「軍師」長政であった。

長政はその功績により、福岡藩五十万二千四百余石を拝領する（外様三番目の雄藩）。

竹中家と黒田家のその後

ところで、半兵衛なきあと、竹中家はどうなったのか。

竹中家の家督を相続していた次弟の久作（重隆《しげたか》、重矩《しげのり》とも）は、自領の岩手城下、栗原山の北方にある表佐《おさ》村（現・岐阜県不破郡垂井町表佐）で、本能寺の変に動揺して派生した土一揆に巻きこまれ、鎮圧しようとして富田如水《じょすい》（あるいは児玉文平）なる人物に討たれてしまった。享年三十七。

信長の嗣子信忠《のぶただ》に仕えていた半兵衛の末弟・彦八郎は、本能寺の変のおりに、主君と共に討ち死にをしている（享年十八というも、生年には疑問あり）。

久作の下（彦八郎の上）には、与右衛門という弟もいたようだが、この人物は病没していて、半兵衛の兄弟は事実上、本能寺の変で壊滅したに等しかった。

ただ半兵衛の三男三女は、この〝大変〟を生き残り、先にみた丹後守重門《しげかど》は半兵衛の従兄で妹婿でもあった竹中重利《しげとし》（隆重《たかしげ》）の後見を得て成長、のちに秀吉に仕えている。

一方、重利は秀吉のもとで、豊後高田（現・大分県豊後高田市）に一万三千石を与えられ、関ヶ原の戦いでは当初、西軍に与したが、官兵衛の説得で東軍に転じ、のち徳川秀忠より豊後府内に二万二千石の加増を得ている。元和元年（一六一五）十月、五十四歳で死去していた。

重門の次弟・主膳（重次《しげつぐ》）、三弟の権左（重利《しげとし》）も、兄同様に秀吉に引き取られ、一説に秀吉の養子となる秀次《ひでつぐ》つきになったとか。

秀吉から幼名に、「吉助」と名付けられた重門は、父の友人・加藤光泰の娘を妻にもらっている。父が死去したとき、重門は七歳。十二歳で小牧・長久手の戦いに参加し、初陣を飾った。その後、家督を継いで、五千石取りとなる。朝鮮出兵のおり、文禄三年（一五九四）十二月に千石を加増された。関ヶ原の戦いでは当初西軍に属しながら、家康の〝四天王〟の一・井伊直政に密使を送って、途中から東軍側についている。この寝返りの裏にも、官兵衛―長政父子による、大恩ある竹中家を潰すことのないように、生き残らせるための説得があったようだ。

なお、関ヶ原の決戦当日、関ヶ原を領内にもつ竹中重門の道案内を得て、黒田長政は人知れず間道を進み、関ヶ原最北の位置まで自軍の兵を進めている。

長政ハ竹中丹後守当所の案内をしれる人なれば、是《これ》と同道し、他将にはなれて岩手山の末野をおし給《たま》ふ。是《この》間道を経て膽吹山《いぶきやま》の麓、相川《あいかわ》の北に出、直《ただち》に関ヶ原に向《むかっ》て、石田か（が）陣の横合にかゝらんとなり。（『黒田家譜』）

この隠密行為がやがて、西軍の主将たる石田三成の侍大将・島左近の狙撃につながり、少数気を吐いていた石田隊を沈黙させ、東軍大勝利の一因となっていく。

加えて重門は決戦の翌日、西軍の小西行長を生け捕る大功もあげていた。即日、米千石を拝領。重門は徳川の世を、上級旗本の交代寄合に列せられておくり、寛永八年（一六三一）閏《うるう》十月、江戸にてその生涯を閉じた。享年、五十九。『豊鑑』の著者であることは、すでにふれている。

半兵衛の孫にあたる重門の嫡子・重常《しげつね》は、関ヶ原のおりには東軍の福島正則の居城・清州城へ人質として送られていた。のちに、家康に拝謁。大坂の陣には父と共に出陣して、後年、三代将軍・徳川家光の上洛にも従っている。朝鮮通信使が通ったおりの関ヶ原宿場の御用、甲府城の守備、久能山東照宮の補修などにたずさわり、正保四年（一六四七）三月には、近江国坂田郡の天領代官に任ぜられている。代官として、二万八百九十石を采配した。

万治元年（一六五八）閏十二月、重常は内裏造営の功により、従五位下越中守となっている。寛文四年（一六六四）七月、彼は六十七歳でこの世を去った。

重常には重高《しげたか》・重之《しげゆき》の二子があったが、ともに徳川家に仕えて兄は五千石、弟は千石取りの旗本となり、各々の家はそのまま幕末明治を迎えている。

重常の弟・重次にも、重良《しげよし》・重房《しげふさ》・重時《しげとき》の三子があった。こちらの三人は、黒田家に仕えている。生命《いのち》を救ってくれた恩義を、黒田家は決して忘れてはいなかったようだ。

さらに蛇足ながら、先に半兵衛の形見の、軍配と軍団扇は官兵衛に贈られたと述べたが、それ以外にも実は黒田家に伝えられたものがあった。長政の、半兵衛への敬慕の深さといえようか。

松寿時代の長政が、菩提山城外に匿われていたおり、彼は半兵衛からひそかに陣羽織を譲り受けた。この陣羽織には「石餅《こくもち》」(黒餅)の紋があしらわれており、これは「石持ち」と読むことで、当時、武士の出世に験《げん》を担いだものであったが、そのことを知った長政は、この「石餅」を自らの替紋《かえもん》(定紋のかわりに用いる紋)とした。以後、福岡藩主は歴代、これにならっている。

さらには、半兵衛がもちいた「一ノ谷」の兜であるが、どうやらこれも長政所有に帰したようだ。挿話がある。

黒田家の老将・母里太兵衛が、福島正則のもとへ使者に赴き、大盃に注がれた酒を飲み干して、名槍「日本号」を授かったことは、すでにふれたが、のちに素面《しらふ》に戻った正則は、「日本号」を手放したことを大いに後悔し、友人である長政を介して、どうか返却してほしい、かわりの物と交換してほしい、と申し込んだが、太兵衛がこれに応じない。

そのため気分を害した正則と長政の間も、一時、不仲となってしまった。

このとき、豊後高田にあった竹中重利が、二人の間に入って和解を働きかけ、ついに仲直りをさせることに成功する。このおり、和解の証として正則と長政は、互いの兜を交換した。この時、正則から長政に贈られたのが、かつて半兵衛が所用し、形見わけで正則へ贈られた「一ノ谷」の兜であったという。現在は、福岡市博物館に所蔵されている。

第三の軍師・蜂須賀正勝

半兵衛が死去したところで、秀吉にとって第一の軍師が竹中半兵衛、第二の軍師が黒田官兵衛であったとするならば、さて、第三の軍師にあげるべきは誰であったろうか。

文献的にみるかぎり、蜂須賀正勝であろう。否、秀吉への忠勤では三人の内、最も登場が早かった「軍師」ともいえようか。初名の小六の方が、一般には馴染みが多いかもしれない。のちに、彦右衛門尉と名乗っている。

大永六年（一五二六）、尾張国海東郡蜂須賀村（現・愛知県あま市蜂須賀）に生まれている。木曾川この地は木曾川を境にして、伊勢・桑名や美濃への交通上の要衝であったといえる。木曾川筋並衆（川並衆）の蜂須賀党を率いて、正勝は当初、美濃の斎藤道三に従い、ついで尾張の犬山織田氏、その後は岩倉織田氏に仕えた。彼が〝二兵衛〟に比べて色彩にやや欠けるのは、こと織田家についていえば、信長に滅ぼされた側にばかりついていたイメージが、強かったからであろう。

同じような経験をした人物に、のちに家康から土佐一国（現・高知県）を領有する山内一豊があったが、彼の場合は、父・盛豊（守豊）は岩倉織田氏の家老であり、父も兄・十郎も信長によって討ち死にさせられた恨みがあった。そのため一豊は信長ではなく、秀吉の直臣となった経過があったが、蜂須賀正勝は清州時代の信長に属し、すでに桶狭間の戦いに従軍していた。

秀吉の美濃稲葉山城への〝調略〟の過程で、信長の命により秀吉に仕えるようになる。〝太閤記もの〟では、矢作川《やはぎ》の橋の上で寝ていた少年＝日吉丸時代の秀吉が、野伏《のぶせ》の頭領・正勝と出会う話がよく知られている。秀吉の将来性を正勝が見抜くわけだが、当時、矢作川に橋はなく、渡し場であったことから考えても、この出会いは史実ではなかったろう。

今一つ、墨俣《すのまた》の〝一夜城〟も有名な物語だが、この話も矢作川と同じく『絵本太閤記』（作者は武内確斎《かくさい》・寛政九年〈一七九七〉刊行）の創作と考えられ、正勝の華々しい出番は歴史的に苦しい。正勝の活躍も、実はもっぱら〝二兵衛〟と同じ「調略」であった。

『武功夜話《ぶこうやわ》』では、元亀元年（一五七〇）六月中旬に、近江国坂田郡（現・滋賀県米原市）の長亭軒に隠棲していた竹中半兵衛を、正勝を加えた三人の武士が「軍師」に迎えるべく訪問する場面がある。が、これは半兵衛を諸葛孔明、訪問した秀吉を劉備、家来の正勝を関羽、同じく前野長康を張飛に擬した『三国志』の、「三顧の礼」の名場面を題材として創作されたもの。

中国方面軍にあって、「軍師」を全面的に期待された半兵衛は、天正七年（一五七九）六月十三日に三木城攻略の途上、付城《つけじろ》の平山で病没する。正勝の方は死にそうで、なかなか死ない。

朝倉氏を討つべく、突っ込んで、ふくろのねずみとなった、元亀元年四月の金ヶ崎城の撤退のおりも、正勝は秀吉軍の殿軍《しんがり》の将として、九死に一生を得ている。伊勢長島の一向一揆のおりには、伊勢国河内中江に二千五百貫――信長より扶助された、と記録にある。すでに彼はこの時、秀吉の直臣となっていたが、このめまぐるしい武功に感激した信長が、銭や小袖を褒美に与えた、というようなことも少なからずあったようだ。播磨経略ののち、五万三千石で龍野城主となっている。

――官兵衛と正勝の出会いはおそらく、天正三年十月以前であったかと思われる。

正勝が小寺家を調略すべく官兵衛に接近したか、あるいはその逆であったか。

秀吉はこの二人の「軍師」をことのほか大切にしており、正勝の娘を官兵衛の長子・松寿に嫁がせるようにはからった。これは、両家を羽柴の両輪と考えてのことであったかと思われる〈秀吉の死後、家康は長政と結ぶべく、自らの養女・ねね姫〈栄姫・保科正直の娘〉を長政に娶せ、そのために正勝の娘を離縁させている〉。

官兵衛と正勝の二人三脚が、その成果を一番明らかにしたのが、「中国国分《くにわけ》」であったかもしれない。

これから中国方面軍が攻める備中高松城——その攻撃の最中、本能寺の変が勃発。それを知った秀吉は反転、〝中国大返し〟を決行することになるのだが、終始、この間、対毛利氏との交渉にあたったのが、正勝と官兵衛であった（正確には秀吉の叔父・杉原家次も形だけはいたが）。

通史の誤解は、毛利氏との和睦交渉が成って、城将の清水宗治《むねはる》は切腹した、と述べてきたが、『浅野家文書』『天正記』などから推察すれば、宗治がまず切腹して、そのあと行われた和睦交渉は、現状保留のままとなった、と考えられる。

第一、宗治の切腹に反対していた毛利輝元は、このとき高松城から二十キロ余り後方の猿《さる》掛《かけ》城にいた。秀吉がどれほど迅速に決断を下しても、数時間で輝元のもとを訪ね、説得し、改めて同意を得ることは、時間的に不可能であったろう。

秀吉側は四日の朝までに、すでに切腹の意志を固めていた宗治に、自らの意志で自裁・開城を決断してもらえればよかった。そのあとで行われた交渉は、備中・美作・伯耆・備後・出雲の五ヵ国を割譲する、というものであった。

が、その具体的な境界線をどこに引くのかについては、細々と定める時間的余裕が秀吉側にはなかった。持ち越した「国分《くにわけ》」について、その後、秀吉側に立ってその天下取りに貢献した毛利家は、当然のごとく、手心を加えてほしいと伝えて来る。

加えて、正勝と官兵衛の二人は、大戦《おおいくさ》のあるたびに秀吉に召還されている。交渉はしばしば中断した。その間、人質を入れることによって国境線が再三、動くということもあり、ついには安芸・備後・周防・長門・出雲・石見・壱岐・備中半国・伯耆半国という「国分」が成立する。

正勝の経歴の多くは、官兵衛とかぶるもので、世上、官兵衛の行ったとされる「軍師」の役割のうち、正勝が行ったもの、また、その逆も少なくなかったろう。

調略にかけての正勝の手腕は、〝二兵衛〟におとるものではなかった。のちの秀吉による四国攻めでは、長宗我部元親に降伏を仲介したのは正勝である。

秀吉はその戦功にむくいるべく、阿波一国を与えようとしたが、正勝は病身で老齢を理由にこれを辞退。秀吉はその嫡子家政に、阿波一国を与えている（十七万三千石）。

正勝には別途、養生分五千石を摂津に与えられたが、天正十四年五月二十二日、ついに彼はこの世を去ってしまう。享年、六十一。

今日でいえば正勝は、「羽柴筑前守」の官房長であったといえようか。

第二章　稀代の「軍師」誕生

幽閉中の心模様

さて、有岡城の西北隅にある、牢獄に幽閉されたままの黒田官兵衛である。

この牢獄は竹藪《たけやぶ》に囲まれ、背後には沼地もあり、日光が一日中ささないために、牢内は冷たく、むせかえる湿気にも覆われていた。加えて、狭い。屈《かが》まねば立てぬほどの高さの天井に、四方の壁面は両手がかろうじて伸せる程度の空間しかなかった。眠るにも、体を丸めねばならないほどであったという。

食事は日に二度、格子のあいだから差し入れられたが、牢内の便器（桶）は溢れるまでになっても、すぐには取りかえてもらえなかった。なにしろこの城は、籠城戦を敢行中であったのだから。

もし、城主・荒木村重がキリシタンでなければ、このような面倒なことは避け、おそらく官兵衛はさっさと殺されていたに違いない。キリスト教の教義のおかげで、彼は首の皮一枚助かっていた、といえなくもなかった。

だが、この劣悪な環境はいいかえれば、村重の官兵衛に対する牢死＝自然死を狙ったものともいえた。

「官兵衛に、生きていてもらっても困る――」

できれば、獄中で死んでくれ、それが村重のいつわらざる本音であったろう。

日々、狭い牢中にあって、官兵衛には何もすることがなかった。生ける亡霊のように、ただ二度の粗末な食事にありつき、排泄し、そして眠るだけの毎日がつづいていた。

時間だけが、ありあまっている。幽閉された当初、官兵衛はまず、脱出を考えたであろう。牢番を説得することも、試みたに相違ない。だが、いかに華麗な弁舌と謀才をもってしても、獄中の現実を変えることはできなかった。

次に官兵衛は、それならば、と武士らしく死ぬことを考えたはずだ。しかし、刀を取りあげられた彼は、自刃することもできない。首つり、舌先《ぜっせん》を噛み切っての死、あるいは餓死も武士の作法とはいえなかった。

播州一の知恵者と自惚《うぬぼ》れていた自分が、わが身一つの処分すらままならないではないか。

官兵衛を襲ったであろう己れへの猛省と、そのあとに来た己れの限界を知らされた絶望――いかに知恵をひけらかし、智恵者ぶって世の中を渡っても、現実には弁説のみでは動かしがたいもの――たとえば、人の世の運命《さだめ》、宿縁、命運など――がある。脱獄することも、自刃することもできないと悟った時、官兵衛はあるいは、竹中半兵衛を思い浮かべたかもしれない。官兵衛がこれまで出会った人間の中で、最も意識した人物といえる。

天下の堅城・稲葉山城をわずかな人数で、しかも一夜にして乗っ取った実績などの、心に鼓《つづみ》が轟《とどろ》くような躍動と感動を覚える反面、一廉《ひとかど》の軍略・兵法を修めてきたとする自惚れは、同じ条件のもとなら己れもやれたに違いない、との嫉妬にも似た感情を育ててきた。

しかし、獄中でこのような様となると、

「半兵衛どのなら、このような無様な目には遭うまいに——」

もっと謙虚に学ぶべきであった、としきりと反省の心が動いた。

また、わずかに二歳年長の半兵衛には、己れ以上の謀才がありながら、一方で労咳《ろうがい》の持病という、死病を抱える運命があったことにも思いいたったはずだ。

「それゆえにこそ、半兵衛どのは栄達への野心、欲望を持たなかったのだ」

と。〝利〟〝欲〟といった私情を払いのけ、何ものにも囚われることなく、深山の湖水のような澄み切った心で、錯綜とした物事の道理を考え、人間心理を洞察できたからこそ、半兵衛はあの若さで、あれほどの「軍師」の高みに登れたのだ。

牢獄で人智を越える力に圧倒され、これまでの人生を猛省させられる官兵衛を考えていると、筆者は一人の幕末維新の英傑を思い出す。この人も官兵衛と同じような、壮絶な体験を三十代でしていた。以前、筆者はこの人物を、「人物的識見」「原理的教養」「道徳的気魄」の三つの条件から、〝英雄〟と呼んだ。薩摩藩士・西郷隆盛である。

次の西郷自身の言葉が、いみじくも〝英雄〟の定義をよく表していた。

命《いのち》もいらず、名もいらず、官位も金もいらぬ人は、仕末《しまつ》に困るもの也《なり》。此《こ》の仕末に困る人ならでは、艱難《かんなん》を共にして国家の大業は成し得られぬなり。（『西郷南洲遺訓』）

一説に、西郷が〝幕末三舟〟の一人、山岡鉄舟を指して語った言葉ともいわれるが、それはともかく西郷は、いかにして明治政府そのものより重い、存在感がある、とまでいわれた〝英雄〟の域に、自ら到達することができたのであろうか。筆者はこの過程に、官兵衛と同質のものを感じてきた。

――西郷も、官兵衛と同じ心情のプロセスを、踏んでいたように思われる。

幕末、薩摩藩主・島津斉彬の命を受け、その手足となって十四代将軍に一橋慶喜（のち十五代将軍）を擁立すべく、画策に動いたのは西郷であった。彼は〝調略〟を大いに用いて、主君斉彬の分身として活躍した。

ところが、斉彬の急死、大老・井伊直弼による〝安政の大獄〟によって、その立場は一変。西郷は主命をはたすべき志もとげられず、主君の墓前で切腹して死ぬことも許されず、盟友への信義すら果たせぬまま、八方塞《ふさが》りの中、ついには心身ともに行き詰まって自死を選ぶ。それも、入水自殺であった。

西郷隆盛と官兵衛の共通点

故郷に盟友の勤王僧・月照と逃げ戻った西郷は、月照を抱いて月明かりの錦江湾《きんこうわん》に、投身自殺をはかった。安政五年（一八五八）十一月十六日——今日の十二月二十日前後のことである。南国鹿児島とはいえ、冬の早暁の海は肌をさすように冷たかったはずだ。

藩士たちの必死の捜索によって、しっかりと抱き合って沈んだ二人は発見されたものの、四十六歳の月照は再び息を吹き返すことはなかった。三十二歳の西郷は、その日の夕方に昏睡状態から醒めたという。西郷はいわば、九死に一生を得たといってよい。

しかし、この事件は彼の生涯の負い目となった。

「死に損なった」

この思いは、痛烈な薩摩士道＝「武士道」からすれば、この上もない恥辱であった。

西郷は文字どおり、消え入りたい思いであったはずだ。あるいは、次には間違いなく死のう、と心に決したことであろう。彼にも官兵衛と同様、ありあまる時間だけが残された。

西郷がその人格・識見といった、人としての有徳を、短い歳月の間に高めえたのは、この入水事件とそれにつづく島での生活、さらに繰り返された島流しで過ごした歳月があればこそ、であったように思われる。

最初、大島本島へ下って潜居せよ、との藩庁の申し渡しは、決して罪人としての遠島ではなかった。そのため、西郷を首領と仰ぐ人々の中には、大島に渡るよりは脱藩して他国へ逃れたほうがよい、とする者もいた。天下は激動のまっただ中、離れ孤島にいては、何もできない。時流にも取り残されてしまう、というのだ。

だが、西郷は藩命に唯々諾々としたがった。悲しみきわまる彼は、すべてを諦観していたようでもある。ただ〝志〟そのものは、体内の何処かに残存していた。

その後、彼は一度の召還をはさみ、徳之島さらには沖永良部島《おきのえらぶ》への遠流《おんる》に処せられる。今度は、遠島処分であった。西郷がこのあと赦免帰藩となるのは、元治元年（一八六四）二月のこと。このとき、彼は三十八歳であった。つまり、彼は最も働きがいのある三十代の大半を、島での生活に費やしたことになる。ここに、「獄中有感」と題する一編の漢詩（七言律）がある。以下、訓読みしてみると次のようになった。

朝《あした》に恩遇《おんぐう》を蒙《こうむ》り、夕《ゆうべ》に焚坑《ふんこう》せらる　人世の浮沈《ふちん》、晦明《かいめい》に似たり
縦《たと》い光を回《めぐ》らさざるも、葵《あおい》は日《ひ》に向《むか》い　若《も》し運を開かなくとも、意《い》は誠《まこと》を推《お》す
洛陽《らくよう》の知己《ちき》、皆《みな》鬼となり　南嶼《なんしょ》の俘囚ひとり生《せい》を竊《ぬす》む
生死何ぞ疑わん、天の附与なるを　願わくは魂魄《こんぱく》を留めて皇城を護らん

――文意は、有岡城の官兵衛に置き替えても、そのまま当て嵌《は》まりそうだ。

朝には優遇されていながら、夕には虐待される。人の世の浮沈は恰《あたか》も月の満ちたり欠けたりするようなものだ。だけど葵の花は、たとえ陽光が射さなくとも、自ら太陽について回る。私も亦《また》、再び召還の命がなくとも、君侯に対する誠意は変わらない。ああ洛陽（京都）の知己は皆死んでしまい、南の島で己れ一人はのうのうと生きながらえている。生死ともに天命である。疑うべき余地はないが、よし、死んでも魂だけはこの天地にとどまり皇城を護りたいものだ。

これは沖永良部島に配流されたおり、西郷隆盛が詠んだ『南竄集《なんざんしゅう》』の中の一首である。巨大なまなこに炯々《けいけい》たる光を湛《たた》え、寡黙でおよそ己れの心情など語ろうとしない西郷の、知られざる一面が見受けられる。

明治維新における西郷隆盛の存在は、いまさら多くを語る必要もあるまい。

維新回天を身をもって推し進めた勤皇志士、時流に乗った野心的な諸侯、あるいは著名な学者・藩士を輩出した日本の幕末――その立場や思想、利害関係もが複雑に絡み合う、百鬼夜行の混乱に終止符を打ち、「討幕」の明確な旗印のもとに、諸勢力を結集。ついには、鳥羽・伏見の戦いに始まる戊辰戦争を敢行した、主役が西郷であった。

維新の象徴ともいえる江戸開城をリードし、明治政府の樹立を成し遂げたのは、ひとえに西郷のもつ巨大な統率力＝人望に負うところが大きかった。

だが、こうした煌《きら》びやかな西郷の経歴も、多くは四十代に入ってからのもの。それまでの彼は、先の奄美大島での生活、ついで徳之島、沖永良部島と流罪（計四年間余）を強いられていた。流謫の西郷は、己れの心を狂《きょう》さないように平常心を保って、生き残った恥や、成すことも為さずにいる苦しみに耐えた。辛酸が骨身にしみ透る、と嘆きながらも、今日まで精一杯に生きてきた己れの生き方を振り返って、猛省した。

恐るべき、精神力といわねばならない。

娑婆の牢檻

黒田官兵衛も、このおりの西郷と同じであったろう。翌天正七年（一五七九）十月、有岡城陥落まで、細々と虫が鳴くように命脈を保ちつづけたのだから。

天正六年十一月二十七日、猪名川を挟んで伊丹の対岸となる古池田《ふるいけだ》に本陣を移した信長は、十二月八日、一気に有岡城を落とすべく、酉《とり》の刻（午後六時頃）から亥の刻（午後十時頃）に及ぶ長時間、強襲につぐ強襲を敢行した。

どれほど激しいものであったか、三人の鉄砲隊の隊長の一人・万見仙千代が討ち死にを遂げている。

しかし、有岡城は陥落しない。さすがに、信長が引き立てただけのことはある。荒木村重の指揮は絶妙であった。また、彼の築城眼は織田方一、二の腕前。籠城の荒木勢は手強かった。

本来なら、攻城方の総大将たる信長のイメージでは、増々激して、第二、第三の強襲をしかけたと思われがちだが、史実は違う。なんと信長は、天正七年に入ると度々、鷹狩りをしている。力攻めをやめ、兵糧攻めに切りかえたのだ。そのこともあって、城は総攻撃からさらに九ヵ月、籠城を保つこととなる。

獄中の官兵衛は、終日、村重の心を忖度《そんたく》していたに違いない。

村重は改めて、自分を殺そうとするだろうか。否、牢中で自然に死んでくれることを望んでいる。ならば、まずは気力を維持し、体力の消耗をさけつつ、可能なかぎり現状の維持をはかったかと思われる。

『名将言行録』の竹中半兵衛の項に、「手足四肢の痿《い》を防ぐ」というのがあった。

重治（半兵衛）は平生から足の指を動かし、寒中といえども手を懐《ふところ》にしたことはなかった。はなはだしく寒い日などは手を摩《さす》り、秀吉の側に侍しているおりでも、足を動かし左右交互に休めていたので、ある人が不思議に思ってその理由を問うたところ、重治は次のようにいった。

「主君の前で自身の気ままで、手足を自由にするのはきわめて無礼である。だが、主君のためを思って、手足が痿《な》えるのを防止するのは、むしろ忠義だといってよいであろう。武士《と》たる者は、つねに武を忘れてはならぬゆえ、某《それがし》の作法は少々違ってはいるが気には留めていない。それよりも、武の道で名を汚すのは武士の本意ではないから、万一、いざという場に臨んで手足が動かないようでは言い訳にもなるまい」

半兵衛に倣ったのであろう官兵衛も、生き抜くことが、戦いであった。体の筋が凝《こ》りないように手足を動かし、さすり、可能なかぎり体をあたため、血液の流れがよくなるように工夫したはずだ。

そうしながら官兵衛は、牢の格子の外、すなわち娑婆《しゃば》にいる村重の戦略を考えた。

（やつはどれほどの準備をして、この謀叛をはじめたのか――）

考えてみれば、村重も官兵衛と同じ牢檻に入れられていたようなものだ。

天正七年四月十八日に、城方が討って出て、結果として三人が討ち死にしたという記録があるが、これに近い小競り合いはあっても、すでに城方が大軍を展開できる余地はなくなっていた。

では、この膠着状態の中で、村重の籠城戦はどのような計画性をもっているのだろうか。

城兵はみな、華々しい戦闘を待望していた。そのために、挑発もしていた。

有岡城の外郭ともいうべき、高槻と茨木の二城はすでにない。残るは有岡・尼崎・花隈の三城。いま、摂津一円には織田の軍勢が満ちあふれていた。

村重に、成算はあったのか。本願寺と毛利氏が東西から救援に来てくれれば、挽回は不可能ではない。そのための密約も、村重は結んでいた。

「摂津西宮に、上陸兵をおろしてさえくれれば——」

祈るような村重の心中が、いつしか官兵衛にも読めるようになっていた。

毛利の援軍に本願寺の一向一揆勢が加わり、城方と連携して一大決戦にのぞめば、さしもの信長も大敗するに違いない。そのあたりが、村重の構想であったように思われた。そのことを語りつつ、彼は散在する味方の士気を引きしめ、維持してきたはずだ。

「だが、村重は毛利水軍の実体を知らないのではないか」

と、官兵衛は村重のために思う。

日本最大最強といわれる毛利の水軍でも、船そのものは中世のものでしかない。兵船をつらねて、一度に海上を運べる兵力を、城方はどれほど期待しているだろうか。

「せいぜい、二、三千」

それに対する織田軍は、盛んに戦う〝酣戦《かんせん》〟に臨んだ場合、摂津平野に十万の兵力を展開することができた。そもそも毛利家には、その半分の五万の動員兵力があっただろうか。

「織田家の兵力は、天下六十余州に超絶している」

冷静に考えれば、村重の心中が希望的観測による、虹のような想いでしかないことが知れる。妄想とまではいわないが、古来よりクーデター、革命、謀叛といったものを引き起こす人々は、いつも不確かな要素を己れの勝因に数え、尋常ならざる興奮をして、自らを鼓舞してきた。このおりの村重しかり、のちの明智光秀しかりである。

村重、有岡城を去る

「ところが、織田どのは違う」

官兵衛は、そのことを熟知していた。

信長には、この時代にめずらしい合理性と秩序美の意識がしっかりと確立されていた。天下統一には何が必要で、どういう条件が揃わなければならないか、鮮烈で具体的な基本が彼の中にはあった。だからこそ、それらを理解できない者は信長を排除しようとし、敵が次々と現われ、あるいは味方の中にさえ、自らが排除されるのではないか、との思い込みを持った、恐怖にかられた反逆者が、信長の前に出現したのだ。

が、最大の長所と短所は表裏一体である。

冷酷なまでに合理的にものごとをつきつめて考える信長は、こと戦《いくさ》においては日本史上、最もスケール大きく物事をとらえることのできる人物であった。

たとえば目下、織田軍は北陸方面軍（主将・柴田勝家）、関東方面軍（主将・滝川一益）、近畿方面軍（主将・佐久間信盛）、中国方面軍（主将・羽柴秀吉）、丹波方面軍（主将・明智光秀）と五方面に大軍を展開していた。近畿方面軍とは別に、信忠の近衛軍が主力を担っているのが有岡城であった。が、五方面が六方面に増えようとも、信長は各々への補給を滞らせたことが一度もなかった。

将兵個々の実力は低くとも、織田軍が各地で善戦できたのは、その豊富な武器・弾薬、決して欠乏しない兵站《へいたん》のおかげであったといえる。各司令官は戦闘のみに専念でき、後方のことはすべて主君の信長にまかせておけばよかったわけだ。

当然、六方面での展開は、敵を潰せば減る。減ればその兵力が有岡城攻囲に投入される。

「一番早く落ちるのは、おそらく丹波――」

官兵衛には、わかっていたはずだ。

有岡城の武装は、ことごとく織田家の最新式のもの。性能も高い。指揮官としての村重の能力も、おそらく中途採用の明智光秀と比べても、遜色はなかったろう。その点、丹波（現・京都府中部および兵庫県東部）の土豪たちは戦い方も旧式なら、鉄砲も旧製が多かった。物資にも事欠く始末。攻めて来る大将が光秀なら、あとは時間の問題であったろう。

八上城、氷上《ひかみ》城を落とした光秀は、丹波に残る反織田勢力の最後の拠点・黒井城（別名・保月城）の荻野直義を天正七年七月下旬から攻めはじめ、八月九日、ついにこれを落として、丹波国を制圧する。

有岡城を囲む織田攻城軍の兵力は、増々ふえていく。

だが、頼みの毛利水軍の来援は、待てど暮らせど来ない。希望は一種の信仰のようにもなり、気力・体力が必ずしも充実しているわけではないが、有岡城の城兵の抵抗はつづいた。

籠城戦のため、士卒は毎日定められた持ち場につき、日々の役割を歯車のように果たし、食して、眠る。惰性といえるかもしれない。

しかし、籠城戦の中でただ一人、惰性に埋没せず、追いつめられていた人物がいた。ほかでもない、村重である。彼は摂津の守護とはいえ、出身は丹波とも伝えられており、今日の地位はことごとく信長によって保障されたものであった。

それだけに、虹のような毛利氏来援を説きつづけても、なかにはあまりにも夢が長すぎて、ふと我に返る者、もともと信仰に向かない者もいたであろう。心労はたまっている。身辺に危うさを感じるようになった村重は、自分の言葉に恐怖心を募らせていく。

「このままでは、城兵に殺されるかもしれぬ」

その切迫した強迫観念が、ついに村重を考えられない行動にかり立てた。

天正七年（一五七九）九月二日、あろうことか彼は、夜陰に紛れて有岡城を少数の将兵とともに脱け出し、尼崎城（城兵二千五百）に逃げ込んだのであった。

さすがに夢想家の村重も、このありさまでは、毛利氏の援軍が到着するまで、有岡城は維持できない、と判断したようだ。彼は毛利氏の援軍を呼ぶために自ら城を出て、説得にあたろうと考えたのだろうが、この戦術的判断は他方で、家族や一族郎党を裏切ることに繋《つな》がった。

大将に置き去りにされた、と思い込んだ城内では、それでも一ヵ月以上、惰性的に抵抗をつづけ、十月十五日、ついに足軽大将たちが謀叛に及んだ。十一月十九日、開城となる。

侍大将で一族中の荒木久左衛門は、城代として村重の降伏と尼崎・花隈（城兵二千）の両城開城を条件に、有岡城内の将兵たちの助命を願い出、信長に許されたものの、結局、村重は久左衛門らの説得に応じなかった。説得に失敗した久左衛門も、家族や家来を捨て、身一つで逃げた。

そのため、十二月十三日から三日間にわたり、京都の六条河原では村重の妻子や一族三十七名が斬殺され、郎党ら五百余人が焼き殺された。が、それでもなお村重は、尼崎城にあって嫡男の村次とともに、花隈城と連携しつつ抗戦を継続。この村重が、毛利氏の許に落ちのびるのは天正八年三月のことであった（花隈城は同年七月に落城）。

孤独の中の救い

有岡城から尼崎城へ――村重が逃避した直後、官兵衛の家臣・栗山四郎右衛門、母里《もり》太兵衛、井上九郎右衛門らは、有岡城下の商人「銀屋《しろがねや》」という太物《ふともの》（呉服）の主人・銀屋新七の手引きを得て、城内に潜入することに成功した。

彼らは官兵衛が、虫の鳴くほどの衰弱ぶりながら、いまもって生存していることを確認。うち栗山は牢番に銀を渡して取り入り、ついに主人のいる牢の格子の前まで、忍び寄ることに成功した。官兵衛を励ましつつ、本城総攻撃の日を待ち、降伏開城となるやその当日、栗山は新七とともに牢獄に辿りつき、官兵衛を救出することに成功する。

　このおりの官兵衛の姿は、幽霊さながらであったという。のび放題の頭髪は、湿気のために頭皮がただれて抜け落ち、瞼《まぶた》ははれあがっていて、身体中のいたるところで皮膚《ひふ》は破れ、足は萎《な》えて立つこともできないありさまであった。

　終日、陽の差しこまない場所で、天井は低く、手足を十分に伸ばせる空間もなかった。湿度のみが高く、垢と糞臭の混ざった、たとえようもない匂い、劣悪な環境のなかで、官兵衛が生きながらえた事実は、それだけで奇跡ともいえた。

　人間という生きものは、肉体的苦痛については、なんとか堪えられるもののようだ。まして武士は、忍耐することを生まれた時から教育されている。だが、世間から隔離されて、自分が人間であるのかどうかすらわからなくなると、その精神の崩壊は予想以上に早く、生命《いのち》そのものを衰弱・破壊するもののようだ。

　たとえば、ほぼ一年のあいだ、もし、官兵衛が自分以外の〝人〟と言葉を交わすことが皆無であったとすれば、はたして彼の精神は正常であり得たかどうか。ごくわずかな時間ではあったが、劣悪な環境の中で官兵衛はそれでも世間と接触を保ち得る幸運を持ちえた。

　城内にあった村重の家臣・加藤又左衛門重徳《しげのり》という人物も、幸運の一つ。この人は、いまは滅亡した伊丹《いたみ》氏の一族であったが、ときおり監視の目を盗んでは牢獄を訪ね、官兵衛の話し相手をつとめてくれた。そして月日の経過とともに、官兵衛の人柄に感銘を深くして、崇拝するまでになったという。

いまの自分には、貴殿を救出することはできぬ。よしんば牢から出せたとしても、逃げきれずに殺されるに違いない。だが、落城すれば貴殿は助かる。そのおりには、わが息子のことをお願いしたい、といった内容の事柄まで口にしていたようである。

「そうなれば、わが養子に迎えましょう」

牢内の官兵衛は、この婆婆とのか細いつながりにそう答えた。

落城ののち、この交誼《こうぎ》は実を結んでいる。

又左衛門の次男・玉松（九歳）は、官兵衛の養子となって長政の弟分に、姓名も黒田三左衛門一成《かずしげ》と名乗ることになる。筑前福岡藩となったおりには、官名を美作守《みまさかのかみ》とし、号して、「睡鷗」。俗にいう、〝黒田二十四騎〟のなかでもっとも若く、天正十四年（一五八六）、十四歳のおりに泉州岸和田に初陣して以来、官兵衛―長政の父子二代に従い、数多くの武勲をたてた。筑前入国後は一万二千石を給され、大名の扱いに。自らは明暦二年（一六五六）に、八十六歳で没している。

蛇足ながら、その子孫は代々、福岡藩最高の一万六千二百五石余を賜わり、筆頭家老を務め、〝二十四騎〟の子や孫が、相次いで失脚していく中にあって、上座《じょうざ》郡三奈木《みなぎ》村（現・福岡県朝倉市）に住したところから、〝三奈木黒田家〟と称され、明治の廃藩置県まで黒田家では重きをなしつづけた。そのスタートは、三左衛門の父の、官兵衛への庇護であった。

余談ながら、この黒田三左衛門には自慢の兄がいた。
加藤図書吉成《よししげ》といい、これが弟以上に颯爽《さっそう》とした、武士らしい武士であった。
幼名を九郎太郎。彼は弟とは異なり、黒田家に仕官せず、有岡城が落城してのち、宇喜多秀家（直家の子）の家臣となった。秀吉の九州征伐で功名をあげたようだが、時代はいまだ、家来が主人を選ぶ世の中――いつしか図書は、小西摂津守行長の家来となった。

とりわけ図書がその名を上げたのは、朝鮮出兵のおりである。先方の小西軍にあって、さらに先手を受けもち、釜山の城を攻めたおりも一番乗りを果たして、自身で敵三人を討ち取っている。乱戦の中、討ち取った首は数知れず、朝鮮の都・漢城までの道すがら、とにかく先陣を切りつづけた。都に入るときも、一番乗りを果たしている。

ときに夜襲を進言し、自ら指揮して勝利をおさめるなど、武功の数はすさまじいばかりであった。天正二十年（一五九二・十二月に文禄に改元）七月十五日、大明国より祖承訓《そしょうくん》（遼陽副総兵）、史儒《しじゅ》（遊撃）の両将が、数千の兵を率いて平壌に攻め込んで来たときも、押し寄せてくる敵をことごとく討ち取っている。

翌年の春、李如松《りじょしょう》（防海禦倭総兵官）が数万の兵を率いて平壌を取り囲んだときも、主君行長を逃がし、その殿軍をつとめ、主人の馬が一歩も動けなくなると、自ら乗っていた馬を行長に与え、自身は徒立ちとなって、追いすがる敵を追い払い、都・漢城へ生還を果たしている。晋州の城を攻めたおりも、一番乗り。敵の大将を槍で突き倒し、首をあげている。

関ヶ原の戦いでは、主人に従って西軍に与して大活躍したものの、敗れてのち、黒田長政が黒田三左衛門に命じて、福岡藩へ招聘して千石取りで召し抱えた。

のち、さらに千石を加増され、足軽大頭となっている。福岡藩では「内匠《たくみ》」と称を改め、寛永十年（一六三三）五月二十五日にこの世を去っている。享年六十三（「黒田家臣傳」下巻・『黒田家譜』所収）。

井口四兄弟とその叔母

また、官兵衛が獄中にあって、劣悪な環境に苦しんでいたとき、監視の目を盗んでは、せめて衣服の洗濯を、と通ってくる女性もいた。井口與《よ》二右衛門という人の妹である。

この與二右衛門は、官兵衛と直接のゆかりはなかったが、家は播州の土豪であり、赤松氏との抗争の中で没落したようだ。先祖はある代から御着城下に移り住み、牢人となったものの、與二右衛門の代にはすでに田畑をもつ農家として世渡りをしていた。

その妹が、有岡城に奉公に来ていたようだ。あるいは結婚して、こちらに来ていたのかもしれない。その彼女と官兵衛を結びつけたのは、與二右衛門の子供たちだった。

長男の猪之介は家業を嫌い、先祖のごとく侍になりたい、と官兵衛のもとへ仕官してきた。この縁がなければ、官兵衛は有岡城の、最悪の住居環境の中で、正常な精神を保ち得たかどうか。ときおり日光消毒された、清潔な衣服が、どれほど彼を励まし、助けたか計りしれない。

が、妹によってすくわれた官兵衛に比べて、その兄の與二右衛門は、家運を官兵衛に吸い取られたように、次々と自慢の息子を失っていく。

まず、武辺に優れた猪之介は「長の坪城」という所を官兵衛が落としたおり、その守将の一人に選ばれたが、敵の来襲に城を守って討ち死にを遂げる。

その次弟・六太夫も、猪之介に勝るとも劣らぬ武辺の侍であったが、官兵衛に仕えて諸戦で活躍。「北条のかまえ」という所を攻め取ったおり、その守備をまかされ、兄と同じように、奪い返しに来た敵兵によって、多勢に無勢、斬り死をしてしまう。

さらに、與二右衛門の三男・甚十郎は、まだ元服前であったにもかかわらず、今度こそは——と官兵衛に仕えた。

ある時、罪を犯して逃げ、追手を斬り殺して町家に立籠るという、小寺家家臣の不祥事が起きた。その罪人には、助太刀にきた弟が二人加わり、彼らは計三名。

「見て参ります」

という甚十郎に、官兵衛は許可を与えなかった。

すると甚十郎は、主命に背いて三人のもとへ。そして三人の内二人を、門のくぐりのつっかえ棒を抜いて打ちすえ、残る一人とは切り結び、またたく間に三人の首をあげてしまう。

馬に乗り、帰城しようとした途中、三人の家人に姿をみつかり、槍で馬上を突かれてしまった。その家人は抜き打ちで切り捨てたものの、やはり疲れていたのであろう、わが身にうけた傷が致命傷となった。

戸板で官兵衛のもとへ運ばれたときには、もはや臨終の間際。官兵衛に看取られて、甚十郎も死んでしまう。

井口家は三人までも、一騎当千の男子を失ったことになる。

與二右衛門には今一人、末っ子の與一之助《よいちのすけ》が残った。

さすがに父は、この子だけはと、武士にすることを拒んだが、官兵衛にすれば、彼らの叔母への大恩と三人の忠義の士の手前がある。ぜひにも、四男に恩返しをしたい、との思いがあった。與二右衛門を説得して、今度は決してあぶなくないところで、行末よいようにはからう、と官兵衛も細心の注意を払った。

ただ、その胆力、勇気については、どの程度のものか前もって知りたい、と思ったようだ。與一之助が九歳のおり、官兵衛は磔の現場に行って、印をつけてくるように、と命じた。肝試しである。與一之助が現場に行くと、木々がゆれ、火の玉らしきものが浮かんでいる。驚いて逃げるか、と思うと、そうはならず、

「まだ死にきらぬか、ならば留《とど》めをさしてやろう」

なんと九歳の與一之助は、おばけを斬ろうと真剣を抜いた。これには、おばけが仰天した。すべては官兵衛の細工であり、おばけ役の人間は寸前のところで斬り殺されるところで

あった。

　初陣以来、兄三人に比べても遜色のない戦《いくさ》ぶりを発揮。朝鮮出兵でも大活躍し、ついには〝朱柄《しゅえ》の槍〟を持たせてほしい、と長政にいい出すまでの武辺者となる。

　〝朱柄の槍〟は、その武家で一番強い武辺者が持つことを許されるもので、一代限り。それを願い出るだけの実績と実力が、與一之助にはあったのであろう。

　だが、別に首級七つをあげた家臣があり、五つの與一之助は〝朱柄〟を許されなかった。

　それならば、と主人をかえて立花宗茂《むねしげ》のもとへ仕官しようとしたが、名将宗茂は與一之助の武勇をよく知っていたようだ。長政との仲直りの仲裁をつとめてくれて、そのおかげで與一之助は、

「これから首七つ、かならずとります」

　と宣誓し、朱柄の槍を許されることになった。

　そうするうちに関ヶ原の合戦があり、このとき九州に残されていた與一之助は、官兵衛の供をして鍋島家の陣におもむいた。そのおり「村田」という鍋島家の家臣が、度々の戦《いくさ》で武功をあげながら、いまだに手傷一つ負ったことがない、という話を官兵衛が聞き込む。

「これだ――」

　官兵衛はその場で、鍋島加賀守直茂《なおしげ》に頭をさげ、その「村田」姓をうちの井口與一之助にも名乗らせてはもらえまいか、と頼み込んだ。

兄三人の短命を、官兵衛はずっと心にかけていたのである。兄たち三人とは異なり、長生きしてほしい、との思いが、こういう形で現れたのだろう。

このとき、「村田兵助」と名乗りを改めた與一之助は、福岡藩創業により二千石を賜り、足軽の大頭に抜擢され、元和七年（一六二一）十月二十九日に没した。享年は、五十七であった。

それにしても、人間の寿命の奇妙さにはつくづく驚嘆させられる。

官兵衛の代役者・小寺休夢

――話を、官兵衛の出獄に戻そう。

彼は加藤又左衛門や井口與二右衛門の妹といった人々のおかげで、最悪の居住環境のなか、どうにか正常な精神を保ち、生きながらえることができた。

格子の外に垂れる藤の花に、心の支えを感じたときもあった。『黒田家御紋由緒考』によれば、牢獄での体験から「藤巴《ふじともえ》」を家紋にしたともいう。

救出された官兵衛に、織田家の将士は、

「これが人か――」

一様にその凄惨《せいさん》なさまに目をそむけ、言葉をのみこんだ。

が、戸板で運ばれていくその人が、小寺官兵衛だと知った人々は、例外なく感動に心を詰まらせた。織田家に随身を誓って約一年、信長に忠節を尽くして己れをまっとうしたればこそ、あのような姿になったのだ、と。

義を貫いた、武士の中の武士ではないか。

秀吉も手放しで吠《ほ》えるがごとく泣き、黒田家の家人たちは全身を震わせて慟哭《どうこく》した。

だが、ここに一人だけ、泣いてやりたくとも泣けない男がいた。信長である。この専制君主は、竹中半兵衛によって官兵衛の一子・松寿が助命されていることを、有岡城開城の時点では知らされていなかった。

「官兵衛に対面するべき面目なし」（『黒田家譜』）

といい、竹中家の者から生存を聞かされたおりには、軍令違反を忘れて信長は感悦した、と記録にある。官兵衛はただちに、有馬の湯で養生するように命じられたが、左足の不自由はついに全治することはなかった。

この休養中、あるいは官兵衛が有岡城に幽閉されている間、黒田家の指揮は誰がとっていたのか。一般には父・小寺（黒田）職隆《もとたか》とされているが、忘れてはならない人物に、官兵衛の叔父・小寺休夢《きゆうむ》がいた。職隆の一歳年下の実弟であり、兄とは別に小寺政職に仕えていた。

秀吉は官兵衛が消息を断って以来、もっぱら休夢と連絡をとっていた。別所家でも甥と叔父が割れたわけで、黒田家もどうなるか、と内心、秀吉も気が気ではなかったようだが、休夢のおかげで、彼は黒田家を信じ抜くことができたようだ。

休夢の前半生は定かではないが、姫路の随願寺《ずいがんじ》の塔頭《たっちゅう》・地蔵院に入って、「善慶《ぜんけい》」と称していたようだ。千大夫、高友《たかとも》ともいう。重隆の次男であり、大永五年（一五二五）正月の生まれであった。

官兵衛が有岡城から帰ってこない、と知ったおり、黒田家は父の職隆・叔父の休夢・官兵衛の弟の利高《としたか》が中心となって、「御本丸」――すなわち官兵衛の妻を支える体制を敷き、起請文が「御本丸」宛に家臣から出された。それらの一致結束を働きかけたのも、休夢であった。

彼は三木城攻めにあっても、黒田家を率いて実戦に臨み、十二分に秀吉の信頼に応えていた。加えて休夢には、祖父、父、兄や甥と同質の教養があった。

のちに秀吉の御伽衆《おとぎしゅう》に起用されており、黒田家の家芸ともいうべき和歌や連歌に通じ、千利休とも交流があったようだ。官兵衛は遅れて茶の湯にはまるが、その指導をつとめたのも休夢であった。

官兵衛が復帰し、その子の長政が実戦で活躍するようになると、休夢は専ら秀吉の趣味のおともをしつつ、独自に情報収集を行い、側面から黒田家をバックアップするようになる。

文禄三年（一五九四）三月に、亡くなったようだ。

有岡城落城とともに救出された官兵衛は、いまだ戦線に復帰していなかったが、この間も

「三木城の干殺《ほしごろ》し」は着実に進んでいた。毛利氏も懸命に兵糧《ひょうろう》の補給搬入をはかるが、どうにも宇喜多勢の防禦もあり、城へ近づくことができない。

　三木城内では兵卒が餓えに苦しみ、城内の食糧が底を突くと、餓死者が数千人に及んだという。はじめ糠《ぬか》や飼葉《かいば》（馬の餌）を食べていた兵卒は、これらが尽きると馬、鶏、犬を食べるようになった。

「衰え果《はて》たるありさまにて、鎧《よろい》は重くて身体動き難《がた》し」、「勇むは心ばかりにて足手動かず、思うように戦えず」といった有様となる（『別所長治記』）。

　三木城の本丸以外を次々、攻撃占拠していった秀吉に対して、天正八年（一五八〇）正月十五日、長治はついに城兵の助命を請い、それに引き替えて長治・吉親（長治の叔父）・友之（長治の弟）の三人が切腹することを申し出た。

　秀吉はこれを許し、城内へ最後の宴のために、樽酒を届けさせている。

　城内では二日間、遊宴が行われたが、十七日の朝、あろうことかこの期に及んで吉親が、約定を破って城に火を放とうとした。そのため、この男は城兵たちに突き殺され、見苦しい最期を迎えてしまう。

　正月十七日、三木城主・別所長治以下、一族のものは切腹し、二年近くを費やした三木城攻めはようやく終幕を迎えた。隣国摂津ではすでに有岡城は開城し、荒木村重は尼崎城と花《はな》隈《くま》城を残すのみの、冴えない縮小した謀叛がつづいている。

憐れをとどめたのは、御着城主の小寺政職《まさもと》をはじめ、信長に従わなかった播磨の小名・国人たちであったろう。彼ら二股外交の成れの果ては、ことごとくが城を棄てての逐電となり、一族の没落を余儀なくされた。政職の場合、中国地方を流浪して、天正十年に備後の鞆《とも》で没している。

官兵衛は政職逐電を期に、「小寺」から「黒田」に復姓した。

鳥取城攻めの〝調略〟

三木城につづいて、天正九年（一五八一）七月から、秀吉率いる織田家中国方面軍二万余対毛利輝元の属将・吉川経家《つねいえ》の率いた四千余の将兵による籠城対決——世にいう、鳥取城攻防戦が開始された。

のちに、悲惨な戦国籠城戦の代名詞のようにいわれることになるこの戦いは、三木城攻めの、戦略的反省に立って行われたものであった。

——三木城は落とすのに、二十ヵ月を費やしている。

支城をことごとく落として、三木城を孤立無援の状態におく——これは包囲戦の定石であったが、それにしても二年近く、別所長治を降参・自害に追い込むのに歳月を要しすぎた。

これに懲りた秀吉は、陣中に戻って来た官兵衛の助言を入れ、鳥取城を攻めるに際して、姫路の書写山《しょしゃざん》に本陣を構え、城を囲んで城兵を餓《かつ》えさせる作戦を、前回と同様にとりながら、今度は事前準備に時間と経費をかけた。

自分たちの仕業《じわざ》と気づかれないように、若狭（現・福井県西部）の船舶を手配し、鳥取地方に散在する米穀を高値で買い占め、一説に四千俵を手に入れ、さらに合戦当初から作毛《さくもう》は薙ぎ捨てにして、同時に海上を封鎖。毛利方から食糧が海路、運び込まれないように、丹後（現・京都府北部）の警護船を出して厳重に海陸両面の備えを固めた。

加えて、城攻めの直前、秀吉は官兵衛とも諮《はか》り、領内の村々をわざと襲わせ、百姓たちに乱暴を働き、家屋を焼いている。何のために、このような所業に及んだのか。領民たちを鳥取城に追い込み、それでなくとも少なくなっている兵糧米を、さらに百姓たちにも食べさせて減らさせることが目的であった。

それゆえ、攻城戦の途中、秀吉の名代として淡路へ官兵衛がおもむいても、鳥取城の孤立無援の状況は動かず、約四ヵ月後、これ以上の籠城は無益と悟った城将の吉川経家は、自らの自刃を条件に、城兵の生命《いのち》を救ってほしい、と開城に及ぶ。経家は、三十五歳であった。

ただ、この鳥取城攻めには、見落としてはならない官兵衛の活躍が、大きく二つ隠されていた。一つは、城を囲む以前において行われた調略である。

播磨一国（現・兵庫県南西部）をほぼ制圧した秀吉は、つづいて但馬国（現・兵庫県北部）を平定した。このおり、因幡国（現・鳥取県東部）鳥取城主であった山名豊国は、秀吉の陣へ降参しに来ている。天正八年九月のことであった。それに先立つ五月、秀吉の弟・秀長が西因幡の鹿野城を攻めて開城させており、豊国はそれを見てかなわぬ、と秀吉に降ったのであった。官兵衛の調略が、豊国に働いたとみるべきであろう。

本来ならばここで、鳥取城は無血開城していたのだが、城主が降参してなお、そのことに納得しない中村春続《はるつぐ》と森下道誉《どうよ》らが城内にとどまり、あえての籠城に及び、単独では生き残れないことから、協議の結果、毛利氏と進退を共にすることを決定した。

そのうえで、山陰地方の毛利家の責任者・吉川元春に城将の派遣を願い出る。一種の、クーデターといってよい。元春は最初、若桜《わかさ》鬼ヶ城の牛尾元貞を、ついで市川雅楽《うた》允《のじょう》と朝枝春元の二人を、各々、城将に推薦入城させたが、城方は毛利氏一門からの城将派遣をさらに要求。選ばれたのが、石見国福光城（現・島根県大田市温泉津《ゆのつ》町福光）の城主・吉川経安《つねやす》の嫡子・式部少輔経家《つねいえ》であった。

つまり、官兵衛の「戦わずして勝つ」という軍師の面目＝〝調略〟は、その当初において成功していたといえる。家臣たちが、それに従わなかっただけのこと。これも下剋上であればこそであったろうが、その家臣たちにまで調略をほどこさなかった官兵衛を、一概に責めることはできまい。

〝調略〟は状勢の変化によって臨機応変、いかようにも変化《へんげ》した。その証左が、より功績の高い官兵衛も参加した〝調略〟＝宇喜多直家の、織田家への寝返りであったろう。

直家は戦国の〝梟雄《きょうゆう》〟と呼ぶにふさわしく、煮ても焼いても喰えない人物として、その存命中から、悪名のほどは諸国に知れ渡っていた。

もともと守護・赤松氏の家臣・浦上《うらがみ》氏の、さらなる被官の身分から出発し、謀略と謀殺で勢力を拡大。備前（現・岡山県南東部）岡山城主となり、主人の浦上氏をも放逐。ついには備前・美作（現・岡山県北東部）・播磨の一部までも領有するまでとなった。

この、いわば怪物のような人物を説得し、織田家に帰順させるべく、それまで従っていた毛利家との縁を切らせて、寝返らせるという大技をやってのけたのが、秀吉と官兵衛であった。いかに、この二人の調略が凄まじいものであったか。人を裏切ることを常として来た梟雄の直家が、一度、秀吉・官兵衛を通じて織田家に仕えると、その後、一度も二人を裏切らず、毛利氏攻撃の第一線に立ちつづけていた。なぜで、あったのだろうか。

おそらく、徹底した人間不信であった直家は、これまで己れのなした悪行の数々と、その中で幼い息子八郎（のち秀家）の行く末に悩んでいたかと思われる。非道を行ったものは、わが身にも非道が行われるものだ、と考えるもの。この直家の弱点を、秀吉と官兵衛は突いたのである。

もし直家が、秀吉の中国方面軍に荷担していなければ、鳥取城の「餓《かつ》え殺し」は完璧にはやれなかったに違いない。援軍として駆けつけた毛利輝元や小早川隆景の軍勢を、山陽道でくぎづけにしたのは直家であった。

もう一つの盲点

調略以外にももう一点、官兵衛が毛利家の動きのにぶさを、事前に読み切っていた節があった。織田家の方面軍のような機動力、スピードが大国の毛利氏にはないことを、官兵衛はそれまでの大小の戦いで体得、熟知していた。

それゆえ彼は、すべてを「時間との勝負」と考え、智謀のかぎりをつくして「餓え殺し」を算段したともいえる。

――蛇足ながら、城将の吉川経家は凡将ではなかった。

彼は鳥取城の入城に際して、早速に米と塩の手配をはじめたが、来年の二月、三月までも籠城の覚悟を固めていながら、その兵糧を確保することができなかった。本陣＝吉川元春にも、くり返し兵糧調達を願い出たが、ついに兵糧は送られてこなかった。そのため城内では、因幡衆が無気力となり、なかには経家を憎む者まで出る始末となる。

一説に大国の毛利氏では、慣例として自家より諸城に、そもそも兵糧を下げ渡す仕組そのものがなかったという。織田家のように、方面軍司令官は合戦のことのみを考え、それ以外の兵站はすべて、別途に補給システムが充実している新興大名家ではなかったわけだ。

たとえば鳥取城攻めのおり、吉川元春の長男・元長《もとなが》は経家を救うべく出陣したが、出雲（現・島根県東部）から伯耆（現・鳥取県西部）を突っ切ろうとして、織田家についた羽衣石《うえし》城

（城将・南条元続《もとつぐ》）と岩倉城（城将・小鴨元清《おがもの》）に引っかかってしまう。九月二十三日のことであり、元長は父の援軍をも呼び、十月に入って積極果敢に両城を攻め立てた。

このとき秀吉は、味方の二城の危機を知るや、すぐさま先鋒軍を派遣し、自らも九月二十八日には出撃している。そして、吉川軍と七日間対峙して在陣した。

しかもこの間、織田方の補給部隊は、籠城以前からかなり欠乏していた兵糧・弾薬を、羽衣石、岩倉の両城内へ、別途、運び入れることに成功している。

「これだけあれば、冬は越せよう――」

来年早々には、かならず来る、そういって中国方面軍は、全軍を鳥取城攻めのラインまで引きあげた。この間、元春―元長父子は、表向いての睨みあいをしていたにすぎなかった。

この機動力、臨機応変の進退が、織田軍の強味であったといえる。

経家は戦い以前の兵糧のことで神経を擦り減らし、来年の二月、三月はおろか、十一月を待たずして開城のやむなきにいたった。鳥取城の兵糧米は九月中には底をつき、体力のない者の中には餓死者が出始めた。雑兵や農民は城の柵ぎわに出て木草の葉を取り、稲株を食したが、やがてそれらもつき、牛や馬を食べ、餓死者を見送ることになる。

痩せおとろえた男女が、柵に取りついて哀れみを請うが、攻城方は容赦なく鉄砲でそれらを撃ち倒す。すると、まだ息をしている人間に、刃物をもった餓鬼のような人々が襲い掛かり、関節を切り離して、肉を喰った。なかでも「頭」が良い味がすると、奪い合いにすらなったという。

城将経家は、自らの生命と引き替えに城兵を助けようとしたが、秀吉はこれを拒否。城主豊国が降ったにもかかわらず、それに異を唱えた張本人の二人――中村春続と森下道誉の首級こそを要求した。むしろ経家は、そのまま毛利氏へ帰還させる腹であった。

だが、経家にすれば、生命懸けで毛利家に荷担してくれた二人を、いまさら渡すことはできない。結局、その義理が勝り、秀吉は経家の切腹に同意する。籠城約四ヵ月、天正九年(一五八一)十月二十五日のことであった。経家が身をもって助けようとした二人は、その前日の夜、各々の持ち場で切腹して果てていた。約束は履行され、城兵は助命されたが、食物を彼らに与えると、胃袋に食べ物を詰めこみすぎる者が多く、半数以上が頓死したという。

秀吉は鳥取城の城代に、かつて調略して味方につけた宮部継潤を入れた。因幡の平定は成った。天正八年四月以降、信長から播磨と但馬の二ヵ国を拝領した秀吉は、播磨五十一万石を自らが采配し、但馬十三万五千石は弟の秀長に与えた。

さらに、播磨の領地から蜂須賀正勝に五万三千石を与えて龍野城主とし、前野長康に三万二千石を与えて三木城主へ。ついで、浅野長吉(のち長政)へ二万石――このおり＝天正八年九月、官兵衛は信長からではなく、秀吉から直接に一万石を与えられている。

官兵衛はそれ以前、播磨を治めるには姫路城を根拠地にされるがよろしかろう、と自らの居城を秀吉に譲っていた。そのため秀吉は、宍粟《しそう》郡山崎の城とともに一万石を給して、官兵衛を大名に取り立てた。

――官兵衛は、秀吉の直臣となったわけだ。

さらに、翌天正九年三月には加増一万石、計二万石の大名となっている。

このおりの二万石を過分とみるか、働きの割には……と考えるか、それは見解のわかれるところであろう。

備中高松攻めを前に

『名将言行録』に、官兵衛が〝犬死に〟について語ったくだりがあった。

世に、武士の犬死にといって軽んずる風がある。が、戦場での死は、犬死にはならぬものだ。犬死にを恐れぬ武士でなければ、武士としての立派な死は遂げられぬもの――体裁をつくろって世間体を気にする者が、誰それは犬死にしたなどというのは、けしからぬことである。将たる者も欺《あざむ》かれて、犬死にと忠死を違える者が多いが、それでは武運もめでたくないし、世を治めるにも、こうした覚悟が肝要なのである。

あるいはこの時、官兵衛は吉川経家のことを思い出していたのかもしれない。

同じ頃、正確には天正八年（一五八〇）閏三月五日、信長は朝廷の斡旋により、長年の宿敵・大坂本願寺と和睦を結んでいる。これは本願寺の敗北以外の何ものでもなく、反織田包囲網の主力がここで消え、反対派陣容は逆に風前の灯となった。

門跡の顕如は四月九日に大坂を退去して、紀州の雑賀へ。子の教如はそれでも徹底抗戦を叫んで籠城をつづけたが、態勢はくつがえるはずもなく、八月二日、教如は大坂を退去して父のあとを追うが、このおり発生した火災は、昼夜三日にわたって燃えつづけたという。

同じ八月、信長は近畿方面軍の司令官たる佐久間信盛とその嗣子信栄《のぶひで》を、十九ヵ条からなる叱責を連ねた折檻状で責め、あげく二人共ども高野山に追放している。

併せて、織田家の宿老・林秀貞、竹中半兵衛の岳父・安藤守就、信長の姉妹を継室に娶っていた丹羽氏勝《うじかつ》らも、同時に遠国へ追放となってしまった。

対照的に、明智光秀は丹波国を、細川藤孝は丹後国を拝領している。

十一月、柴田勝家率いる織田家北陸方面軍は、加賀一向一揆を制圧。一国の平定が成った。

——天正十年が明けた。正月、備中の国人・荘《しょう》駿河守が秀吉に通じて来る。

これも、官兵衛たちの調略のたまものであったろう。同じ頃、宇喜多直家が死に、それらをうけて三月から六月にかけて、秀吉の中国方面軍六万（あるいは実数は二万七千五百余）は、毛利輝元の属将・清水宗治の城兵三千余の籠る備中高松城に攻めかかった。

秀吉のかたわらには、於次秀勝の姿があった。信長の実子であり、秀勝にとってはこの時が初陣である。このおりも黒田官兵衛や蜂須賀正勝は、懸命に事前の〝調略〟をしかけたが、さすがに硬骨漢で鳴る清水宗治は、織田方の誘降に応じなかった。

この年の二月、余裕をもって甲斐（現・山梨県）侵攻作戦を許可した信長に対して、嫡男信忠、滝川一益、河尻秀隆、毛利秀頼らの軍勢が怒涛のごとく武田方の諸城を踏み潰し、三月には高遠城《たかとおじょう》（現・長野県伊那市高遠町）、新府城（現・山梨県韮崎市中田町）を落とし、天目山《てんもくさん》の麓の田野に逃れた武田勝頼は、この地で夫人、嫡男信勝と自刃して果てる。

四月、信長は論功行賞で甲斐を河尻秀隆に、駿河を徳川家康に、信濃のうち四郡を森長可へ、各々与え、関東方面軍司令官の滝川一益はこのおり上野国（現・群馬県）を拝領して、厩橋《まやばし》に在城を命じられている。

こうした織田家の大躍進を聞きつつ、秀吉は高松城周辺の城＝冠山《かんむりやま》、宮路山の二城を囲み、これを攻略して、これまでと同様、兵糧攻めにすべく高松城を囲んだ。

自らは主力一万五千を率いて石井山へ。西方の眼下には、高松城が望めた。城の東北の山へは五千の兵を割き、秀勝を将として配置。中国方面軍の第二主力というべき宇喜多軍一万は、北方の八幡山とその付近に布陣していた。城の西方にも五千の部隊が、攻城用の城楼を築いて包囲網に参加していた。

が、高松城は落とすに難しい城であった。

この城は地盤が低いこと、三方が沼地で、一方に堀が構えられていた。また東と北には山脈があり、背後からも左右からも包み込むように、高松城を囲んでいた。「天然の要害」を成している。

そこで秀吉は、城の南方に足守川《あしもり》の流れていることに着目、この川の一点を堰《せ》きとめ、

「高松城を城ごと、水に浸してしまえぬか」

と、多分に子供じみた水攻めを企てる。

こうした奇想天外な発想は、官兵衛にはない。いかにも派手好き、土木好きの秀吉らしい企画立案であった。

官兵衛ならば、後詰《ごづめ》としてやってくる毛利軍に配慮したであろう。最大五万とも予想されていた（実際は二万）。できるかできないか定かではない水攻めに、時間を費やしたりはしなかったに違いない。

が、秀吉はこの企画に熱中した。

高さ四間（約七・二メートル）、底の幅が十二間、頂《いただき》の幅が六間――この堰堤《えんてい》を約四キロ堰きとめるために、膨大な人夫を投入。効率よく人員を配して、わずかな日数で堤《つつみ》を造ってしまった。使った土俵《つちだわら》は、七百五十九万俵に及んだという。

だが、問題はむしろこれからであった。足守川の流れをどのようにして塞《ふさ》ぎ、水の流れる方向を変えるか。

秀吉が安易に、人柱を作って失敗したあと、この難問を解決したのが、一説に、官兵衛の

家来・吉田六郎太夫長利《ながとし》だったという。六郎太夫は、〝黒田二十四騎〟の一人であった。

吉田六郎太夫という武士

『黒田家臣傳』に拠れば、本姓は「八代」といい、幼名を六之助といった。

天文十六年（一五四七）に播州で生まれ、十七歳のおり黒田職隆に仕えたという。

実は六之助、一歳年長の官兵衛の乳母の子でもあり、それだけ官兵衛に近かったといえる。二十歳のおり、赤松一族の支流・吉田喜三右衛門という、黒田家の家来から「吉田」姓を主命でもらいうけ、六之助はここで、吉田六郎太夫と称する。

官兵衛にすれば、名門の姓で箔《はく》をつけてやりたかったのであろう。

若い主人がそう考えてもおかしくないほど、六郎太夫の武功は凄まじいものがあった。

「鬼を欺《あざむ》くとは、其方の事なるべし」

と官兵衛が褒めている。

生涯に出撃した回数は五十七度、取った首は数えきれず、朝鮮出兵のおりだけで三十七を数えた。それ以外にも、乱戦の中を斬り捨てた者が五、六人いたという。それでいて、戦傷は生涯にたった一ヵ所。

天正十五年（一五八七）の九州征伐のあと、豊前平定戦（後述）のおりに、左の頬先に鉄砲がかすかにあたったのみ。それでいて六郎太夫は存外、思慮深かった。そのため、敵の物見にも官兵衛は、つとめて六郎太夫を出した。

ときに独断専行して、単騎で敵陣へ潜入することもあったが、決して無茶をするのではなく、単騎という絶対の寡兵を計算して、敵方の虚を突き、たとえば敵陣で五騎の敵と出会えば、そっと近づき、すれちがいざま、さっと一番端の武者に槍を突きさした。

敵にすれば、まさか充満する味方軍勢の中に、一騎の敵将が紛れ込んでいるとは思いもしなかったであろう。大混乱となり、その間隙をぬって逃げた。

——一番槍の功名も、一騎当千の〝二十四騎〟の中でさえ上位であった。

敵の首級を二、三あげて、無造作にひきあげてくる六郎太夫に、官兵衛はいつも返答に窮してしまう。

「その方の働きは、今日に始まらざる事ながら……」

働きにおいて比類なし。さりながら、下知に背《そむ》きたる事は大過なり。本来なら罰を申しつけるところなれど、功名により放免せしむ。皆のものの中には、依怙贔屓《えこひいき》ではないか、と思うものもあるだろうが、六郎太夫がごとくに度々の忠節を働く者は、個々に軍法に背いても、一度は放免すべし。

苦しい、いいわけであった。

その六郎太夫が、二千人の人夫の体で水の流れを変えようとして失敗した秀吉に、工夫を進言したという。彼はそれらの人夫をつかって、大船三十艘に石を積んで沈め、さらに近郷の民家を打ちこわして、川を堰きとめ、足守川の流れをみごと変えた。

実はこのやり方、平清盛が経ヶ島《きようがしま》（現・兵庫県神戸市兵庫区あたり）を造ったおり、すでに試みたものであった。

近くの塩槌山《しおつちやま》を切り崩して、須佐の大きな入江を埋め立て、岸壁をまず造って、土砂を流し込み、経ヶ島の港を造った。島というのは見た目で、島が海上に浮かんでいるようにみえたのであろう。実際は、埋立地であった。

それにしても、時代は平安朝の後期である。ポートアイランド建設における技術も機材も、清盛はもっていなかったはずだ。第一、埋め立てるのは遮るもののない海である。石や土砂を運び、海に投げ込んでも、石は潮に運ばれ、砂は海中に流れてしまう。おそらく、当時の最先端の技術である「石椋《いしくら》工法」や「船瀬《ふなせ》工法」を清盛は用いたかと思われる。

前者は丸太を井桁《いげた》に組み、それを岸辺に組み立てて、それを筏《いかだ》に乗せて現地に運ぶ。その中へ、石や土砂を入れて沈めるのである。そうすれば石は流されにくく、岸壁ができあがった。後者は使用済みの廃船に石を積み、沖合に出て、その船の底を抜く。水が入った船はそのまま沈み、これを一艘、二艘、三艘と積みあげていくわけだ。

播州生まれの吉田六郎太夫は、当然のように清盛の経ヶ島伝説を聞いていたのだろう。あるいは官兵衛も、知っていたかもしれない。

六郎太夫は、のちに「壹岐《いき》」を称して千五百石取りの重臣となっている。官兵衛が亡くなると、髪をおろして入道し、「翠庵《すいあん》」と名乗った。

ちなみに、彼には與次という長男がいた。十五歳ですでに体軀は一人前、父から二尺九寸五分の長刀をもらうと、見事にこれを片手で振り、十九歳までに首級を九つあげたという。

残念ながら與次は、別所氏との対陣のおり、敵三人を斬り倒したところを、鉄砲で撃たれ、それがもとでこの世を去っている。與次には又助重成という弟がいた。これも父親ゆずりの戦《いくさ》巧者で、長政のもとで朝鮮出兵にも父・六郎太夫とともに出陣し、大功をあげている。

長政が筑前に入国したおり、父は「壹岐」と称し、又助は七左衛門と改称。父とは別に二千石を賜わっている。一方の「壹岐」は、長政の嫡子忠之が生まれたおり、竹森石見とともに、名付親に指名された。名誉のことといってよい。「壹岐」は隠居しても、そのままひきつづき千五百石を隠居料として給され、大坂の陣にも出陣。途中で終息をみたので、播州室の津（現・兵庫県たつの市）より帰藩したという。

彼は元和九年（一六二三）九月二十一日に、七十七歳で没した。

吉田家への、黒田家の恩情は厚かった。長政の遺言により、次男の勘解由《かげゆ》長興《ながおき》へ五万石、三男の東市正《ひがしのいちのつかさ》隆政へ四万石をわけたおり、吉田家の七左衛門には本知二千石にさらに二千石を加増し、東市正へ付家老として派遣している。

七左衛門は、父と同じ「壹岐」に改名。寛永十五年（一六三八）二月の天草四郎の乱に出陣、敵の夜襲を受けて槍をふりあげ、敵を追い払い、一人を突き伏し、従者にその首級を打たせて、槍を杖がわりに一息ついているところへ、嫡子の右馬太夫知年がいきあわせた。

「それがしは、敵二人を突き伏しましてございます」

従者にもたせた首級二つを、「壹岐」が嬉しそうに検分しようとしたところへ、敵の鉄砲が右の腰へ。その後、原《はら》城の陥落をみとどけた「壹岐」は、福岡へもどって傷の手当てをしたが、三十日目、三月二十一日にこの世を去ってしまう。六十八歳であった。

ちなみに、息子の右馬太夫は、のちに称を「六郎太夫」と改めている。

両陣営の思惑

さて、備中高松城である。

足守川の水流は、向きをかえて堰堤に流れ込んだ。しかし、深さがたりない。

ところが、天は秀吉に味方をしたかったのであろうか。五月の梅雨どきであったことも幸いし、雨量で水嵩《みずかさ》は急に増え、高松城下はついに水没する。面積二平方キロメートルの、人口湖が出現した。このおりも、毛利氏の援軍出撃は予想以上に出遅れていた。

総大将・毛利輝元に〝両川〟の吉川元春と小早川隆景――輝元は高松城の西方二十キロの猿掛城に留まり、〝両川〟は高松に近い岩崎山、日指山に各々着陣している。

秀吉・官兵衛は、その総兵力を約五万と読む。実際は二万程度であった。

秀吉は戦い方によっては、毛利軍との決戦、中国方面軍だけでやれる、との思いがあったようだ。が、主君信長の性格を考えると、毛利氏との決戦という華々しい場面は、やはり信長本人を主役として行ってこそ意義がある、と考えた。

あえて、信長への応援を要請した点は、少し押さえておく必要がありそうだ。

その一方で、毛利氏との講和も一応は進める算段をしている。怠けている、と信長や織田家の重臣たちにみなされないために、であった。加えて、戦わずして勝つ――毛利氏が領土を外交的に大幅に割譲すれば、信長は合戦における恩賞を、自軍の将領たちに払う必要がなくなる。

交渉で決着がついても、信長自身は損をしない。

信長はどうでるか、この覇王は自らの出馬を決断した。明智光秀や池田恒興（信輝）に先鋒を命じ、出撃の用意をはじめたのである。しかし、その動きは切羽詰まったというものではなく、まずは京都の本能寺へ、わずかばかりの小姓衆を召しつれての、軽装上洛であった。五月二十九日のことである。

こうした西に向かう織田家の動向は、つぶさに間者を通じて、毛利氏の知るところとなっていたはずだ。毛利氏も中国方面軍だけが相手なら、勝算はあった。だが、その背後から軽々と十万の動員力をもつ信長がやって来れば、もはや勝負にはならない。

「領国の半分を割いても、和議にもち込み、生き残りたい」

と小早川隆景は考え、毛利方の外交僧・安国寺恵瓊《えけい》に交渉をまかせたが、このとき中国方面軍の窓口が官兵衛と蜂須賀正勝であった。

恵瓊は毛利家の一族ではない。否、むしろ毛利家に滅ぼされた側の、室町大名家の遺児であった。

鎌倉以来、安芸（現・広島県西半分）一国に号令してきた守護・武田氏の直流に生まれ、甲斐の武田家と同族にあたる。室町期には若狭の守護・武田氏を、分家として配していたほどの名門でもあった。

ところが、下剋上の風波を真正面にうけ、衰弱していたところへ、周防《すおう》・長門両国を本拠とする大内氏の勢力が伸張し、その配下として着々と勢力を蓄えていた毛利元就に、ときの主の武田元繁《もとしげ》は敗れて戦死を遂げた。永正十四年（一五一七）——信長の生まれる十七年前のことであった。

元繁の死は、名門武田家の家運を大きく傾け、次代の武田光和《みつかず》が病死すると（天文三年＝一五三四）、お定まりの〝お家騒動〟が勃発した。光和の甥（弟の子）信重と光和の末期養《まつごよう》子《し》・信実が家督を奪い合い、それに毛利氏がつけ入って、居城の銀山《かなやま》城（広島・武田山）が落城する。

信重は自害し、信実は出雲に出奔した。安芸の武田氏は事実上、このときに滅亡したといっていい。この落城騒ぎの最中、信重の遺児で四、五歳であった竹若丸が、家臣の戸坂《へさか》氏にともなわれて安芸・安国寺に逃げのびた。この幼童にとって毛利氏は、まさに仇敵といえる。

竹若丸は名門家の末裔《まつえい》らしく、その容貌は清高《せいこう》、その性情は俊邁と呼ぶに値する逸材であったが、なぜか尼子家のように、家を再興する執念の道を選ばず、青年僧として生きる道を選択。そして後には、臨済禅の五つの本山の一・東福寺二百十三世住持となる名僧・竺雲《じくうん》恵心《えしん》の弟子となり、より一層学問に打ち込んでいる。師の一字を得て、法名を恵瓊と称した。

この僧侶が、還俗せぬままのちに、秀吉のもとでやがて大名となるのだが、そうした例は他にはあるまい。少し、その軌道をみておきたい。

恵瓊は学殖を認められ、京都にのぼってさらに学問を積み、中央の五山禅林の人となって修行を重ね、元亀二年（一五七二）、「首座《しゅそ》」の位置にのぼった。三十代になると、郷里の安芸・安国寺の住持も兼ねるようになり、のちの慶長三年（一五九八）には東福寺二百二十四世住持にもなっている。

ところで彼は、よほど「安国寺」に愛着があったようだ。この先、栄達を重ねても、この寺の住持の座は手放さず、ついには自らの名を、

「安国寺恵瓊」

と記すようになった。

この恵瓊が一躍、その名を天下に知られるようになるのは、天正元年（一五七三）、織田信長の末路と豊臣秀吉の将来を、みごとに予言した頃からであった。

信長之《の》代、五年三年者《は》、可《も》レ被《たる》レ持《べく》候。明年辺《あたり》者《は》、公家などに可《な》レ被《らる》レ成《べく》候かと見及候。左候て後、高ころびにあをのけにころばれ候ずると見え申候。藤吉郎、さりとてはの者にて候。

秀吉がいまだ、木下藤吉郎と称していた頃である。すでに恵瓊は、織田家で無名に等しかったこの男に注目していた。

中国地方十ヵ国をほぼ制した毛利家では、衰微していたとはいえ、朝廷や将軍の住まう京都をはじめ、諸国との外交上の交渉ごとを、尊崇する僧侶に委託する方法が半ば公然化していた。恵心がその長官ともいうべき地位にあったため、弟子の恵瓊もその使い走りをするようになり、京都の権威的存在とも因縁が生じるようになって、やがてはその才覚を買われて、毛利家を代表する外交僧として、活躍する場を与えられるようになった。

恵心の時代は、まだ織田信長が京都に勢力を伸ばすにいたっていない。恵瓊が登場するようになって、織田氏の勢力が注目されるようになる。

縦横学の達人・恵瓊

恵瓊は抜群の頭脳に、持ち前の淀みない弁舌をもって、また、目的を達するまでは手をやすめぬ執拗さ、根気強さで、外交の相手方をときに屈服させ、ときには驚嘆させて味方に誘い、毛利氏寄りに妥協させては、確実に外交僧（使僧）としての実績を積んでいった。

その成果ゆえに、恵瓊は毛利家において独特の地位を得る。元就の死後は、その次男の吉川元春と三男・小早川隆景を助け、その帷幄《いあく》にあって、ときには窮地に立った毛利家を外交戦で救ったこともしばしばであった（元就の長男の隆元は、永禄六年＝一五六三に急死している）。

なかでも元亀三年（一五七二）の備前出陣では、備前の大半と美作の一部、播磨の海岸部に勢力を張る宇喜多直家（秀家の実父）を降参させた外交交渉は出色であった。

いま一つ、このおりに恵瓊が毛利家にあって、山陽道を担当する小早川隆景と親密に結びついた事実も忘れてはならない。直家の降伏について、山陰道を担当する吉川元春は反対した。人物が信用できない、というのだ（事実、裏切っているが）。それを隆景が説得したのだが、この兄弟は性格も異なり、考えも水と油ほどに相違していた。

恵瓊は、天候の移ろいやすい瀬戸内海での経略を担当し、つねに畿内と九州を視野に入れて行動する隆景に、同調することが多かった。一方の元春は、安芸の山間部の小倉山城を本拠としており、世上の変化にはやや鈍感なところがあったようだ。

恵瓊はその後も、室町幕府最後の将軍・足利義昭とも折衝して、

「其国之儀《の》、第一頼思召計《ばかりに》候」

と、なにかと毛利家を頼ろうとする将軍義昭をたくみに牽制しながら、急成長する織田家となるべく衝突をせぬよう、実にむつかしい外交交渉を展開した。

　こうした恵瓊の活躍時に、織田家の外交（申次《もうしつぎ》）を担当したのが藤吉郎時代の秀吉であり、義昭と信長の間をうまく立ち回っていたのが室町幕府の外交僧・朝山日乗であった。日乗の、外交僧としての経歴も古い。恵瓊がまだ恵心の使い走りであったころ、日乗はすでに十三代将軍足利義輝の命で、毛利家と九州豊後の大友家との和睦を周旋している。

　恵瓊は、信長の末路を予言した書簡の冒頭で、日乗について、

「似合《にあい》たる者、出会《であい》たる御事にて候」

といい、自分によく似た人物と知己になった驚きを表しているが、恵瓊によれば日乗は、古《いにしえ》の中国の周公旦《しゅうこうたん》（周王朝建国の大功臣）か太公望（周王朝建国の軍師）ということになるらしい。もっとも、似ているのであれば、恵瓊もまた、周公旦・太公望のつもりでいたのだろう。が、周公旦・太公望というよりは、彼は古代中国に百花斉放《ひやっかせいほう》の〝諸子百家〟の中で、「縦横学」を身につけた蘇秦《そしん》や張儀により似ていたかもしれない。

　二人は共に、実兵力を持たなかった。蘇秦・張儀の出現した時代は、秦というやや未開性を残しながらも強大化した国が、中国大陸の中で膨張し、それによって六つの都市国家——

楚《そ》・燕《えん》・斉《さい》・韓《かん》・魏《ぎ》・趙《ちょう》――の存続が脅かされていた。

そうしたところへ、〝諸子百家〟の一つ、「縦横学」を開いた鬼谷先生に学んだ蘇秦が、まずは六ヵ国を遊説してまわり、口先三寸で各々の王を説いた。合従《がっしょう》の策といい、六ヵ国が同盟して秦に当たることを説いたのである。この合従策は受け入れられ、蘇秦は六ヵ国の相（宰相）にまでなった。この同盟には、さしもの大国秦も動きがとれず、十五年ものあいだ函谷関《かんこくかん》以東の地に、出ることができなかったという。

他方、蘇秦と同門の張儀は秦に仕える道を選んだ。張儀の遊説は蘇秦の逆で、六ヵ国の一国ずつを秦と同盟させるというもの。このアイディアを連衡《れんこう》策と呼んだ。これによって秦は、ようやく六ヵ国の包囲網を破り、各個撃破で六ヵ国を滅ぼす起因を得た。

蘇秦にしろ、張儀にしても、一兵卒の家来を持っているわけでもなく、まして領地も二人は持たなかった。あるのは雄弁と論理と外交術だけで、それでいて天下を遊説して回り、ついには己れの勢力を築きあげた。恵瓊の周旋の才は、これに類似している。

官兵衛はどうか。父祖代々の家来を、わずかながらも持っていた。ここに、差異があった。

足利義昭が信長に京都を逐《お》われ、毛利氏を頼って備後鞆《とも》ノ津にやってきたおり、毛利家と将軍義昭の双方を周旋した恵瓊は、鞆ノ津の小松寺に幕府らしきものを開かせ、次いで四キロも離れた西方の山田（現・福山市熊野町）に、地侍の屋敷を召し上げて〝御所〟を移した。

そうしておいて、己れが得意とする外交術を駆使して、九州・四国の大名たちの使者を往来させ、将軍家へのご機嫌伺いをさせて、自身はその取り次ぎ役をも兼任する。

恵瓊の食えないところは、毛利氏には現状をさらに拡大する領土的野心がなく、亡命者・義昭を内心は迷惑がっているのを知りながら、義昭の残像のごとき権威を引き立たせることで、将軍家の威光に効き目があるかのような認識を、毛利家に持たせたことであろう。

天正四年（一五七六）十一月、毛利家の本拠・吉田城での首脳会議で、恵瓊は将軍東上策を説き、明春を期して軍勢を京都へ押しすすめる計画を決定に導く。

これは元就の遺言＝領土不拡大を覆す、毛利家にとっては百八十度方向の異なる、家風に似合わない博奕のような作戦であった。それにしても、恵瓊の弁舌は凄まじい。当主の毛利輝元、その叔父の吉川元春、小早川隆景を沈黙させたのであるから。

将軍義昭を擁しての上洛戦――毛利家では瀬戸内海水軍と山陽道軍、加えて山陰道軍の三道併進策を企画・立案。恵瓊はこの作戦に沿って、すぐさま丹波地方の懐柔に着手、また、本願寺門徒衆の協力をとりつけるべく奔走した。

だが、この大作戦は発向直前になって、まったく予期しなかった織田家の西進という逆の事態を迎え、急遽、沙汰止みとなる。己れの企画が潰れると、恵瓊は時勢の流転を読み、京都に戻ると東福寺退耕庵《たいこうあん》々主の生活に入る。齢《よわい》も四十代半ば、退耕庵主の次は東福寺住持の地位が待っていた。しかし恵瓊は、ほどなく小早川隆景から呼び戻される。

また、潮の流れが変わったからだ。

隆景の本音と恵瓊のその後

あまりにも、織田家の膨張が速すぎた。隆景は織田家との直接対決を回避しようとする。が、兄の吉川元春は、あくまで備中の野において織田軍を殲滅する意気込みでいた。

恵瓊はこの両者の間に入るとともに、織田方の中国方面軍司令官としてやってきた羽柴秀吉、官兵衛らとの内々の交渉に入った。

「版図の半分までは、削ることになってもやむを得まい」

隆景に胸の内を披瀝《ひれき》された恵瓊は、領土を五ヵ国（備中・美作・伯耆・備後・出雲）も割譲してまで、決戦による滅亡を避けようとする隆景の勇気に敬服した。

隆景は、彼我《ひが》の力量を冷静にはかっていたのであろう。このおりの隆景は、備中高松城に密使を派遣し、清水宗治に織田家への降伏を働きかけた、との説もあった。

もしこれが事実なら、隆景は単に温厚で人柄のよい、地方貴族の子とはいえなくなる。高等調略をもちいた、きわめて計算高い冷厳な人といえよう。

清水宗治が秀吉に降参してくれれば、毛利家としては宗治を裏切り者として指弾することができる。城ぐるみ秀吉方へ逆意（寝返り）してくれれば、それによって、ただ今の毛利軍と織田家中国方面軍の兵力は均衡を失う。秀吉の優位が明らかとなる。

毛利軍の陣中にある譜代も外様も、その危機＝非難の矛先は一人、宗治にむけるはずだ。宗治が裏切ったから、兵力差が生じ、毛利氏は国家を半分割くはめになった、と人々は思うであろう。だが、宗治が降参に同意せず、あくまでも徹底抗戦をつづければ、どうであろうか。信長来襲以前に、毛利氏からの講和の申し入れが難しくなる。

名分が立たないからだ。半分も割譲して、和を乞うというのは、屈辱外交以外の何ものでもなかった。主力決戦もせずに、このような睨《にら》みあいのまま、毛利家の方から和睦をはかれば、それこそ配下の土豪や国人たちは、毛利家の武門をあざ笑い、ごうごうたる非難を鳴らすであろう。武家の面目は、消えうせてしまうに違いない。

鳥取城が落ちたときも、荒木村重の有岡城が開城したときも、毛利軍は援軍をくり出しての一大決戦をしていない。すでに、毛利家の律儀な家風そのものを、疑いの目でみる者は少なくなかった。善美な家というのは、先代元就が創りあげた幻想ではなかったのか。毛利氏は一族が助かるためならば、味方の犠牲など実は何とも思っていないのではないか。

そうした風評が今まで以上に立っては、それこそ西進してくる信長の主力軍を迎え討つとき、毛利家の采配に従うのは一族のみ、となりかねなかった。

だからこそ、宗治に降参を促した、との説が成り立つのだが、宗治はそうした隆景の心の底までを読んだものか、あるいは毛利家の表面上の優しさに、むしろ感動して、何がなんでも私情では降参できない、と思い込んだのか、ついには降服の選択をしなかった。

そのため恵瓊は、宗治が独断で切腹した、という方向にハンドルを切らざるを得なくなったわけだ。

のちのことを少し触れておくと、外交官として毛利氏を生かすためには、素朴なだけの忠誠心では、交渉ごとなどできるものではなかった。外交の決着が、しょせん妥協であるからには、恵瓊は毛利氏の利害得失に密着する姿勢を捨てて、いわば第三者の立場にたたねばならない。恵瓊の聡明さは、やはり地方の毛利氏に仕えるだけでは満足できなかったようだ。信長の死後、天下取りへ食指を動かした秀吉に彼は接近し、ついには独立した大名となっている。

恵瓊が毛利家の外交僧としての立場を、徐々に踏み越えはじめたのは、毛利家の領土を改めて決定するにあたって、境界設定の業務に携わったころからではあるまいか。このことは、すでに少しふれている。

「上方衆は、敏捷《びんしょう》なうえに兵力も強大。経済力も豊富で、計策にも秀《ひい》でている。中国衆は鈍重なばかりか、軍勢は比肩すべくもなく、経済の面でも拙劣。万一、戦《いくさ》ともなれば十中八、九、上方衆にはかないますまい。戦《いくさ》は碁・将棋にあらず、待ったは利きませぬ」

恵瓊にすれば、毛利家の重臣たちの態度が歯痒くてたまらない。

ここでも独断専行すると、秀吉との話をまとめ、人質に元就晩年の子で、小早川隆景の養子となっていた小早川元総《もとふさ》と、吉川元春の末子・経言《つねのぶ》（のちの広家）を差し出した。

元総は秀吉の寵を得て「秀包《ひでかね》」と改名して側近くに仕えたが、吉川経言はわずかな期間で国許に帰されている。この経言はこの年、二十三歳。自我のつよい性格で、かぶき者を気取る軽薄さがうかがえた。

恵瓊はようやくにして領土にかかわる交渉を終えたが、所領を削られた毛利家では、秀吉にぶつけるべき怒りを恵瓊に向ける者もいた。

やがて、四国征伐が開始される。天正十三年（一五八五）六月のことである。詳しくはのちに述べるが、この役によって小早川隆景は、伊予国（現・愛媛県）三十五万石を与えられる。彼は多年の労に報いるために、恵瓊に領内・和気《わけ》郡（松山市北部）に二万三千石を分与したのであった。隆景はその後、九州筑前に国替えとなるが、恵瓊は十五年ものあいだ伊予の地を拝領しつづけ、しかも、少しずつながら加増されて、慶長五年（一六〇〇）には六万石の大名となっている。

また、伊予のほかにも、安芸安国寺に与えられていた一万一千五百石があり、慶長三年には東福寺第二百二十四世住持として、再度、同寺を采配し、同五年には南禅寺住持となって、中央禅林最高の位をきわめている。

おそらく、当時のわが国における最高の頭脳といっても過言ではあるまい。

「わしのこの手で、この国の歴史を今一度、塗り替えてみせようぞ」

六十を二つ三つ超えた恵瓊は、大いなる野心に燃え、関ヶ原の戦いに毛利輝元を担ぎ出し、西軍の総大将にすえた。

ところが、かつて秀吉から突き返された人質＝吉川広家による、東軍と毛利氏との密約・内通により、毛利軍は動かず西軍は敗北を喫してしまう。恵瓊は斬首されて、この世を去った。

第三章　天下人の「軍師」へ

本能寺の変

和議を急ぐ毛利氏の急所は、備中高松城主・清水宗治の処遇＝生命《いのち》を守らねばならない、という一点に尽きた。毛利氏を信じ、徹底抗戦をしているこの城将を見捨てては、毛利氏の〝信〟と〝義〟が問われる。

何としても、宗治自刃だけは避けたい、というのが毛利家の公式の思いであり、それを知っていて、あえて交渉を長びかせていたのが官兵衛らであった。交渉が成立してしまえば、信長の出馬の意味がなくなってしまう。宗治の出処問題は、主君の登場するまでの、いわば時間稼ぎ、というのがその本音であったろう。

――ところがそこへ、思いもかけなかった本能寺《ほんのうじ》の変が伝えられる。

天正十年（一五八二）六月二日、織田信長は京洛・本能寺において、家臣の明智光秀に討たれた。光秀がなぜ、主殺しの謀叛を企てたかについては、以来、野望説と遺恨《いこん》説の二つがあった。

戦国武将の一人、それも強力無比の織田家家臣団の中でも、一際《ひときわ》光沢を放った光秀が、天下を望んだのは当然とするのが野望説の根本である。

おりしも、秀吉をはじめとする有力な家臣のほとんどは、それぞれが遠方の戦《いくさ》に出かけていて、信長のいた京都周辺はまったくの真空地帯となっていた。信長を討ち、一気に天下を取る絶好の機会が到来していた、といえなくはない。

だが、光秀がすすんで天下を望んだのであれば、信長を討った後のことまで、もう少し配慮していたはずだ。たとえ本能寺で、首尾よく主人信長を殺せたとしても、織田家の家臣たちの反発は火を見るよりも明らかである。それなのに、事前に味方を募るなどの、根回しがなされた形跡がなかった。そうなると、遺恨説が支持されやすくなる。

引き金になったのは、丹波方面軍を率いて活躍したあと、徳川家康の接待役を命じられた光秀が、信長に難癖《なんくせ》ともとれる叱責を受けたことにあるという説。本能寺の変の半月ほど前、家康が安土の信長を訪ねている。駿河国を拝領した返礼に参上したのだ。

この接待役を命じられたのが、光秀であった。彼は誠心誠意、役目に励んだ。京都や堺の珍しい材料を、人手を出して買い集め、出す料理には細心の注意を払った。とくに、気を遣ったのが魚である。笹の葉に包んで生臭さを消し、涼しいところに置き、宴に備えたという。

ところが、下検分《したけんぶん》に来た信長は、なぜかその魚の匂いに過敏に反応した。腐った魚を出すつもりか、と激怒した彼は、光秀を蹴り、その場で接待役からも外してしまった。すっかり面目を失った光秀は、それでも我慢して坂本城へと引き上げている。

それだけならまだ、引き金は完全に引かれてはいなかった。坂本城へと引き上げた光秀に、さらなる過酷な仕打ちが追いかけてきたというのだ。中国に出陣して、秀吉の指揮下に入れという命令と、現在の領地である丹波《たんば》（現・京都府中部および兵庫県東部）と近江滋賀郡《おうみしがぐん》（現・滋賀県西南部）の双方を召し上げ、代わりに出雲《いずも》（現・島根県東部）、石見《いわみ》（現・島根県西部）の二国を与えるという命令が発せられた。

秀吉と光秀は、織田家中では誰もが認める競争相手であった。その秀吉の指揮下に入れとは、二人の間で優劣が明らかになったことを意味し、しかも、これまでの領地は没収され、新たに出雲、石見を与えるといわれても……。この地はいまだ、毛利氏の領地である。信長は光秀に、戦に勝って自ら手に入れろ、といったも同然だという訳だ。

戦国武将にとって、自らの領地は何ものにも代えがたいものである。それを取り上げ、入手できる保証のない未知なる領地を与えるといわれても……。

なるほど、織田信長という人物は天才にありがちな感情の起伏が大きかった。ちょっとしたことで、激怒することもしばしば。今でいう、キレた状態になりやすい人物だったのだろう。接待役のミス——信長がそう思い込んでいるだけだが——が、よほど腹に据えかねたに違いない。だが、筆者には領地替えの一件は、いささか承服しかねた。

すでにみてきたように、織田家では兵站部門は分離・独立していて、今日領土をすべて取り上げられたとしても、明日から路頭に迷う、などということはなかった。第一、兵站なしで光秀に戦場へむかわせ、敗れれば損をするのは信長自身ではないか。

さすがの光秀も、信長の仕打ちに激怒し、これが彼を本能寺の変へと走らせるきっかけになった、との説は歴史を知らない素人のもの。

光秀が実際に、決起に腹を固めたのはいつか、定かではないが、かなり彼は悩んだようだ。そしてようやく、中国出陣まであと数日というところで、里村紹巴《さとむらじようは》、行祐《ぎようゆう》らと行った連歌《れんが》の会で、次の句を詠んでいる。

ときは今あめが下《した》しる五月《さつき》かな

「とき」は土岐《とき》、つまり光秀の出身、美濃をあらわし、下しるの「しる」は知るの字を当てると政治を行うという意味になった。つまり、明智氏が天下を取る時がきた、という意味であり、この時、謀叛の決心はついていたことになる。

そして、運命の六月一日。数日前に家康を堺へと送り出した信長は、近臣数十人を伴っただけで、安土から京都へとやってきた。本能寺は信長の定宿である。いつものように本能寺に落ち着くと、自慢の茶器を公家たちに見せたり、碁に興じたりして一日を過ごし、信長が寝たのは、すでに夜半をかなり過ぎた頃であった。

その頃、すでに光秀の軍勢一万三千は亀山《かめやま》（亀岡）を出陣して桂川《かつらがわ》を渡り、密かに京都に侵入していた。信長が寝所に入ってしばらくすると、外が騒がしくなった。最初は信長も、足軽どもの「当座の喧嘩」ぐらいに思い、気にも止めなかったのだが、騒ぎは一向に収まらない。そのうちに、鉄砲が撃ち込まれるに至って、ようやく事態を把握した。

光秀謀叛の真相と秀吉の反応

「これは謀叛ではないか。いったい誰が?」

外にうごめく旗差物《はたさしもの》を見た、近習の森蘭丸《もりらんまる》（長定《ながさだ》あるいは成利《なりとし》・森可成《よしなり》の三男）は答えていう。

「明智の勢かと思われます」

ここで信長は、歴史に残るセリフを吐く。

「是非に及ばず」（『信長公記』）

光秀ならば、完璧の布陣で攻めて来たであろう。もはや助かる道はあるまい。やがて、屋敷は紅蓮《ぐれん》の炎に包まれる。

「女はくるしからず、急ぎ罷出《まかりいで》よ」

と三度叫び、女たちを逃がした後、信長は殿中《でんちゅう》深くへ入って、館に火を放ち、自ら切腹して果てた（最初から奥へ入ったとの説もある）。

信長の凄《すご》さは、己れの遺骸《いがい》を自らの手で始末してしまったところにも如実《にょじつ》であった。

光秀は信長の首級を手にすることができず、このあと秀吉や官兵衛に、予想外の反撃を喰うことになる。筆者は長年、光秀の謀叛の理由を過労だと述べてきた。光秀のみならず、荒木村重の謀叛も、その前の秀吉の北陸における柴田勝家との口論、独断による戦線離脱も、すべては疲れがその根本にあった、と考えてきた。

とにかく天正期に入ってからの、織田家の動きは尋常なものではなかった。きわめて広域であり、同時多方面作戦も多く、織田家の将領、とくに方面軍司令官クラスは皆、相当に疲労が蓄積していたかと思われる。

信長の若い頃を知る、尾張の生え抜き（柴田勝家や丹羽長秀ら）や、秀吉のように面子《メンツ》にこだわりのない成り上がり者は、タイミングを見計らって信長に泣き言をいったり、反論することもできたであろうが、光秀は中途採用である。しかも性格が謹厳実直、加えて信長より五歳から十七歳年上といわれている。

疲労の蓄積は、さぞやその心身に応えていたであろう。

この点、現代人と少しもかわるところはない。

あるいは信長自身も、自らを持てあましていた側面はあったかもしれない。天下統一が目前に迫り、これまでのやり方をどう改めていけばいいのか。新しい天下構想を考え、心中で試行錯誤をしていた可能性は高い。したがって信長には、自らが一番気にいっている光秀が、この期に及んで謀叛を仕掛けるという予想は、皆目なかったはずだ。

何も知らない秀吉の陣地に、三日夜、何と本能寺の変の直後に、光秀が放った毛利氏への密使が道に迷い、間違えて密書を届けてしまったという。

あるいは、京にあった長谷川宗仁《そうにん》（京都の町衆から、信長の代官となった人物）が、官兵衛のもとに飛脚を送ってよこしたとも。

「上様が亡くなられた！」

秀吉は大泣きに泣いたという。かたわらの官兵衛は、泣いてはいられない。秀吉率いる中国方面軍を、空中分裂の危機から救わねばならなかった。

情勢の急変をさとられないように、清水宗治の死はあくまでも本人の申し出、と恵瓊にいいふくめて説得させ、すぐに切腹させ、その死を見とどけて、毛利氏と和睦。官兵衛は秀吉にとって生涯最大の転機、〝中国大返し〟に打って出ることになるのだが……。

この毛利軍の敵前を反転して、逆臣・明智光秀を討つという大作戦は、一見、きらびやかなものにみえるが、よくよく考えてみれば、まるで虹をつかむような、現実の世界ではほとんど不可能に近い企てであった。考えてみるといい。反転するにも、前方には毛利輝元の大軍二、三万（秀吉は五万と思い込んでいた）が対峙している。後方には、信長を討った光秀の主力一万六千があった。これに比べて秀吉の中国方面軍は、二万七千五百余でしかない（諸説あるが）。双方から、挟撃される公算は高かった。

しかも、中国方面軍はほとんどが混成部隊の寄合所帯であり、たとえば宇喜多軍がもし、信長の死を知った場合、秀吉を裏切らないという保証は、どこにもなかった。裏切り常套《じょうとう》の宇喜多氏である。しかも、親玉の直家は亡くなっていた。分裂して、敵味方に走る公算は高かったといえる。方面軍のうち、秀吉の直接家臣団は六千にすぎない。あとは寄せ集めであり、なかには成りあがり者の秀吉を、心の底では毛嫌いしている者も少なくなかった。

信長が生きていたからこそ、その権威によって秀吉は方面軍司令官に抜擢されたが、彼の織田家の席次は、重臣のうちですら四番か五番あたりでしかなかった。

指揮系統が紊乱《びんらん》すれば、軍団は消滅する。

同じ頃、席次では上の滝川一益は、関東方面軍司令官として上野国厩橋《まやばし》城にあったが、その率いる軍勢二万は、信長の死を知らされたとたんに、パラパラと散りはじめ、北条氏直との神流川《かんながわ》の戦いに敗れてのち、一益が自領の伊勢（現・三重県の大半）にたどりついた時には、数えるばかりの手勢しか残っていなかった。

秀吉の首をもって毛利氏へ、光秀のもとへ走ろうと考える者がいても、決しておかしくはなかったのである。

（荒木村重が逃亡した心中、今のわしにはよくわかる）

秀吉の心中を忖度《そんたく》すれば、彼はそう思っていたかもしれない。

〝中国大返し〟の真実

秀吉は生まれながらの大気者《たいきもの》ではなく、多分に自己演出し、明るいひょうきん者の役を演じてきたにすぎなかった。あるいは、主君信長が大気者秀吉を創ったとも、いえなくはない。

信長に鍛えられ、人がましくなった秀吉は、この主君に喜んでもらうために、懸命に明るいひょうきん者を演じつづけた。それは御釈迦様の手の中で、孫悟空が飛びまわるのに似ていた、ととれなくはない。

秀吉は、本当は根暗な人ではなかったろうか。だからこそ、官兵衛が有岡城に入ったまま出てこなかったときも、その心事を疑った形跡があった。嫉妬も、疑心暗鬼も人並み以上に強い。才智が、辛うじて大度量人にみせていた。

『名将言行録』に本能寺の変を知った秀吉を、象徴する挿話が載っていた。

天正十年（一五八二）、秀吉が高松城を攻めて毛利軍と対峙していたところ、六月三日の真夜中、京都の長谷川宗仁《そうにん》から孝高（官兵衛）の許に飛脚がきて信長の横死を告げた。孝高は飛脚の速い便を誉めたたえるとともに、信長の本能寺の変については固く口止めし、そのうえで秀吉の前に出て、その書状を披露した。秀吉はしばし悲歎に暮れていたが、やがて気をとり直すと、信長の横死が他に洩れるのを恐れ、飛脚を急ぎ殺すように命じた。が、孝高は一日半に六十里も駆けてきた飛脚を、功はあっても殺すほどの科《とが》はないと思い、己れの陣に飛脚を連れ帰ると、またもや固く口止めして隠して置いた。

天下が、光秀に靡《なび》くのではないか。もし、靡けばどうなるか。自軍はこの備中高松で殲滅《せんめつ》され、自身は憤死するしかない。

秀吉は生き残るためにも、行動せねばならなかった。居竦《いすく》んでいれば、四方から袋叩きにされてしまう。情勢を旋回させることだ。だが、この四面楚歌の中でどう動けばいいのか。前に動いても後にむかっても、悲惨が見えるという窮地である。

「こんな時、竹中半兵衛がいてくれたなら――」

秀吉は思った。が、この人はすでにこの世にはいない。

半兵衛と共に、これまで秀吉の枢機に参画してきた蜂須賀正勝には、具体策がまったく浮かばない様子であった。ただ、凄愴の気だけが漂っていた。

困《こう》じきっている中で、たよりは黒田官兵衛一人であったが、この人物は有岡城に囚われて以来、風貌とともに人柄そのものも変わり果てていた。まるで、娑婆にいない人のような……。

それまでの官兵衛には、縦横学の策士のような、功利主義をもって素早く敵味方の利害を分析し、急所を抑えて調略するといった、切れ者の風韻があった。両眼は常に、底光りしていた印象が強い。

ところが、目前の官兵衛にはそれがなかった。頭巾をかぶった姿は隠士のようであり、人の話を聞いているのかどうか。否、何も考えていない廃れ者の風情《ふぜい》を思わせた。ややもすれば、考え方が悪い方向へ流れ、ときに意識が朦朧《もうろう》とする中で、秀吉は名状しがたい腹立ちを覚えていた。

その秀吉に、

「このままでは滅びますな」

官兵衛はよそごとのように、気の毒そうな顔をした。

それでなくとも小柄な、秀吉の身《み》の丈《たけ》がみるみるちぢんでいくようであった。

「――しかし、手はあります」

この最大の危機に直面して、官兵衛の口にした秘策は、まさに戦国随一の奇手であったといえる。彼は一つのうわさを、方面軍の中に流すことで、この絶体絶命の危機を好転させたのであった。

「本能寺で横死した上様（信長）の仇を討てば、秀吉どのは天下人となる。そうなれば功名の将は大名へ、足軽は一軍の将ともなれる。これほどの好機が、生涯に一度めぐってくるものであろうか」

このうわさは虹のように輝き、光輝を増して広まり、方面軍の将兵たちは、己れの野心＝出世を夢見て、血相をかえた。これが、〝中国大返し〟の真実であった。

なぜ、彼らはわずかな日数で上方へたどりつけたのか。将兵たちは、秀吉に叱咤激励されるまでもなく、彼らは己れの私利私欲を胸に抱いて、大いに野望をふくらませ、上洛の道をわれ先にと急いだのである。欲のエネルギーの凄まじさであった。

大欲は小欲を消し去る。しかもこの大欲は、大義名分のある主人の仇討ちであった。

「秀吉どのを勝たせて、わしも出世をしてみせる」

中国方面軍の将領の中で、秀吉の首をあげる方向へブレた人間はいなかった。

ただ、この起死回生の妙手を考えた時、さしもの官兵衛も内心、興奮していたのかもしれない。秀吉にいわなくともよい一言を、つい口にしてしまった。

「うまくやりなさい、これで天下はあなたのものになる」

これを聞いた時の、秀吉の心中はいかばかりであったろうか。

（たいしたやつだ）

と思いつつも、おそらく秀吉には、官兵衛に自らの窮状を救ってもらったことに対する、心からの感謝の気持ちは湧かなかったに違いない。

名状しがたい、それこそ表情から意識して隠さねばならないほどの嫉妬が、官兵衛の発言を出すぎたふるまい、と怒鳴りつけたいような怒りが、心中に渦巻いていたかと思われる。

半面、自分はこの男に負けたのだ、との敗北感も大きかったのではあるまいか。

（こんなことなら、正面の毛利軍と正々堂々と雌雄を決して、反転、光秀を討てばよかった）

そうした愚にもつかない机上の作戦すらが、頭に浮かんでもおかしくはなかった。聡《さと》い秀吉は、からくも私情をことごとく腹におさめた。が、このおり抱いた官兵衛への思いを、彼は終生忘れることはなかった。

この日から、秀吉の官兵衛への接し方が定まったように思われる。己れの天下取りに必要不可欠な「軍師」ではあるが、天下を取ったとき、一番恐ろしい存在となるのが官兵衛であった。少なくとも秀吉はそう悟り、そのことを前提に、官兵衛の使い方を考えるようになった。

中国の古典『十八史略』にも、痛烈な処世が述べられている。

「狡兎《こうと》死《し》して走狗《そうく》烹《に》られ、飛鳥《ひちょう》尽《つ》きて良弓《りょうきゅう》蔵《おさ》められ、敵国破れて謀臣亡《ほろ》ぶ」

逃げ足の速い兎《うさぎ》がことごとく捕まってしまうと、それを追いかけて働いた犬はもう必要がなくなり、煮《に》て食われてしまう。飛ぶ鳥がことごとくとりつくされたなら、それらを射落とした良い弓も、不要となってしまいこまれる。同じように、敵国が破れると、いままでの作戦を担当していた智恵ある臣も必要がなくなり、ついには殺されてしまう。

竹中半兵衛はこうした機微を察知して、高野山へわが身を捨てようとし、その後任を半兵衛から推薦された神子田正治は、このことに気づかず、秀吉によって亡ぼされた。

官兵衛は当然、秀吉の心中を忖度している。その対処法については、後述する。

さしずめ、中国方面軍二万七千五百余を、無事に姫路城まで敵前旋回させねばならない。

もし、信長の死を毛利方に知られ、「だましたがゆえに、誓紙《せいし》は無効ぞ」、と毛利軍がうしろから追撃してくれば、中国方面軍は四分五裂に粉砕され、敗亡しかねない。

それを防ぐには、事前に幾重にも備えを用意しておく必要があった。

官兵衛の心中

まず、宇喜多勢を岡山城に帰す。そうすれば、毛利軍に後方を襲われた場合、中国方面軍は逃げ散りつつも、味方の岡山城に入城でき、ここで踏みとどまって敵の攻勢を支えることができる。しかしそうなれば、虹のようなうわさは帳消しとなり、秀吉はここで毛利軍と対峙。光秀と雌雄を決する可能性は、ごくごくうすれてしまう。

（その場合は、織田家連合軍の一員ということになるが……）

官兵衛は秀吉の「軍師」として、何としても秀吉に光秀を討たせ、主殺しの天下を一変させたい、と考えていた。なぜ、秀吉なのか。官兵衛は一年に及ぶ牢獄生活の中で、しきりと「天命」ということを考えた。世に出たい、天下にわが名を知らしめたい、といった青雲の志をはじめ、人が社会で遭遇する吉凶《きっきょう》禍福《かふく》は、しょせん自分一個の力、文武の腕前といった努力、才能だけではどうにもならない、ということを彼は獄中で悟った。

と同時に、獄中で自死することもできず、自分は何ものかに生かされているということ、自分にもこの世を生きる意味、乱世を救う使命が、天から与えられているのではないか、と官兵衛は自覚した。

李太白《りたいはく》の漢詩「将進酒《しょうしんしゅ》」の言葉を借りれば、

「天、我《わ》が材《ざい》を生《しょう》ずる、必《かなら》ず用あり」

である。

天がわたしに才能を授けてくれた以上は、必ずこれをなにかに用いる使命があるはずだ、との意。では、何をすればいいのか。

『論語』に「天命を畏《おそ》る」との一節がある——人間は天命を慎み、安んじてそれに従うべきだ、と孔子はいうのだが、天命には実は二種類あった。天から与えられた道徳的使命、すなわち「徳命《とくめい》」と、人力の及ばない宿命、すなわち「禄命《ろくめい》」である。

戦国乱世を終らせ、無事泰平の世に導くという「徳命」に対して、天下統一にかかわる「禄命」——それを持つ者は誰か。

「いわゆる天命を楽しんでいれば、どのような境遇になろうと、べつに疑うことはない」

官兵衛は併せて、天下取りにも天命がある、と考えるようになっていた。

英雄的気概に富んだ信長が、疾風で砂塵を巻きあげるような勢いで「天下布武」に王手をかけながら、非業の最期を迎えたのは、その苛烈な性癖ゆえであった。「徳命」がうすかったからだ。人を道具のように捉え、性能のみで考え、その人間性を斟酌《しんしゃく》せず、成功すればより大きな利益を与え、失敗すれば最後は殺す――敵からも味方からも怖れられた合理性ゆえに、信長は別所長治や荒木村重、小寺政職に寝返られ、ついに明智光秀に謀叛されてしまった。

筆者はこれまで、信長を室町幕府と応仁の乱が生みだした、まったく新しい下剋上時代の為政者、と位置づけてきた。この時代、農業生産力は画期的に伸び、それにつられて商品流通経済も勃興している。銭が天下をかけめぐり、その延長線上には、同時代のヨーロッパにおける大航海時代の潮流が待ちかまえていた。南蛮貿易は世界と日本をつなぎ、鉄砲を伝来させ、その改良、大量生産を可能にして、乱世を天下統一へ向かわせた。

つまり信長は、すでにみた〝有徳人《うとくじん》〟の代表として、天下を狙ったといえなくはない。だが、商人がこぞって銭を惜《お》しむように、信長がおこなった打算的な駆け引きは、あまりに〝情〟〝義〟からはずれ、彼のめざした天下統一後の日本は、殺伐としたものになるのではないか、と天下万民に思われてしまった。

中国の毛利氏を武力で討つと決めたと同時に、四国・九州もおそらくは撫《な》で斬りにしたがえたであろうし、関東、奥州も同断の運命であったろう。

信義なきものは、国を保つことができない。それに比べれば、秀吉は大気者を演じきっており、人の話をよく聞く点、「徳命」は信長よりも強いように思われた。

毛利氏を外交交渉でくだし、五ヵ国を割譲させることが、主君信長の〝得〟となる、との発想は、人を多くは殺さず、短期日に日本を統一する可能性を示唆していた。

少なくとも、ほかの織田家の重臣のなかで、秀吉以上に人を殺すことに抵抗を感じた者はいなかったように思われる。

官兵衛は、織田家を詳しくはしらない。「申次」でかかわったのは荒木村重と秀吉だけであり、明智光秀や柴田勝家については通り一辺の知識しかもっていなかった。東日本しかり、四国・九州しかり。彼は自らの選択肢の中で秀吉を買い、その「天命」=「禄命」に賭けた。そのための、〝大返し〟であった。

小早川隆景の思案

官兵衛は、自らが殿軍《しんがり》に残る決意をする。

彼は板輿《いたごし》にのり、毛利方の最前線・吉川元長（元春の嗣子）の拠る岩崎山と対峙する、堰《えん》堤《てい》の上にその身をさらした。この殿軍の指揮は、母里太兵衛が采配している。官兵衛は中国方面軍が退きはじめたのを見定めて、すでに準備していた堰堤の堀くずしを迅速に指示し、十数ヵ所を作業させたところで、最後にいっせいに決壊《けっかい》の鍬をふるわせ、火薬をもちいた。

大音響とともに、官兵衛と毛利氏の最前線を隔てていた田畑へ、大量の水が流れ込んだ。

無理をして、この冠水の上を動けば、人も馬も泥と化した大地に脚をとられて、身動きができなくなってしまう。

ほどなく、小早川隆景の旌旗《せいき》が西へ動いた。それにひっぱられるように、吉川の陣も撤退行動を開始した。おそらく隆景は、殿軍の官兵衛に心から手をあわせたに違いない。

「官兵衛どの、これで毛利は救われた」

隆景はほっと、胸をなでおろしたはずだ。

一般にはいまだ、毛利軍はなぜ織田家の中国方面軍を追わなかったのか、理解できない、とする向きが少なくない。毛利はそもそも、やる気がなかったのだ、とけんもほろろに裁断する人もいる。

確かに、少し遅れはしたものの、本能寺の変は毛利陣営にも伝えられていた。それを聞いた吉川元春は、すぐさま追撃に移るべし、と弟の隆景に迫っている。当然であろう。

「いまなら、造作もない――」

簡単に勝てる。

なるほど、今、出撃攻勢に進軍すれば、敵前大回転をやろうとしている織田家の中国方面軍は、大混乱となり四分五裂となるだろう。備前路でその後方を襲い、順次、追いすがっていけば、播州路に入るまでには、秀吉の本隊をも打ち砕くことができるかもしれない。

では、仮に中国方面軍を殲滅したとしよう。毛利軍は次にどうするだろうか。毛利元就の遺言をかなぐり捨てて、かつて恵瓊にのせられた時のように、勢いを駆ってそのまま京都まで攻めのぼるか。もし、そうしたならば、明智光秀は大歓迎で迎えてくれ、畿内に誕生する新政権の、中枢にものぼれるだろう。毛利輝元は、政権ナンバーツーにもなれたかもしれない。

しかし、ここで物語はおわらない。天下を席巻した織田軍には、綺羅星の如く英雄豪傑の将星が揃っていた。それらが北陸路を南下し、あるいは東海道・中山道を西進して、あるいは伊勢路を北上して、京都に攻め上がって来たならば、はたしてこれらをことごとく支え、討ち平らげることができるだろうか。

（無理だろう）

隆景も、智将として知られた男である。

信長がこの世から消えれば、その遺産を織田家の将星の誰かが相続する。まだ、乱世である。血筋でおさまる道理はない。能力ある諸将があらそって、相続権を力づくで得ようとするだろう。相続権にもし、資格審査があるならば、光秀を討った者こそ、となる。

そのとき、光秀の横にいれば間違いなく、毛利家は根絶やしにされるはずだ。そうなる愚を避けるためにも、一刻も早く国許へ戻ったほうがよい。四方の門を閉じて、息を殺しながら、時勢の推移を傍観するに限る。

だが、弓矢取る武門の家としては、秀吉に一戦も挑まず、矛《ほこ》も交えないで撤退するというのは恥辱である、とする吉川元春―元長父子のいい分も、決してわからぬものではなかった。しかし、形だけの一戦を仕掛けても、おそらく戦いはそれだけではおわるまい。勢いに乗って、追撃戦となってしまう。戦場の群集心理は、平時のものとはかけ離れて猛々しいものであった。

困惑しきっているところへ、堤がきられ、洪水が押し寄せてきた。

これでは、追うにも追えない。退却の名分ができたことで、隆景は毛利家の安泰を思ったに違いない。隆景に官兵衛が、毛利家の旗を借用した、との伝説があるが、あるいは隆景の方から、旗を使ってくだされ、と持ち込んだことも、考えられないことではなかった。

それほどに、隆景にとっては、官兵衛の処置はありがたかったはずである。

そういえば、のちのことだが、官兵衛の息子・長政が、隆景に、

「あなたのことを人々は、天下の分別者と申しているが、分別とはどういうことなのでしょうか」

と、訊ねた挿話がある。隆景の返答は次のようなものであった。

「分別とは智恵のこと。その智恵をもって、各々の事柄を判断することだ。世に如水軒(官兵衛)ほどの智恵者はいるまい。この隆景などの及ぶところではない。如水の言行を学ばれると、天下の分別者となろう。ところが、この隆景を世上に分別者と唱え、如水をそ

れほどに申さぬのは、如水は生来利発で何事でも相談すれば、それはそれ、これはこれと明確に申されるので、秀吉公などのように目の利く人は、よく知っていて取り立てられるが、それより下の者ではどうかと思われる。某《それがし》は鈍な性質なため、その場で判ったことでも、明確にせぬまま、まず一思案してから相談しようというため、かえって分別者のように噂されるが、如水の判断のはやさには劣る。分別者といわれるためには、如水の智恵をもって、静かに十分思案なされるがよい」

山崎の戦いにおける計算違い

通説では、天正十年（一五八二）六月六日、毛利勢の撤退を見届けた秀吉は、午後二時頃から中国方面軍の二万五千を、高松城から反転させて上洛を開始したとされて来た。この日のうちに、備前の沼城（現・岡山市東区沼）に到着。翌七日の朝から一昼夜を走りつづけて、八日の朝に姫路へ（約七十キロ）。

しかし、当時の荒れて整備されていない山道を、武装した兵卒が一昼夜で五十五キロを移動するのは、いかに欲にかられていた集団とはいえ、いかがなものであろうか。

おそらく、最初に出発した部隊は、四日に備中高松城を出て、野殿《のどの》（現・岡山市北区）へ。五日に沼城に移動し、六日に姫路城へ入ったのではあるまいか。そうなると、姫路における秀吉たちの滞在は四日間に及んだことになる。

このおり将兵を、城下の自分たちの家へは帰さず、城で休息をとらせるように、と秀吉に進言したのが、官兵衛だと伝えられている。彼は二万五千人分の兵糧を用意し、これからの段取りを具体化する役割も担っていた。

併せて、それら以上に重要であったのが、敵味方の情報の収集と分析、確認作業であった。

当然のことながら、逆臣光秀は謀叛の直後から、周辺諸勢力を味方に引き入れるべく、活発な勧誘工作を行っていた。後方の毛利氏は大丈夫か、陣中の宇喜多勢は分裂叛逆をおこさないか。織田家の中で、光秀に追随する者は誰か——姫路にあった四日間こそ、「軍師」官兵衛の真骨頂であった、と筆者はみている。

一応の情報分析をおえて、諸々に手当しながら、姫路を出発した中国方面軍は、その先々で再び、新たなうわさを流す。

「上様（信長）は生きている——」

この仕掛けも、おそらくは官兵衛であったろう。

これは奇妙きてれつな策ではあったが、予想以上の威力を発揮した。信長は間違いなく本能寺で自刃していたが、自らがすべてを始末してしまったため、ついに焼け跡からは、彼の首が出なかった。そのため、「万一、生きていたら——」を考えると、光秀の与力大名たちも、周囲の小大名や土豪も、思わず固唾《かたず》を飲んだ。もし、生きていたら、どういう目にあわされるか――悪寒にふるえながら、多くの人士は動きを止めて居竦んでしまった。

途中で、淡路の抵抗勢力・菅《かん》氏を滅ぼすなど、的確な処置を施しながら、十一日に摂津尼崎へ進出した秀吉は、ここで池田恒興（信輝）、堀秀政、高山右近、中川清秀らの諸将と合流する。十二日、総兵力四万余をもって、摂津富田で諸将の部署を定め、一日遅れて十三日正午、信長の三男・信孝と織田家の重臣・丹羽長秀をここに迎えて、秀吉は会見している。

この間、明智光秀は六月五日に安土城を占領し、秀吉の本拠である長浜城、丹羽長秀の佐和山城を攻略。近隣の諸将に応援を求めたが、頼りにしていた大和郡山城の城主・筒井順慶は傍観者の域を出ず、女婿の細川忠興もその父・藤孝（号して幽斎）とともに、光秀の娘で忠興の妻となっていた玉（ガラシャ夫人）を丹後国の味土野《みどの》（現・京都府京丹後市）に軟禁して、勧誘をあからさまに断ってくるありさま。

高山右近も、与力の中川清秀にも拒絶されてしまった。

光秀の失策は、中国方面軍を毛利氏と挟撃できなかったこと。和泉の堺にあった、信長の同盟者・徳川家康を殺害しそこねたことも大きかったが、何より秀吉の攻め上がって来る速度を、読みあやまった点が致命的であった。

一万六千余の兵力で、光秀は「下鳥羽」に本陣を敷き、山崎の北にある勝龍寺城を前線基地とした。山崎は山城と摂津の国境であり、淀川をへだてて東南に男山がひかえ、北には天王山を望む西国街道の要衝の地であった。

決戦の当日＝十三日、光秀は勝龍寺城の南南西約六百メートルの御坊塚《おんぼうづか》に移動した。それにより、秀吉との間に山崎の「宝寺」という攻守に都合のよい場所＝要害が出現する。その争奪が戦いの勝敗を決する、と考えた両将は、十三日未明から各々軍勢をくり出したが、このとき、その山麓にあったのが官兵衛であった。彼はここで、目も醒めるような奇手をもちいた。毛利氏の旗を自らの陣中に掲げたのである。正確には、兵庫を通過するころから、和議が整って兵をひいた毛利氏にたのみ、その借りてきた旗を風になびかせたのである。貸したのは、小早川隆景だったと伝えられる。

明智勢にすれば、これは相当に応えたはずだ。組んで挟撃しようとした毛利氏が、あっさり同盟を拒否、秀吉と共に攻めてきたと思い込んだのであるから。さすがに、「軍師」官兵衛であった。この時である、秀吉が官兵衛を「楠木正成が再誕なり」、と誉めたのは。

官兵衛は秀吉の先鋒・宮脇長門守とともに、「宝寺」を占領する。

そのうえで両軍は、総攻撃を開始した。光秀の侍大将・斎藤利三《としみつ》らがめざましい奮戦をしたが、勝敗は兵数の多い秀吉の方へ傾き、ついに逆転されることはなかった。

勝龍寺城に逃げ込んだ光秀軍に対して、官兵衛はここでも軍師の才を発揮している。秀吉に、四方から迫りながら、一方の攻め口のみをあえて空け、死に物狂いの城兵の殺気を喪失させ、逃げられる＝生き残れる、と思わせるため、わざと落とさせて、籠城方の人数を減らし、勝利を得る策を進言している。

この策は、あたった。城中の将兵が大半、脱走・出奔したため、さしもの光秀も籠城戦を断念せざるをえなくなる。一行、わずか五、六人で、本拠の坂本城を目指したが、途中、伏見山を過ぎた小栗栖《おぐるす》（現・京都市伏見区小栗栖小阪町）で、土民たちによって竹槍で突き刺され、殺されてしまう。

勝龍寺城の開城は十四日であり、光秀の亀山城（現・京都府亀岡市）も陥落した。

このようにして、光秀の〝三日天下〟（実質十一日天下）はおわったのである。

忙中に閑

山崎の一戦によって、主殺しの仇を報じた秀吉の名声はあがり、もし、山崎の合戦を行っていなければ、場合によっては織田家から叩き出されたかもしれない脆弱な彼の地位は、ここで一気に、織田家筆頭家老の柴田勝家と並ぶまでに高められることになる。

秀吉を旗頭に山崎を戦った諸将は、秀吉の発言力の増大がそのまま、自分たちの栄達につながると考えていた。もし、彼らにそう囁いた者がいたとすれば、やはりそれも官兵衛であったろう。

六月二十七日、清洲会議が開かれた。亡き主君信長の遺領分配と織田家の家督相続の問題を協議するためであったが、重臣会議は柴田勝家・丹羽長秀・池田恒興、そして秀吉の四人で開催された。

この会議に「秀吉、蜂須賀彦右衛門（正勝）、黒田官兵衛、中村孫平次、此の衆を召し寄せられ」と『川角太閤記』にあった。

官兵衛はほかの将領たちと別室で待機しながら、重臣の決定を待っていたに違いない。

十月十五日、秀吉の主催する形で、信長の葬儀が京都の大徳寺であでやかに挙行された。

この葬儀をはさんで、官兵衛は蜂須賀正勝と二人、毛利氏との境界画定協議に中国へ下り、秀吉側全権を担っている。しかし、交渉は思いのほか進展せず、十二月には二人ともに秀吉のもとへ帰陣した。

官兵衛は大忙しである。すでに秀吉と柴田勝家は臨戦態勢に入っており、勝家の領地・越前北ノ庄が雪に閉ざされるや、秀吉は一度勝家の甥・柴田勝豊《かつとよ》に与えた長浜城を、五万の軍勢で包囲し、勝豊を降伏させて取り戻している。否、これは明らかな調略による寝返りであり、勝豊はその後の賤ヶ岳の戦いにも、秀吉軍として参戦している。

十二月二十日には、秀吉は亡き信長の三男信孝《のぶたか》の岐阜城を包囲、それを屈服させている。秀吉の東奔西走はやまない。二十九日に山城山崎城に入って越年したかと思うと、翌天正十一年（一五八三）正月元日、播磨の姫路に向けて出発している。

閏正月に姫路を出立して、四日には丹波亀山城へ、五日には山崎に戻っていた。

この間、しきりと茶会が開かれている。このおりの、挿話かもしれない。

秀吉の時代は、茶が盛んにもてはやされた。だが、孝高（官兵衛）はこれを、勇士の好むべきものではない。主客が無刀で狭い席に集まって座し、きわめて無用心である、と嫌っていったことがたびたびあった。あるとき、秀吉から孝高に、茶に招待する旨をいってきた。主命であるから辞するわけにもいかず、渋々、出仕すると、点茶の席に入った。すると秀吉が出てきて茶を点《た》てずに、合戦に関する密談をした後に、これも茶の湯の一徳なのだ。普通の日に、そなたを招いて密談すれば、人々は疑い、禍を招くことにもなりかねぬ。ここなら茶の湯というので人は疑うことはしない、といった。孝高はそれを聞いて、大いに感服し、

「某《それがし》は今日、茶の味のすばらしさを飲み覚えた。名将がひとえに物事にのめり込むのではなく、諸々に心を配っているところなど、愚慮の及ばぬところ――」

といい、それからは茶の湯を好んだ。孝高は茶室の水屋に、次のような文を掲げた。

茶堂

定

一、茶を挽《ひ》くには、いかにも静かにまわし、油断なく滞らぬように挽くこと。

一、茶碗などは、垢がつかぬようたびたび洗うこと。

一、釜の湯を一柄杓《ひしゃく》汲み取れば、水を一柄杓差しておく。使い捨て、飲み捨てはせぬこ

と。

右は我流ではなく、利休流であり、よくよく守ること。

総じて人の分別も、静と思えば油断になり、滞らぬように思えば、せわしくなる。各々、生来の性分ともなる。また、義理をよくわきまえていても、欲の垢に汚れ易く、親や主の恩をはじめ、朋友・家人の恩に与《あずか》ることも多いのに、その恩に報いようとの思いもなく、ついに仏神の罰を受けてしまう。したがって、右三ヵ条を朝夕の湯水を使ううえで、よくよく分別するために書きつけておくのである。

慶長四年（一五九九）正月　　　如水

よくよく守るように。

賤ヶ岳の戦い

三月三日、柴田勝家の盟友・滝川一益の家臣・佐治《さじ》新介が守る亀山城（現・三重県亀山市本丸町）を、秀吉は陥落させた。

この日、勝家の北陸方面軍がついに、南下を開始する。公称三万（実態二万）は、新暦に直せば四月二十四日、まだ雪に閉ざされている中を出陣したことになる。

これに対する秀吉軍は公称七万（実態は五万）。兵力は秀吉が圧倒的に有利であった。

ただ、勝家指揮下には尾張はえ抜きの戦巧者、練達で勇猛の将が揃っていた。佐久間盛政、佐々成政、前田利家——いずれもが織田家を代表する譜代の精強な部将たちであり、彼らは選りすぐられて上杉謙信と戦うために、編成されていたのである（謙信は四年前に死去）。

この北陸方面軍に比べれば、秀吉軍は相変わらず、寄せ集めの複合兵団にすぎなかった。

秀吉は明智光秀の指揮下にあった将領も吸収しており、戦力が実質三倍でも、はたして勝家に勝てたかどうか。やがて、世にいう賤ヶ岳の戦いが、勝家と秀吉の間で行われる。

途中、勝家の先鋒で猛将中の猛将・佐久間盛政が約四千を率いて奇襲戦を展開。秀吉方の中川清秀はあえなく討たれ、高山右近も支えきれずに敗走する場面があったが、秀吉はこの時も〝大返し〟をやってみせる。五十二キロの道のりを、五時間で駆け抜け、それによって賤ヶ岳の戦いに勝利した。

官兵衛はこの一戦、秀吉のかたわらにはおらず、小瀬甫庵の『太閤記』によれば、十三段構えのうち、五段目を担当していたという。

事実上、織田家を簒奪した秀吉は、六月二日、大徳寺で信長の一周忌を営み、大坂本願寺の跡地に、自らの城を築くための検分を行い、八月になって、その普請総奉行を官兵衛に命じた（普請のスタートは九月一日）。

三十数ヵ国から、最初のうちは毎日二、三万人が、年末には五万人が日々動員され、大がかりな工事が急ピッチで進められた。第一期工事は、本丸を中心に天正十三年四月に一応の完成をみている。が、この時点で官兵衛は、毛利側との領地境界画定協議に戻っており、おそらくは工事を見届けていなかったに相違ない。

以降の第二期工事も、これから見る九州攻めと重なるため、官兵衛は大坂にはいなかったはずだ。領地境界が定まらない内に、今度は小牧・長久手の戦いがあり、官兵衛と蜂須賀正勝は秀吉に呼び戻される。

かって異母弟の信孝と、織田家の跡目を争った二男信雄《のぶかつ》は、ようやく秀吉の天下取りに気がつき、阻止すべく亡き父の盟友・家康に泣きついた。双方あわせて兵力は三万（実際は一万五千）、対する秀吉の動員兵力は十万を超えていた。

家康は紀州の根来《ねごろ》・雑賀衆とも手を結び、四国の長宗我部元親をも味方陣営に誘った。

官兵衛はこのおり、根来・雑賀衆の撃退に戦功をあげたが、二千石の論功行賞はなぜか、官兵衛の息子長政が受け取っていた。

ひるがえって、小牧の戦いで家康に敗れた、秀吉方の池田恒興とその女婿にあたる森長可《ながよし》が、名誉挽回のために企画した家康の本拠地三河への一万六千による〝奇襲〟――当然、これだけの軍勢が動けば、家康側に察知され、待ち伏せされた長久手で、双方一戦に及んだのだが、惨敗を喫した大奇襲団には、官兵衛は関与していない。

もし、このおり秀吉のかたわらに官兵衛があれば、彼はこの無謀な作戦に、決して賛同はしなかったであろう。秀吉はかつての同僚であり、清洲会議では何かと味方となって賛同してくれた池田恒興に、一度ならず二度までも奇襲作戦を進言されて、それを却下することができなかった。

「大坂城を、立ち退いてもらった負い目もあるし、な……」

秀吉の心中は、察しやすかった。

しかし、恒興も長可も恒興の嗣子元助までも、討ち死にとなる惨憺たる結果となった。

結局、秀吉は信雄と単独講和を結び、家康も次男於義丸（のちの結城秀康）を人質に出して、建前上の秀吉との講和の道を選択する。

天正十三年（一五八五）二月、毛利氏との「国分《くにわけ》」はついに完了、境界は画定した。

秀吉は官兵衛と正勝に毛利氏との交渉をさせながら、一方で雑賀・根来衆の根絶やしに全力を投入。天正十三年三月から約一ヵ月、大報復戦を行った。

そして、紀州攻めが一段落すると、次に四国の長宗我部元親を滅ぼすべき相手に選ぶ。

四国征伐と官兵衛

そもそも四国征伐は、亡き信長の懸案であった。

土佐（現・高知県）からおこった長宗我部元親は、四国制覇を志した当初、明智光秀を「申次」に、生前の信長に誼《よしみ》を通じ、

「四国の儀は、元親手柄次第に切取候へ」（『元親記』）

との、朱印状を与えられていた。

ところが、天正九年（一五八一）に元親が阿波（現・徳島県）へ侵攻した頃から、信長は態度を一変する。

秀吉の甥・秀次が阿波の戦国大名・三好康長（号して笑岩《しょうがん》）の養子に入り、織田家の家臣団に組み込まれたこともあって、康長の一族・十河存保《そごうまさやす》を元親が本格的に攻撃したことから、土佐一国と阿波半国を与えるから、攻め取った残りの土地を返上するように、と元親に迫り出したのである。

元親にすれば、自力で得た四国である。拒絶して、あくまでも信長と戦う道を選択。天正九年九月、信長は秀吉に四国攻め＝三好康長への軍事支援を命じたが、この時、秀吉は鳥取城包囲中であり、自らは動けず、官兵衛を名代として直臣の仙石権兵衛（秀久）、与力の生駒親正《ちかまさ》・明石則実らを四国に派遣した。

官兵衛は〝調略〟を成功させるためにも、まずは淡路島を占領し、本州と四国との制海権を確保して、ここから四国征伐を行うべきだ、と考えた。そして、三日で淡路全島を制圧する。そこへ秀吉から召還の命令が下り、ここに第一次四国征伐は中途終息した。

その四国征伐が、第二次を迎えるのは四年後の天正十三年五月からのこと。

――この四年で、天下は大きく動いていた。

山崎の合戦に勝利した秀吉は、つづく賤ヶ岳の戦いで宿敵・柴田勝家を破り、信長の三男信孝を同じく次男・信雄に切腹させ、次にはその信雄と家康の連合軍を相手に、小牧・長久手を戦った。戦術面では家康が、戦略面では秀吉が勝利したこの一戦、戦いの最中、四国で反秀吉陣営として活発に動いたのが、元親であった。

この年の春、伊予道後（現・愛媛県松山市道後）の湯築《ゆづき》城を攻め、河野通直《こうのみちなお》を破った元親は土佐・阿波・讃岐（現・香川県）・伊予の四国制覇を成し遂げていた。

秀吉はその元親に、讃岐と伊予を返すように、と命じたのだが、元親は伊予一国の返納で和議を結ぼうとする。結果、秀吉の怒りを買い、長宗我部氏討伐となってしまう。当初、秀吉は自らが征伐軍の指揮を執るつもりであったが、直前に珍しく病気になり、北国の旧織田家の部将・佐々成政が不穏な動きをしていることもあって、四国への渡海を見合わせ、弟の秀長に総大将を、副将に甥の秀次を任命した。官兵衛はその軍監として、出征している。

堺を出帆した秀長軍三万が、淡路の洲本へ渡ったのが六月十八日。同じく秀次の三万が、明石から渡海した。淡路の福良《ふくら》（現・兵庫県南あわじ市福良）に集結した六万の征伐軍は、鳴門海峡を渡って阿波の土佐泊（現・徳島県鳴門市鳴門町）に上陸する。

軍勢は、これだけではなかった。小早川隆景、吉川元長（元春の長男）の毛利勢三万が、芸州から伊予の新間《にいま》（現・新居浜市）、氷見《ひみ》、今治《いまばり》へ続々と上陸。

官兵衛は二方向の大軍とは別に、若い宇喜多秀家の面倒をみつつ、蜂須賀正勝、仙石権兵衛らと共に、二万三千の兵をもって讃岐の屋島へ上陸した。

秀吉軍十二万三千に対して、圧倒的に兵数で劣る長宗我部軍は、四万の兵力を占拠地に広く散らせ、元親自身は八千の兵力を率いて阿波の大西に進出、「白地城《はくち》」（現・徳島県三好市池田町）に本営を構えていた。

官兵衛は屋島に上陸するや、諸城を落として、元親の従弟・戸波親武《ちかたけ》が二千五百余の兵とともに籠《こも》る植田城をめざす。が、地形を検分しただけで、官兵衛は高松の本陣へ。彼は讃岐をそのままにして、阿波の秀長と合流する策を進言した。

孝高（官兵衛）は讃岐の植田城を攻略すべく検分をしたが、翌日、諸将にむかっていった。

「この国の中には相手にすべき将がいない。国中のつまらぬ城を陥しても、戦功を挙げたことにもなるまい。長宗我部元親は阿波にいるから、まず、阿波へ行き大和守秀長と相談のうえで、土佐方の軍勢を攻撃するのがよい。阿波が落去すれば、讃岐の敵は戦わずに分散するに違いない。無用な戦いをしても益はない」

諸将は孝高の言葉に同意して、阿波国へと赴いた。

ところで元親は、阿波の大西村にあって、植田城を構築し、また、池田由良山に繋ぎの城を築くと、おとりの軍勢を配置して敵の大軍を誘い込もうと画策していた。すなわち、大軍を植田の狭い所に誘導して城を攻めさせ、元親自身は阿波から神内《こうない》の鯰越《なまずご》えをして、軍勢を分けて間道をすすませるなどし、相手の前面からの攻撃、後方からの襲撃、さらには夜戦をもって勝利すべく計画したのであった。が、孝高は元親のそうした謀《はかりごと》を察知したので、植田城には赴かず、阿波の軍勢に加わったのである。

のちに元親は、植田城を検分したのが黒田孝高であったと聞き、歎《なげ》いていったという。

「これが宇喜多秀家であれば、大軍をたのんで驕《おご》り攻めたであろう。仙石秀久であれば、去年、引田の戦いに敗れているので、憤怒の形相で迫るに違いない。この両将を誘導して植田城を攻撃させ、わしは阿波を出て策略をたて、軍功を顕《あら》わして上方勢に、目にものを見せてやろうと計ったのに、思いもかけぬ黒田官兵衛という古強者《ふるつわもの》に見破られ、わが謀が水泡に帰してしまったのは残念だ」

九州征伐にかける決意

向かうところ敵なしの快進撃、秀長軍が阿波第一の要害・岩倉城に差しかかったときである。官兵衛が再び、活躍した。以下、『名将言行録』に拠る。

そこで、孝高（官兵衛）はいった。

「ここは険要の地であるから、人力をもって攻撃すべきではない。まずは謀《はかりごと》をめぐらし、敵兵を弱気にさせてから調停によって城を降すべきで、その旨を秀吉公に伝えられたい」

そこで直ちに、この旨が秀吉の許に伝えられた。秀吉からは書面をもって、謀は大小を問わず、すべて孝高に任せる、との命が下りた。これに対し孝高は、直ちに建策――材木を集めて城の高楼よりも高く櫓《やぐら》（井楼《せいろう》）を組み上げると、その櫓上から城中を望見し、諸々方々から大砲を一日に三度ずつ、鬨《とき》の声を上げて撃ち込んだのであった。敵城は要害で、守将は大剛の聞こえのある長宗我部掃部頭《かもんのかみ》、また、城兵は勇者とはいえ、なにぶんにも四万余の大軍が山野一面に布陣し、大砲を撃ち、同時に鬨の声を上げるため、山も崩れんばかりであった。城中の兵たちは士気を削がれて、降参したいと思い、心を動かしはじめた。孝高はそうした相手の状況を察して調停に入ると、敵はなにごともなく、これに同意、城を開け渡して兵を引くと土佐に帰っていった。孝高の謀によって兵力を労することなく、わずか十九日で、この城を降すことができたのである。

脇城も落ち、城兵たちはすごすごと、土佐本国へ退去した。

こうして多勢に無勢、元親もついには降参の仕儀となり、土佐一国のみを安堵されて、四国の平定はなった。阿波は蜂須賀正勝の子・家政に与えられ、讃岐はほぼ仙石秀久（権兵衛）へ、一部を十河存保に、伊予は大半を小早川隆景が、一部を安国寺恵瓊が拝領することとなる。

ちなみに、この四国攻めの最中＝天正十三年（一五八五）七月十一日、秀吉は「関白」に任官している。

四国を平定したのち、最大の敵＝家康を臣従させることに成功した秀吉は、天下統一の次の攻撃目標を九州に定めた。九州の勢力圏は、めまぐるしく入れ替わっていた。

天正の初め、九州は薩摩（現・鹿児島県西部）の島津氏、豊後（現・大分県の大半）の大友氏、肥前の龍造寺氏に三分されて鬩《せめ》ぎ合っていた。が、天正六年十一月の耳川の合戦で、大友宗麟が島津義久に大敗を喫し、同十二年三月、龍造寺隆信が島津軍と肥前島原の沖田畷《なわて》で戦って敗死すると、九州の大勢は島津氏に大きく傾いた。

とくに大友領への、島津氏の侵攻は凄まじく、滅亡の近いことを悟った宗麟は、天正十三年四月、事実上の天下人となっていた秀吉に救援を求めた。秀吉は〝武家関白〟として、史上はじめてとなる大名間の争いに停戦を求める、「惣無事令《そうぶじれい》」を発令。大友氏対島津氏の戦いに、自ら介入した。

大友氏は、すぐさま停戦命令に従うことを表明。しかし島津氏はこれを黙殺し、天正十四年七月、肥前の筑紫広門の居城勝尾城《かつのおじょう》（現・佐賀県鳥栖市《とすし》）を攻めた。勝尾城が陥落した七月十日、秀吉は島津氏の違反、征伐を決定。天皇の意を受けた関白の自分が、出陣して討伐する、と宣言。毛利氏を豊前（現・福岡県東部と大分県北部）へ派遣、官兵衛にその軍監を命じた。七月二十五日のことである。また、四国からも長宗我部元親─信親父子らを豊前へ上陸させ、こちらの軍監は仙石権兵衛につとめさせた。併せて、二万五千余騎。

官兵衛は事前に、九州北部の小大名や土豪たちに調略をおこない、味方についた者の支配地から人質を徴集する作業にも従事している。

一方、島津軍は勝尾城についで、宗麟の重臣・高橋鎮種《しげたね》（号して紹運《じょううん》）の守る岩屋城、高橋統増《むねます》の籠る宝満山《ほうまんざん》城を次々と落とし、八月六日には立花宗茂《たちばなむねしげ》の守る立花城（現・福岡県糟屋郡新宮町、同郡久山町、福岡市東区にまたがる立花山上）に殺到した。

しかし、上方からの、大軍の九州侵攻は島津軍も察知しており、徐々に浮足立った彼らは、八月二十四日、占拠した高鳥居《たかとりい》城（現・福岡県糟屋郡須恵《すえ》町）に押さえの将兵を置いて、取り合えずの撤退を開始する。

そこへ、秀吉軍先鋒の毛利輝元の軍勢が到着。高鳥居城は落ちた。連戦連勝の島津氏の流れが、ここで大きく変わる。それをさらに決定づけたのが、官兵衛による豊前宇留津《うるつ》城の戦いであったといえる。

官兵衛は、この九州征伐に期するものがあったようだ。彼は天正十四年三月、従五位下に叙せられ、「勘解由次官《かげゆじかん》」の官名を賜っている。この年、四十一歳。

前年の八月二十二日に、父・職隆が病没していた。こちらは、享年六十二。

「孔子は、〝四十《しじゅう》にして惑《まど》わず〟といわれたが……」

官兵衛は己れの年齢を、父の死と重ねて考えたはずだ。

四十代になれば、活躍の世界は広がる。普通にはむしろ、惑乱《わくらん》（迷い乱れる）の多い世代だが、孔子は自分の人生の問題に惑《まど》いがなくなった、といい切ったのだ。いわゆる、四十の年を「不惑《ふわく》」という語源である。

孔子の学統からのちに出た孟子は、

「四十《しじゅう》にして心を動かさず」

といった。

四十歳になってからは、もう心の動揺を見なくなった、と孟子はいうのだが……。官兵衛にはまだ、その「不惑」はおとずれていなかったに違いない。

なにしろ、この時点で黒田家の領地は、四万二千石から五万の範疇《はんちゅう》にあった、と考えられる。しかも、後継者の長政はいまだ十九歳。

当初、秀吉から一万石をもらい、それに加増分を足して二万石。さらに、天正十九年に播州の宍粟一郡を拝領したが、この石高は不詳。おそらくは、二万石から三万石の間ではなかったかと思われる。それに長政の知行二千石を加えると、黒田家の総石高が出た。

四国征伐に活躍した官兵衛であったが、それによる加増は得ていない。

(殿下は、わしを遠ざけようとしている……)

官兵衛には、秀吉の胸中がありありと読めたはずだ。大戦《おおいくさ》がなくなれば、天下が泰平となれば、やがて自分は側近からはずされ、遠ざけられるに相違ない。若い長政で、黒田家は保っていけるのか。将来のことも考え、できればせめてもう少し、倍ほどの国力が、わしの隠退前にほしいものだ、と考えてもおかしくはなかった。

石高五万石弱で三千の兵力、あるいは四千ともいわれる兵力を用意したのは、それだけこの九州の役で功名を立てねば、との決意の表れであったろう。

あるいは明敏な官兵衛には、自分が中央の畿内から遠い九州の何処かへ、移封されるのではないか、との予感があったのかもしれない。

黒田武士、活躍す

官兵衛は、小倉城を攻め落として、ここを拠点として宇留津城（現・福岡県築上《ちくじょう》郡築上町宇留津）を攻略した。この城は香原岳《かわらだけ》城を守る支城の一つで、島津方についていた城主・加来与次郎以下三千人が守っていたが、小早川隆景らと共に官兵衛が攻め、十一月七日に落としている。

このおり、城兵一千人が首を斬られ、残る男女三百七十三名は生け捕りにされ、のちに「はた物」、すなわち磔《はりつけ》にかけられた。

「心地よき次第に候、手柄の段、申《もうす》計《ばかり》無く候」

官兵衛の活躍に、島津氏への怒りに燃えていた秀吉は、大いに溜飲《りゅういん》をさげたようだ。

ところが、十二月十二日におこなわれた戸次《へつぎ》川《がわ》の戦いでは、島津義久の弟・家久を大将とする島津勢に、秀吉軍の四国勢が挑み、軍監の仙石秀久の命令で、川を強行渡河したところ、待ち構えていた島津勢に散々攻めたてられ、秀久が崩れて敗走したため、それを支えようとした長宗我部元親の長男信親は敗死してしまい、惨憺《さんたん》たる負け戦となった。

淡路の洲本まで逃げ帰った秀久は、敗戦の責任を問われて改易となっている。

蛇足ながら、秀久は高野山に登ったようだが自刃はせず、小田原征伐のおりに家康を頼って従軍。信濃国佐久郡に五万石を拝領して、小諸《こもろ》城主へ（のちに五万七千石）。朝鮮出兵では肥前国名護屋城の工事を分担、伏見城の工事も一部担っている。関ヶ原の戦いでは東軍についたが、家康の嗣子秀忠の徳川主力軍にあったため、決戦には参加しておらず、これはという功名は成していない。慶長十九年（一六一四）に、六十四歳で没している。

緊迫した戦場ではあったが、軍勢は隔絶していた。十二月初旬までに、豊前一帯は秀吉軍に平定され、このおり筑前怡土《いと》郡高祖の城主・原田信種を攻めたおり、先駆けして一番乗りを果たしたのは、官兵衛から小早川軍の軍目付につかわされていた、久野四兵衛《しへえ》（重勝）であった（詳しくは後述）。

翌天正十五年（一五八七）三月二十八日、当の秀吉は豊前小倉城に到着する。ここで、薩摩島津家進攻の軍評定と、それにともなう各々武将の部署が定められたが、このおり『川角太閤記』では、秀吉自らの本隊は日向路、肥後路のいずれの街道を進むべきか、と官兵衛に問う場面があったという。

「肥後路こそ――」

官兵衛は答えた。

秀吉軍は南北二手にわかれ、南軍の総大将には秀吉の弟・秀長が、彼の手には毛利勢、四国勢がつき従い、その兵力は八万余と決まった。彼らは豊後から日向（現・宮崎県）、大隅（現・鹿児島県東部）へ進出し、薩摩を制圧すべく進軍を開始する。

一方の北軍十万は、秀吉自らが大将をつとめ、従来の家臣団を中心に豊前から筑前（現・福岡県北西部）―筑後（現・福岡県南部）―肥後（現・熊本県）のルートを経て、薩摩を制圧する段取りとなった。策戦計画は、官兵衛の意見通りとなったようだ。

では、この一戦に懸けた官兵衛の部署は――。

彼自身は秀長の南軍に属して進撃したが、島津勢は敵の巨大さに戦線を三州（薩摩・大隅・日向）に縮小すべく、たくみに撤退を開始した。

それを追って南軍は、三月二十九日に縣城《あがた》（現・宮崎県延岡市）を落として、四月六日には大友宗麟にとっては因縁の耳川を渡り、伊集院忠棟《いじゅういんただむね》の守る財部《たからべ》（高鍋《たかなべ》・現在の宮崎県児湯《こゆ》郡高鍋町）を攻撃するにいたった。要衝の高城《たかじょう》を包囲し、根白坂《ねじろざか》（現・児湯郡木城《きじょう》町）に砦（守将・宮部継潤《けいじゅん》）を築いて、南軍は高城の孤立化をはかる。

四月十七日、島津義久は弟の義弘、家久以下、軍勢二万余を率いて都於郡《とのこおり》城から攻めかかり、根白坂砦を攻め立てるが、官兵衛や小早川隆景、藤堂高虎が駆けつけ、激戦となった。島津軍は夜襲を工夫するも、大軍の鉄壁の防禦にはばまれ、根白坂を抜けず、遂に撃退されてしまう。義久は兵を都於郡城まで下げた。

島津勢の戦死者三百余名、負傷者一千名――ついに、義久は秀長へ降服する。四月二十一日のことであった。この九州攻めの、最後を飾る形となった根白坂での戦いは、『武辺咄聞書』や『常山紀談』に拠れば、官兵衛の軍勢が先陣を切ったようだ。

耳川を官兵衛―長政父子と共に渡河した栗山四郎右衛門（利安）と後藤又兵衛（基次）、母里太兵衛（友信）、衣笠久右衛門（景延）、竹森新右衛門（次貞）、井上九郎右衛門（之房）ら〝黒田二十四騎〟の面々が、競い合いながら根白坂砦を取り囲む島津軍へ打ちかかり、彼らと争うように、家臣の村上彦右衛門が砦にむかって、大音声《だいおんじょう》をあげる。

「ただ今、秀長さま六万の兵にて後巻《うしろまき》せられ候」

この一声で、島津軍の戦意はくじかれてしまったという。

九州征伐により、官兵衛は豊前国の三分の二を領有することになる。十二万石に相当した。兵力四千で、それまで三万石であったことを考えたうえで、この恩賞は妥当か、少ないものであったか、これまた意見のわかれるところである。

また秀吉は、戦火の中で荒廃していた博多の町の復興を、二人の家臣に命じた。黒田官兵衛と石田三成である。このおり、官兵衛にかわって実務を取り仕切ったのが、先に原田信種を攻めたおり、一番乗りを果たした家臣の久野四兵衛であった。四兵衛も〝二十四騎〟の一《いっ》。のち、官兵衛の豊前拝領で六千石取りとなっている。朝鮮出兵でも活躍したが、深手を負って戦死した。四兵衛には次左衛門という嫡男があり、十六歳で朝鮮出兵に参加。関ヶ原の戦いのおり、九州で大友義統《よしむね》（宗麟の長男）との戦いで討ち死にを遂げている。享年十九。次左衛門は母里太兵衛の娘聟であったが、子はなくその弟の二右衛門重時が家督を継いだ。のちに玄蕃、外記と称し、号して卜眞《ぼくしん》と称した人物である。

重時も、長刀の名手であったようだ。

黒田家の豊前入り

島津氏を屈服させた秀吉は、天正十五年（一五八七）六月七日に筑前博多の筥崎（箱崎）に至り、ここでおおまかな九州征伐の論功行賞をおこなった。

「官兵衛にはそうじゃな、豊前国の三分の二ほどもやろうか……」

そういった秀吉は七月三日、豊前小倉城に入って、詳細な九州仕置を発表した。ここで官兵衛の豊前六郡（京都《みやこ》・築城《ついき》・中津《なかつ》・上毛《こうげ》・下毛《しもげ》・宇佐《うさ》）の知行が、正式に決定する。残る規矩《きく》（企救《きく》）、田川（田河）の二郡は、秀吉子飼いの毛利吉成《よしなり》に与えられた。小倉六万石である。

ただし、豊前六郡のうち宇佐郡の妙見嶽、龍王の二城は、大友氏の支城として残され、官兵衛の領土からは切りはなされていた。

では、官兵衛の手にした石高は実のところ、前出の十二万石で正しいのだろうか。十八万石とする記録のある一方、十六万石、十三万石も存在した。

もっとも、慶長六年（一六〇一）の関ヶ原の戦いののち、全国規模での大名たちの移動期の記録によれば、十二万石となっており、おそらくこれが正しい表高であったように思われる。問題はむしろ、実際の取れ高＝実高だったが、こちらは十八万石あったのではなかったか、と筆者は推察してきた。

　多くの戦国大名は、より上位への栄達の道を求めて、自領の実高を過大に評価して上申し、次の大封へとつなげようとする者が少なくなかった。

　ところが官兵衛は、むしろ収入を過少に申告して、内政の充実をはかろうと考えていたふしがあった。事実、藩主の苛酷な税の取り立てがもとで、後年、島原・天草の乱は起きている。官兵衛は民百姓の税を、軽減しようとしたのではないか。

『黒田家譜』はこの点を、どう述べていたか。

> 秀吉公初《はじめ》より孝高（官兵衛）の才智を知《しり》て、兄弟の約をなし、かたハ《ママ》らに置《おい》て其謀を用《もち》ひ、あるひは代官として敵をうたしめ、終《つい》に天下を草創し給ふ事、偏《ひとえ》に孝高の功なれば、其恩賞莫大なるべきに、孝高の大志あるを忌給《いみたま》ひ、其上《そのうえ》石田治部少輔（三成）等の権臣も、孝高の高才有《あり》て我にへつらハ《ママ》ざるをそねミ《ママ》て、時々讒《ざん》をかまへければ、其功ハ《ママ》大なるといへとも、終《つい》に大国を賜《たま》ハ《ママ》らす。

石高そのものについては、ふれていない。代わりに、すでにみた、『十八史略』と同じ意味の、「高鳥盡《つき》て良弓蔵《しまわ》るるといへるがごとし」が述べられていた。

武功に対する評価は低かった、との見解である。

確かに、秀吉は官兵衛の才覚を恐れつづけていた。嫉妬もしている。しかし、そうとわかるようなえこひいきな論功行賞をおこなえば、大気者の小心な正体を第三者の諸侯にも知られてしまうことになりかねない。筆者は動員兵力と以前の石高から推考して、十二万石は妥当——少なくとも官兵衛の〝大志〟をおそれた秀吉が、石高をあえて抑えた、と諸侯が思うほどのものではなかったように推察する。

官兵衛は入国当初、豊前国京都郡の馬ヶ岳《まがだけ》城（現・福岡県行橋《ゆくはし》市津積）、ついで時枝《ときえだ》城（現・大分県宇佐市下時枝）、そして中津城（現・大分県中津市二ノ丁）に居城を移している。

その途中で、太閤検地に反対する一揆の一斉蜂起にあい、山田・仲間・妙法寺・野仲・城《き》井《い》・犬丸・賀来・福島・緒方ら土豪連合軍の、武装挙兵を収拾せねばならない立場にたたされた。長引けば、大名としての領国統治能力が問われる。

さいわい、検地に反対する大規模一揆は、豊前一国だけではなく、全九州に広がっており、事態を重くみた秀吉は、毛利輝元・小早川隆景・吉川広家らに一揆鎮圧のための、九州下向を命じている。なお、このおり吉川家では当主が変わっていた。天正十四年に元春が、翌十五年に元長が相次いで死去し、広家が家督を継いだのである。

大軍投入の結果、豊前では城井谷《きいだに》の宇都宮《うつのみや》氏を除き、天正十五年の年末までには、ほぼ一揆軍は鎮圧された。それにしても、宇都宮氏に対する官兵衛の心中は複雑であったろう。

秀吉の九州征伐のおり、豊前萱切《かやきり》城（別名城井谷城　現・福岡県築上郡築上町）の城主であった宇都宮鎮房《しげふさ》は、「味方をすれば本領は安堵する」との、秀吉方からの調略（あるいは官兵衛からか）もあり、征伐軍にはまったく抵抗を示さず、むしろ進んで協力し、秀吉方の将として奮闘した人物であった。

ところが、いざ論功行賞となってから、伊予（『直茂公譜考補』）、あるいは上筑後《かみちくご》（『筑後将士軍談』）のいずれかに転封せよ、との命令が下された。

城井谷は鎮房の祖先、初代信房が鎌倉幕府を開いた源頼朝から拝領した土地であり、四百年十六代にわたって治めて来た土地であった。愛着も大きい。それを捨てて、別天地にむかえといわれても、鎮房にすれば到底、素直に聞ける話ではない。苦悩した彼は、やがて怒りを発して、新天地への知行宛行状《ちぎょうあてがいじょう》を、秀吉に突っ返してしまった。

ここで、毛利勝信（吉成とも）が仲裁の労をとろうとしたようだ。とりあえず、自領の田川郡に移って、村を一つ預けるから、ねばり強く本領安堵を秀吉へ働きかけてはどうか、と提案した。

鎮房も、その気になったようだ。ところが、ちょうどそのタイミングで、肥後で大がかりな一揆が勃発した。秀吉に降参した佐々成政《さっさなりまさ》が、改めて拝領しながら、のちに責任をとらされる大一揆である。官兵衛も鎮圧にかり出されて、将卒を率いて出陣することになった。豊前国は手薄となる。

黒田父子の謀略

十月二日、鎮房は交渉の道を捨て、あっさりと城井谷を武力で奪還してしまう。追い出された黒田家の家臣たちは、中津城へこのことを急報。ここで血気にはやった長政は、家老の井上九郎右衛門が止めるのも聞かず、父に無断で二千の兵をひきいて鎮房へ攻めかかった。この時、長政は二十歳。まだ、のちの関ヶ原における大軍師は完成していない。

孝高（官兵衛）の子・長政が、豊前国城井谷の城主・宇都宮中務少輔鎮房と戦ったときのことだ。長政が大敗して敗走するのを、孝高は馬ノ岳の櫓の上から笑いながらみていた。側近たちは、長政が危ういといって、早く加勢するようにすすめたが、孝高は、引き遅れた者共が一団となって、静かに道を退却しているのは吉兵衛（長政）だろうが、危な気な様子は見られない、といい、とりあおうとしなかった。そのとおり、長政は何事もなく引き返してきた。長政は敗北したのを口惜しがり、引き籠り、夜具をかぶって寝てしまったが、孝高は長政の腹心の者を呼ぶと、弱敵こそ恐れなければならぬ。はじめの勝ちこそ勝利であって、勝ち過ぎることは必ず敗れる基《もと》となる旨を戒めた。長政は面目なくて父の前にも出なかったが、孝高は長政が死を期していると察し、老功の者を多数、長政の側に置き、はやまったことのないように措置を講じた。一揆軍がまたもや上毛《かみつけ》郡に攻め寄せてきたので、長政は火隈《ひのくま》の海に近い山上で待ち受け、思う存分に引きつけておいて一斉に乗り出し、足場もよいところであったから、馬で縦横に敵の中に乗って入れ、一揆勢がひるむところを追いたてた。敵が、鬼木・塩田軍などを攻撃され散り散りになるのを、長政は自らの手で塩田内記を討ち取り、なおも駆けようとするのを、老兵たちが馬から飛び下りて押さえ、そして陣容を整えた。翌日、孝高は火隈で長政と対面し、

「若い者は、懲りることがなければ、思慮分別も備わらぬものだ。最後の勝利のためにはどうすればよいかを考えるべきである。ただ勝つことばかり思っていると、かえって敗れるもの。良将というのは時を恃み、いかにも緩やかにみえるが、軽はずみな戦はせぬから、ついには勝利するのだ」

といって教えた。長政はまた攻撃しようといったが、孝高はそれをとめて、要害を設け、敵の兵糧の道を塞いで、馬ノ岳に帰っていった。

右の『名将言行録』の文中にある、鎮房の家老・塩田内記は武功の名ある武将として知られていた。

その後、各地の一揆は鎮圧され、城井谷に立籠った鎮房だけが抵抗をつづけることになっ

たが、先はみえている。鎮房は名誉ある和睦を選択する。交渉相手は官兵衛であり、天正十五年（一五八七）十二月二十四日、話し合いは結実した。

一説に、鎮房の娘・千代姫（別に鶴姫）を長政の妻とする条件が提示されたともいうが、このとき長政はすでに蜂須賀正勝の姫を娶っている。一流の軍師がそう軽々しいうそをい い、交渉をやるとは考えられない。が、そこは調略の名人・官兵衛のこと、鎮房の面目が起つような和解案を具体的に出したであろう。

鎮房は中津城へ、長男朝房とその妹を人質に差し出している。

しかし、この和平は長くはつづかなかった。鎮房の潜在勢力があまりにも大きすぎた。各地で乱妨狼藉を働いたため、官兵衛は長政に鎮房を暗殺させる。自身は朝房をともない肥後へ行き、その留守中に中津城へ鎮房を呼び出させた。

この時、長政と一緒に働いたのが吉田又助（重成）と野村太郎兵衛（祐勝）の二人であった。又助は吉田壹岐の次男で、すでにふれている。一方の、太郎兵衛は〝二十四騎〟の一。母里太兵衛の弟であり、武勲を数多くあげたが、慶長二年（一五九七）二月十四日に三十八歳で病没している。

鎮房の家老・塩田内記はこの時、一緒に斬られたとも伝えられている。鎮房の父・長甫も殺され、妻子は磔に処せられた。天正十六年四月のことである。官兵衛は朝房をあやめたこともあり、鎮房の妻子は本州へ送還すべきだ、と主張したが、長政はその処置を手ぬるい、と磔にしてしまったという。

明けて天正十七年、官兵衛は突然、家督を長政に譲り、自らは隠居を願い出る。四十四歳。まだ若かった。秀吉は承知をせず、困った官兵衛は御台所の北政所から秀吉を説得してもらい、ようやく隠居の許しを得た。もっとも、楽隠居ではない。秀吉のもとへの出仕はこれまで通り、であった。家督を継いだ長政は、この時二十二歳である。

官兵衛はなぜ、隠退を望んだのであろうか。宇都宮鎮房の一件が、心に大きな傷となっていたのは間違いあるまい。まだ惑う己れに、なさけなくもなったろう。

だが、それだけではなかったような気がする。

官兵衛、隠居の真相

ここで登場するのが、世に知られた挿話である。以下は『名将言行録』のもの。

ある一日、秀吉がたわむれに近臣に向かって、わしが死ねば誰が天下を取るであろうか、忌憚のないところを申してみよ、といった。そこで人々は己れの意中を口々にいったが、いずれもが五大老の中の人の名であった。すると秀吉は頭をふって、否、一人だけ天下を取り得る者がいる。そちたちはそれを知らぬのか、という。一同が判らないと答えると秀吉は、あの跛足《ちんば》（官兵衛のこと）こそが天下を取るであろう、といったので、皆の者は、彼《か》の人はわずかに十万石、どうして天下人になどなれましょうか、と口々にいい合った。そこで秀吉はいった。

「そちたちは未《いま》だ彼《か》の男をよく知らぬゆえ、疑うのだ。わしがかつて備中高松城を攻めたとき、右府（織田信長）の訃報が届いたので、日に夜を継ぎ東上して明智を討滅したが、以来、戦うこと大小数回もあった。わしは大事の場に臨んで息の詰まる思いもし、謀《はかりごと》もあれこれと決めかねることがあった。そうしたおり、彼に相談すると、たちどころに裁断し、思慮は些少、粗忽《そこつ》で荒っぽいものの、ことごとくわしが熟慮の結果と同じであった。ときには、はるかに意表をつくものさえ数回あった。彼はその心は剛健で、よく人に任じ、度量が広く思慮深く、天下に比類なき者だ。わしの在世中といえども、もし、彼が天下を望めば、直ぐにも得るであろう。わしは彼を見るに、つまらぬ大名たちと親交していても、あえて表面を飾るようなことをしないし、また、才智ある者に会えば交を結び、卑賤の身の相手であろうと礼儀を欠くことがない。機運を計って、ときに乱に乗じて、人に粉骨砕身の努力をさせ、目的を半ば達成したとなれば、猛然とのしかかり、それを手中にするやりかたは、彼の最も勝れたところだ」

と。ある人がこれを孝高に告げた。孝高は密かにいった。

「これはしたり、わが家の禍となろう。某は恐ろしい者と目されているようだ。それでは子孫のための策を立てねばなるまい」

と。そして剃髪すると、如水と号したのであった。秀吉は当節怖ろしい者は徳川と黒田である。が徳川は温和な人物。黒田の怖ろしさにはなんとも心を許し難い、といったとか。

『故郷物語』では、秀吉のお伽衆の一人となっていた山名禅高（豊国）が、秀吉に同様のことを尋ねられる。湯浅常山《ゆあさじょうざん》の手になる『常山紀談《きだん》』では、官兵衛が直接、問われることになっていた。

「毛利輝元どのですか」

と官兵衛が答えると、秀吉は、

「いや、目の前の奴じゃ」

と答えたという。

官兵衛は自らが黒田家の当主であるかぎり、この先、どれほど自分や黒田家の将士が手柄を立てても、秀吉は禄高を増やすつもりはない、と確信した。

加えて、先の『黒田家譜』にもあった「権臣等」の存在も大きかった。秀吉が官兵衛を妬《ねた》む心を、側近くにいて的確に感じとれる人物がいた。五奉行（浅野長政・前田玄以・石田三成・増田長盛・長束正家）の面々であり、なかでも中心人物で、今や一番の権臣といってよい石田三成は、秀吉の心の中を慮《おもんぱか》ることにかけて、おそらく右に出る臣下はなかったろう。

時代がいつしか側近政治から、集団＝官僚政治へと移行しつつあった。

秀吉と帷幄にあって、直接、助言をするというスタイルが、豊臣政権の樹立、組織体の整備の過程で、すでに過去のものとなりつつあったのだ。それほどに、豊臣政権は膨張したといってよい。無理もない、織田家より以上に、豊臣家は大きくなったのだから。

確かに、彼ら「五奉行」は優秀な人材が揃っており、彼らなくしてこの巨大化した政権は運営が難しかったに違いない。それが明らかとなったのが、皮肉にも官兵衛の活躍した九州征伐であったろう。九州諸豪への示威運動を兼ね、天下六十余州の内、実に三十七ヵ国二十五万人が動員された、秀吉の軍事は、日本国はじまって以来の大規模なものとなったが、その輸送にともなう船舶の運用、現地における兵糧、飼料、武器弾薬の運搬、支給は、未曾有であるにもかかわらず、ことごとく完璧におこなわれた。何一つ遺漏がなかった、といってよい。

たとえば秀吉は、三十万人の将卒に、一人百日分の兵糧を用意し、馬一頭についても一年分の飼料を九州へ送れ、と命じたが、豊臣官僚団はこの難問をみごとにやってのけた。大規模な物資の集積と輸送と分配――これだけ難しい業務を、「五奉行」やほかの官吏たちはみごとやってのけたのである。

官兵衛には、この輸送技術が流通経済をさらに活性化させ、新しい時代の商業を発展させるであろうことは推察できた。

「堺のような貿易港が、博多のみならず、日本中にいくつもできるのだろう」

くやしいが、官兵衛にはその次代のビジョン、商いの発達した姿を、具体的に思い描くことができなかった。

「王佐《おうさ》の心」（王者を補佐して働く精神）で秀吉に仕え、持てるかぎりの能力を傾けて秀吉の天下統一事業を支えてきた。今、その総まとめを「五奉行」たちがするという。ならば、お手並み拝見といこうではないか。自分は自領にひきこもって、天下の形勢を傍観しよう。もし「天運」がめぐらずに、このまま時代が推移していったならば、自らは田舎の楽隠居で生涯を閉じればよい。

官兵衛の心中は、前にみた北条早雲と似たようなものであったかと推測される。

小田原攻めの顚末

天正十七年（一五八九）十一月二十四日、事実上の天下人たる秀吉は、いよいよ天下統一の総仕上げともいうべき、小田原城攻めを決断。関東に早雲以来、五代にわたって君臨した覇王・北条氏政―氏直父子に対して、五ヵ条からなる宣戦布告状を送付、同文のものを諸侯にもくばった。

翌天正十八年三月一日、総勢二十一万とも二十二万ともいわれる大軍が、いっせいに小田原を目指した。秀吉の直属軍三万二千の中には、官兵衛の姿もあった。

対する北条方は、兵力五万二千である。

三月二十九日、北条方の最前線＝山中城（現・静岡県三島市山中新田）に豊臣秀次を総大将とする、六万七千八百が攻めかかった。先陣の中にあった一柳直末《ひとつやなぎなおすえ》は、この時、討ち死にしている。彼の妻が官兵衛の妹であったことから、遺児となった「松寿」を官兵衛がひきとり、養子としてのち、黒田姓を与えている。

秀吉は主力軍をひきいて箱根を越え、四月二日、箱根湯本に到着。いよいよ、小田原攻めにとりかかった。彼は長期戦になることを覚悟しており、笠懸山に陣城（戦場での臨時の城）を築かせた。のちに、石垣山一夜城と呼ばれる対《つい》の城である。

北条方は本拠地・小田原城に籠城しつつ、各地の支城もこれに応じて籠城。歳月をかせぐことで遠征軍の疲れを誘い、兵糧・弾薬の不足を誘発して、敵を厭戦《えんせん》気分に導きつつ、敵のくずれの中に、自軍の勝機を摑もうと考えていた。

「北条父子は、豊臣軍を知らぬ」

もし、官兵衛が敵の作戦を聞いたなら、彼らのために溜め息をついたであろう。

中国方面軍以来、秀吉の軍勢は多くの敵を粉砕してきた。なかでも秀吉は、対籠城戦が得意であった。加えて、兵站輸送は出身の織田家の十八番であったが、それを四国・九州攻めでさらに進化させたのが秀吉である。

「北条は、こちらの兵站が切れるのを待つつもりだろうが、馬鹿なことを――」

大軍の物量にものをいわせ、各地の支城は各個撃破でつぶされていき、いつしか残るは小田原城と支城の忍《おし》城のみとなってしまう。

忍城の城主・成田氏長は、小田原に入城していた。このとき忍城には、城兵わずか五百余の将兵が守っていたにすぎなかったが、ここを攻めたのが石田三成であった。

秀吉の信奉者である彼は、備中高松城によく似た地形のこの城を、主君と同じ方法で落とそうと考えた。まったくの模倣、猿マネであったが、ようやくふった大雨により、うまくいくかと思われた水攻めの堰堤は、水量が増えた結果、堤の一部が切れてしまい、かえって自軍の陣地に流れこみ、溺死者が出るところとなった。

三成には、運が憑《つ》いてなかったようだ。

そのため彼は、忍城攻めの失敗＝醜態をもって、生涯、豊臣家の諸将からは武将としては使えぬやつ、と侮蔑されることとなった。

しかし、官兵衛はその三成を、冷笑しているひまはない。〝調略〟である。

籠城しながら、かえって兵糧攻めにあうことになった北条方城兵は、次第に戦意を喪失していった。もともと彼らは、原野を騎馬でかけ合い、一騎打ちで雌雄を決することを得意としてきた。ただ城壁に拠り、防ぐだけの消極的な戦法に、さほどなれていない。戦意も湧かなかった。

たしかに、永禄四年（一五六一）に上杉謙信が攻めて来た時は、みごと小田原城は鉄壁の守りを世に知らしめた。しかし、今にして思えば、その戦勝体験が仇となったようにも思われる。日本一の天才戦術家・上杉謙信さえ攻め落とせなかった小田原城を、武備軟弱な上方侍が攻めて来たとて、何ほどのことがあるか、と氏政―氏直父子も、一足軽も、心底そう思っていた。〝小田原ぼこり〟である。

物量戦の圧倒的な力をみせつけられては、とてもではないがやっていられない。ついに、重臣の松田憲秀《のりひで》が官兵衛からの調略の網にかかった。内通する、と確約した憲秀、しかしその後、連絡が絶えてしまう。

調略と併行して、城内の北条父子へ開城の勧告もおこなっていた秀吉は、いよいよ潮時だ、と判断。官兵衛を単身、小田原城内へと差し向けた。官兵衛は酒二樽、粕漬の魴《ほうぼう》を持参、自らは無刀・肩衣袴の姿で小田原城に入ると、誠意をもって開城降参を説いた。

子の氏直は、官兵衛の説得に応じようとしたが、父の氏政は徹底抗戦の姿勢を変えない。

それでも結局は、氏直の主導で小田原城は開城となり、主戦派の氏政とその弟・氏照は切腹、あわせて重臣の大道寺政繁と松田憲秀の二人に自刃の沙汰が下った。

なぜ、内応したにもかかわらず、憲秀は腹を切らされたのか。秀吉が彼をゆるさなかったからである。なるほど内通は誓ったが、憲秀はその直後に城内に軟禁されていた。父の裏切りを知った憲秀の長男・松田左馬助直憲《なおのり》が、そのことを主君氏政―氏直父子に密告したからだ。憲秀は城中に軟禁されたまま、開城の日を迎えてしまった。以下、『名将言行録』に拠る。

小田原落城後、秀吉は孝高（官兵衛）を呼ぶと、松田の子（憲秀の長男・左馬助直憲《なおのり》）は父を訴えた者であるから、誅殺するように、と命じた。ところが、孝高はそれを聞き違えたごとく装って、父と行動を共にした新六郎（憲秀の次男・政堯《まさたか》）を殺害し、左馬助を助けておいた。秀吉はそれを知ると、どうして新六郎を殺したのか。左馬助は本人は忠臣であろうが、父と弟を氏直に訴えた憎い奴だ。だから、殺せ、と命じたのだ、といった。

すると孝高は次のようにいったという。

「某《それがし》が聞き違えたのは残念なことです。しかしながら、尾張（憲秀のこと）・新六郎は譜代の主人に背いた者――武士の道に背き、先祖の顔まで汚したので、忠・孝ともに無にひとしい者です。だが、左馬助は父に背いた不孝者なれども、主人には忠義でありました。左馬助と取り違えて、新六郎を殺しても損とは申されませぬ」

秀吉はそれを聞くと、この孝高めがまた空とぼけたことをいう、といったものの、左馬助についてはそのままにして置いたので、人々は皆この孝高の計らいを称えたという。

終章　「軍師」の極意

天下統一の陰で

豊臣秀吉が天下六十余州を征服して、日本全国をその絶対政権のもとに統一したのは、天正十八年（一五九〇）八月のことである。前の月に、小田原北条氏が降服した。

それまでこの島国には、平家の政権、鎌倉・室町幕府というものが存在したが、完璧な日本統一は一度としてなかった。どこかに分裂分子を抱えているのが、常態であったといってよい。見方をかえれば、一つになったこと自体を異常ととらえることもできる。

貧相な猿冠者に似た小男が、諸侯の前に君臨したとき、これまでこの男の家来であったものは別にして、屈服させられた多くの大名・小大名たちは、

「こんなやつに、やられたのか――」

と、わが身の不甲斐無さを嘆いたことだろう。

それにしても天下を統一するという、およそ日本史が経験したことのないフィクションを実現してしまったことは、一躍、使われはじめた「関白」「太閤」「豊臣」といった言葉に、ある種の眉唾物《まゆつばもの》を感じさせずにはいられなかった。「関白」は摂関政治の伝統、五家に分かれた藤原氏が独占して来た役職であり、成人後の天皇を補佐するのがその役割であった。

「太閤」は、関白を退いた者に対する尊称――ところが、「豊臣」姓はそのものが新語であり、秀吉の願いによって天正十四年十二月（あるいは前年九月）に天皇が創ったものであった。近衛前久《このえさきひさ》の養子となった秀吉は、いにしえの「藤原」「橘《たちばな》」「平《たいら》」「源《みなもと》」などにならって、改めて「豊臣」姓をさずけてもらい、身分の卑しい己れに権威づけをしようとした。

だが、人々は秀吉の出自を知っていた。彼がいかに、やんごとなきお方のご落胤伝説を懸命に流布させても、

「しょせん、尾張の百姓の小倅じゃねえか」

人々は一面で呆れ、一面でその天賦《てんぷ》の成り上がりぶりに羨望した。

しかし、いつの時代にも野心家は存在する。

それまで何となく統治され、統治してきた戦国乱世を終わらせ、天下統一を具体的にやってしまった豊臣政権は、いい替えれば一人秀吉がその具現者であった。

「ならば、あの猿冠者を倒せば、次の天下人になれるということであろう」

野心家たちは思った。では、その可能性のある次の人物は誰か――。

「黒田官兵衛と徳川家康の二人よ」

断言したのは誰でもない、天下人の秀吉自身であった。秀吉は二人を名指しで怖ろしい、といい、加えて、

「――然《しか》れども、徳川は温和なる人なり、黒田の瘡天窓《かさあたま》（官兵衛）は何にとも心を許し難きものなり」（『名将言行録』）

といっている。

だからこそ、官兵衛は隠居したのだが、筆者はかえすがえすも、官兵衛を隠居させ、遠ざけようとしたことは、秀吉の失策だった、と思う。

なぜならば、官兵衛は生涯、主人と仰いだ人間を裏切ったことはない。小寺家から織田家――正しくは羽柴秀吉――へその身を移したのは、主家の裏切りにあって、荒木村重の有岡城の牢獄へ閉じ込められ、殺されそうになったことを受けての処置であった。

しかも官兵衛はのちに、憎んでもよい小寺政職を殺さず、その子を客分として黒田家に迎えている。これはなかなか、できることではない。先の秀吉の言葉を借りれば、「其心剛健、能く人に任じ、宏度深遠、天下に比類なし」である。

秀吉が官兵衛に嫉妬せず、怖れずに、すべてを委ねるつもりで帷幕に置きつづければ、関ヶ原の戦いそのものが防げた可能性は高い。よしんば決戦が行われたとしても、黒田長政が舞台裏にまわって、福島正則らを説得することはなく、家康に一日で天下を取らせるような結果にはならなかったはずだ。

やはり秀吉の主人としての度量に、そもそも問題があったのかもしれない。否、彼も老いたということであろう。養子秀勝は天正十三年（一五八五）に、十八歳で病没していた。天正十七年五月に生まれた鶴松は、あっさりと夭逝。心底、頼りにしてきた弟の秀長も、天正十九年正月には没している。改めて文禄二年（一五九三）八月に生まれた秀頼は幼く、自らの家臣団が成長するにはなお、時間を必要としていた。幼いわが子に目がくらんだ秀吉は、甥の秀次を高野山へ追い、切腹させてしまった。

竹中半兵衛のような、奇特な軍師がもう一人その帷幕にあれば、官兵衛とバランスをとることもできたであろうが、残念ながら豊臣政権には、誕生時の溌溂《はつらつ》とした若さがすでに衰亡しつつあった。それこそ秀吉が、わざわざ官兵衛の評に差し込んだ「軽忽粗糲」の風が、いつしかなくなってしまったのであろう。

組織は国家であれ一私企業であっても、人体と同じ運命をたどるものらしい。生まれて成長し、成人して壮年となり、やがて峠を下って老境を迎え、やがて衰亡する。峠をいかに下らず、壮年をどれほど維持できるかが、常に重大な問題でありながら、組織は往々にしてこの方策を見誤ってしまう。組織防衛のために、優秀な人材を求めるのだが、その質を間違えるむきが多い。壮年さは、たとえば運動することによって得られるもので、健康補助食品のみを摂取していても、峠を下るブレーキとはなり得ない。

企業は中堅どころとなると、次なる大企業を目指して、成績のよい、学歴の高い人材を採用する。彼らはなるほど記憶力のいい人たちではあったが、往々にして溌溂とした独創性がなかった。天才、奇才は秀才の中からは現れないものだが、どうもここがわかっていない。

否、本当に優秀な人材を、見極めることのできる人間が、そもそも組織の内側、上司にいるのだろうか。

組織は大きくなればなるほど、安定を求め、一か八かの賭けはしないもの。いい替えれば、上司は自らが使えない器の大きい部下を求めたりはしない。部下は上司を選べない。結果、組織は硬直化し、かつてもっていたみずみずしい働きを失い、理路整然とはしているが、決断の遅い、動きの鈍いものになってしまう。大企業病＝老境である。

秀吉のみを、責めることはできない。

ただ、彼が一代で天下を統一せしめたことが、世の人々に与えた影響は大きかった。これまで日本人が誰も経験したことのない世界を、秀吉は開いてみせたわけだ。戦いがなくなり、泰平の時代がくれば、諸街道の往来は安全となり、やがて船便も列島をめぐるようになる。

無事泰平の世を、具体的にみせたのは秀吉であった。

乖離《かいり》する心と心

ところで、秀吉と官兵衛の仲は、どのあたりから修復不可能となったのだろうか。判断材料となる挿話――もっとも、裏の裏も考えられる――がある。

『黒田家譜』の天正十九年（一五九一）の春の記述なのだが、この中で官兵衛が生駒雅楽頭親正《ちかまさ》に、子供のない毛利輝元の養子として、秀吉の正室・北政所の兄・木下家定の五男＝秀秋を考えているのだけれど、この取り組みはいかがなものだろうか、と問いかける話が載っていた。

それを聞かされた親正は、「いい話だ」といいながら、この一件を小早川隆景に注進した。

隆景にすれば、さぞ、驚嘆したであろう。これまで必死の思いで守って来た毛利本家に、他人の、しかも「金吾《きんご》殿」と人々から慇懃無礼に呼ばれながら、陰で嘲られている出来の悪い若者を、押しつけられてはたまらない。この人物はなにしろ、三歳のおりに秀吉の養子となりながら、あまりの凡愚ぶりに養子をクビになった前歴があった。

隆景は、弟の穂田元清《ほいだもときよ》の子・秀元（元就の孫）を輝元の養子として宗家に入れ、その一方で秀吉・官兵衛を納得させるために、「金吾殿」を自らの養子にと願い出た。

秀吉にすれば、異存はなかったろう。なにしろ、豊臣政権がたよりとする五大老の筆頭ともいうべき人物である。二つ返事で了承し、誕生したのが「小早川秀秋」であった。

関ヶ原の戦いで西軍につきながら、決戦の当日、東軍に寝返り、それによって備前・美作（各々、現・岡山県南東部、岡山県北東部）に約五十万石を得ながら、二年後、二十一歳で狂死したという。

秀秋には嗣子がなかったため、名門・小早川家はここで断絶した。この一連の養子騒動で、興味深いのは官兵衛がなぜ、生駒親正に秀吉の考えを漏らしたのか、であった。秀吉の心中を慮ったのか、それとも逆に、秀吉の毛利取り込みを阻止しようとしたのか。

実はこのとき、隆景には秀包《ひでかね》という養子がいた。元就の九男、つまり隆景の弟である。備中高松城の講和のおり、吉川経言（広家）と共に人質として秀吉におくられた人物である。一時は秀吉にもかわいがられ、その養女（実際は大友宗麟の娘）を妻としている。「秀包」の〝秀〟は秀吉からの拝領である。隆景が九州征伐後、四国から筑前・筑後・肥前にわたる名島城主となったおり、筑後に三郡を分与されていた。

武将としても、さすがに隆景が見込んだだけのことはある。文禄二年（一五九三）の朝鮮出兵中、都《みやこ》合戦では明の大軍を撃破している。

にもかかわらず、秀秋が養子入りすると、別家を立てさせられてしまう。挙げ句、関ヶ原で西軍についたため筑後の所領は没収され、秀包の子・元鎮《もとしげ》は、輝元の家臣となって七千石を知行する身となる。このとき、「毛利」姓に復していた。そのため、「小早川」は完全に断絶してしまう。

明らかなことは、もしも、「毛利秀秋」が実現していれば、おそらく毛利家は江戸時代を生き残ることも、まして幕末の日本で官軍一方の主力となることもなかったに違いない。

官兵衛は、秀吉が中国大陸制覇を実行に移す過程で、この天下人を見限った、と考えてきた。秀吉がこの誇大妄想を口にしたのは、天正十三年がはじめてであったが、にわかに具体化するのは天正十八年に入ってからであった。

この年の十一月七日、李氏《りし》朝鮮の使節が京都に到着して、聚楽第において引見がおこなわれた。秀吉はこれを朝鮮が帰服したものと受け取り、朝鮮国王に「征明嚮導《せいみんきょうどう》」（明遠征の先導）を求めたが、交渉は失敗に終わる。そして、翌天正十九年には、朝鮮出兵の前線基地として名護屋城築城が構想され、その縄張を担当させられたのが官兵衛であった。惣奉行は、息子の長政に大命が下った。

この朝鮮出兵を官兵衛がどうみていたか、明らかなことは文禄元年（天正二十年十二月改元）の第一次朝鮮出兵のおり、官兵衛は長政とともに第三軍にあった。十五万八千八百人の軍勢のうち、黒田家は兵五千をひきつれていた。官兵衛、四十七歳。長政、二十五歳。

官兵衛の役割は四国・九州征伐と同様、軍監のようなものであったかと思われる。

長政が朝鮮派遣軍の先陣として、小西行長（第一軍）、加藤清正（第二軍）と共に、名護屋港を出撃したのが、四月十二日。五月三日、ついに日本軍は首都漢城《ハンソン》（現・ソウル）に入京を果たす。官兵衛の渡海は六月上旬のこと。

だが、渡海後、体調を崩した官兵衛は、八月には秀吉に帰国願いを出している。

秀吉は「早々帰朝せしめ、豊前国に於《お》いて、妻子等呼び下し、心安く養生尤《もっと》もに候」と帰国を許可したが、官兵衛は中津にはもどらず、京都へ向かっている。翌年二月十六日にも、今度は浅野長政とともに渡海。うちの前者のことであったろう、次のような挿話が伝えられている（『名将言行録』）。

文禄元年（一五九二）、朝鮮で宇喜多秀家から、相談すべきことがあるとのことで、諸将がことごとく都（漢城）に集まった。その席上、総督（宇喜多秀家）と三奉行（七人の奉行のうち、大谷吉継《よしつぐ》・増田《ました》長盛《ながもり》・石田三成の三人か）から、諸将の活躍によって諸城を陥し、朝鮮の人々を戦わずして退散せしめた。しかし、朝鮮は元来、明国に属していた国であるから、決まって明からの加勢があるであろう。しかも、朝鮮がすでに敗れたと知れば、明人も次には日本勢が攻めてくると思い、防御のための大軍を差し向けてくるに違いない、といった話があり、そのときの明軍との戦術について、各々の意見が求められた。

そこで孝高（官兵衛）は、

「いわれるごとく、朝鮮の敗北を聞けば、多分、明国からは多くの援兵が来るであろう。この都から釜山浦へは十日余の日数がいる。ゆえに長途のため、日本への道のりは遠く、運送も不自由だが、朝鮮を攻略したままで、都を捨てて帰るのはきわめて不本意だ。したがって、宇喜多殿ならびに諸大名は都にとどまり、ここを本拠に明側へ一日の距離をとったところに数ヵ所の城砦を構築。諸将をそれらに立籠らせておき、明軍が攻撃してくれば、都から援軍を派遣して後詰めにして勝負を決すべきであろう。都から数日を要する辺りまで、遠く遊んで城を構え、防衛しようとすれば、明国から大軍が攻めてきたとき、都から援軍を差し向けることが困難となる」

といった。

すると小西行長がすすみ出て、かくも多数の朝鮮将兵を打ち殺したので、敵は恐れて逃げ去ってしまった。ゆえに彼らが出てきて戦うことはないであろう。万一、朝鮮が明国を恃《たの》み加勢を要請しようとも、明王も数万の人の生命《いのち》を賭けて加勢するとは思えぬ。また、朝鮮と明国との境には鴨緑江という有名な大河があり、その大河を渡って、明国から多くの人馬・兵糧・武器などを運んでくることは無理である。したがって、各々は何処なりとも城を構えられるがよかろう。某《それがし》はできる限り明国の近くまで攻め、城を陥して立籠るであろう、という。重ねて孝高は反対したが、行長は聞き入れない。

すると翌年春、案の定、明国の援軍が攻撃してきたので、行長は叶わず都へ退却したのであった。果たして孝高の言葉のとおりとなった。

行長も、三成と同じ豊臣家文治派の一員であった。

反戦官兵衛、如水となる

また、漢城にいた石田三成、増田長盛、大谷吉継の文治派三人が、今後のことを相談したい、と官兵衛をたずねたことがあった。こちらは官兵衛、二度目の渡海時である。この時、官兵衛は浅野長政と碁を打っており、

「もう少しで終わるから――」

と三人を別室にまたせて、碁を打ちつづけたという。

三人は馬鹿にされた、と憤ったようだ。腹を立てて帰ってしまった。

すると官兵衛は、慌てて言い訳をすべく、許可を得ないまま帰国してしまう。

当然、三成らは官兵衛の自儘な所業を秀吉に訴えた。秀吉は激怒する。囲碁の件のみならず、無断帰国の軍令違反を問い、蟄居謹慎を命じた。七月のことである。切腹させられても、文句はいえなかったであろう。これが竹中半兵衛の推薦した、後任の神子田正治であれば、追放処分はまぬがれなかったかと思われる。

一般には、碁の不調法を三成らに告げ口されることをおそれた官兵衛が、秀吉への弁明ばかりにあせって、つい、無断帰国をしてしまった、と解釈されているが、真相はどうであったのだろうか。筆者は朝鮮出兵に対して、常日頃から、批判的な言動を、秀吉の顔色をみつつ諌言していた官兵衛が、ことここにいたって、匙《さじ》を投げたのではないか、と考えてきた。

秀吉をついに、見放したのではないか、と。

「今度御せっかん（折檻）」

と、文禄二年（一五九三）八月九日付で、官兵衛が出した長政宛ての覚書にあった。

このとき官兵衛は、すでに署名を「官入」としている。「黒勘」が黒田勘解由次官の略ならば、「官入」は官兵衛入道のことであろう。彼はすでに、剃髪出家をこの頃していたようだ。

「如水円清《じょすいえんせい》」（または、えんしん）

官兵衛改め如水は、文禄の役の結果を予測していたのではあるまいか。

当初こそ、不意打ちの日本軍の快進撃がつづいたが、戦線の拡大は兵糧搬入を難しくして、遠征軍の武器・弾薬、兵糧の欠乏は進軍するほどに深刻化していった。朝鮮の民衆の抵抗もある。さらには李舜臣《イスンシン》率いる水軍に、日本の水軍が大敗を喫し、海峡の制海権を奪われる事態となった。

文禄二年正月二十六日、碧蹄館《ビョクジェグアン》の戦いで、小早川隆景が明国からの大軍を破ったことで、ようやく和議の動きが出るようになり、講和交渉がはじまり、一応の休戦となった。

しかし、秀吉はこの和睦を認めず、慶長二年（一五九七）第二次朝鮮出兵＝慶長の役に踏み切る。黒田長政も再び、二月二十一日、第三軍として渡海した。このとき、如水も軍監として長政とは別に海を渡っている。なにしろ、小早川秀俊《ひでとし》（のち秀秋）が総大将で、毛利秀元が副将という遠征軍人事である。秀俊は十六歳、秀元は十九歳、とても苦戦の予想される外戦の指揮などとれるはずはない。

如水の心中はいかばかりであったろうか。次のような挿話が伝えられている（『名将言行録』）。

この役（慶長の役）で、ある一日、秀吉は五大老と朝鮮のことについて会議を催した。

孝高（官兵衛）は壁越しにそれを聞いて、秀吉の耳に入るように声高に、

「去年、大軍を朝鮮に派遣したおり、徳川家康か前田利家両人のうち、何《いず》れか一人を総督として遣わし、万事、二人の命令・指揮によるなら、戦略戦術もうまく運び、滞《とどこお》ることもなかった。もし、右の両人の派遣が困難と思えば、戦《いくさ》の道をよく知る某《それがし》を遣わされれば、軍法も定まり事は順調にすすんだであろう。朝鮮の人々が安心して日本に帰服すれば、明の征伐とてたやすいこと。加藤清正・小西行長のように若い大将であれば、血気に逸《はや》るだけで戦の道を知らぬ。そのうえ、この両人は仲が悪く、清正が仕置きをすれば行長はこれを破り、行長が法令を出すと清正はこれを用いない。こうして仕置きが一様でないため、朝鮮の人民は日本側の命令や法度を信用せず、頼りなく思って山林へ逃げ隠れして、安心することがない。日本から朝鮮へは遠く、兵糧・武具などは容易に運送することもできぬ。ゆえに、朝鮮の民を懐《なつ》けて以前のごとく耕作をさせ、兵糧などは彼らから徴発するのが最良の策にもかかわらず、仕置きの悪さから、日本人の通る朝鮮の三道は人民が散佚《さんいつ》（ばらばらになって行方がわからなくなる）し、荒野となって五穀もなくなってしまった。このように、朝鮮がすでに亡国となったので、明国に攻め入ることもできぬ。なぜなら、朝鮮の人民が散佚し、一方、日本からの輸送もままにならぬとあらば、これからの味方の兵糧は尽き、朝鮮に在陣するのも不自由となろう。しかも、士卒の苦労が堪え難いことにもなれば、思いどおりの大功も必ずやできなくなる」

といったところ、秀吉は壁越しにこれを聞いて、実にそのとおりだと思ったとか。

もっとも、史実の秀吉はおそらく、聞く耳を持たなかったであろう。

朝鮮出兵の実相

ただ、愚かな秀吉のために、弁明しておきたいことがある。官兵衛がなぜ、秀吉を徹底して諫言し、朝鮮出兵を止められなかったのか、の答案でもあった。

文禄・慶長の二度に及んだ朝鮮への出兵は、確かに豊臣秀吉の愚挙ではあったが、歴史の実相はそれほど単純なものではなかった。この外征には、当然のごとく、十六世紀末の日本・李氏朝鮮・明の三国をとりまく国際情勢といったものが、前提として存在した。

そもそも、世界史の中の東アジアが激動化した起点は、遡及《そきゅう》すれば十六世紀初頭、ポルトガルがインドのゴアを占領したことにあった、と筆者はみている。

西暦一五一一年（日本における永正八年）、ポルトガルはそれまでイスラム商人がアジア内貿易の結節点として押さえていた、マレー半島の突端に近いマラッカを奪取し、さらに香料諸島（現・マルク諸島）へと進出した。

ポルトガルのアジア経略は、すでに成立していた貿易圏内のシステム――中継貿易の仕組を破壊することなく、それに割り込む形ですすめられた点に特徴があった。

そしてこの特徴が、結果的に日本の戦国乱世を一変させた。

天文十二年（一五四三）、種子島に鉄砲が伝来したが、これは中継貿易の産物にほかならず、ポルトガルは貿易とともに、イエズス会の中心人物フランシスコ・ザビエルをはじめとするキリスト教宣教師の、布教活動を日本国内に認めさせる起因をも作った。

——ここで少し、視点をかえてみたい。

ポルトガルの東アジア進出は、何を目的として行われたのであろうか。その意図は中世末期に、同国がイスラム教徒の支配を脱し、国土を回復した活動（レコンキスタ運動）の延長線上にあった。つまり、衰亡の淵にあったポルトガル王室を救う十字軍的役割を担い、活路を未開拓のアジアに向けたことによったわけだ。

より直截的には、明国の海禁政策に便乗したといってよい。

西暦一三六八年（日本における正平二十三年／応安元年）に建国された大明国は、創始者である朱元璋《しゅげんしょう》（太祖洪武帝）の方針によって、農本抑商主義、自給自足体制を打ち出す、一方で徹底した海禁政策をとった。この外交方針は、それまでの宋・元の時代からみれば、アジア情勢の一大転換といってよく、のちの秀吉の朝鮮出兵も、徳川幕府の鎖国政策も、その余波による〝現象〟以外の何ものでもなかった、と断じても差し支えあるまい。

そうみるにいたった発想の根元は、いうまでもなく中華思想——中国歴代の皇帝は、すなわち世界の君主であり、諸外国の元首はその臣下に過ぎない、との考え方で、これには至極当然のことながら、臣下の君主に対する伺候すべき道徳的義務が含まれていた。

その際、臣下は手土産を献上し、君主は下賜品をもってそれに酬いるのを礼儀とした。これが「朝貢《ちょうこう》」である。また、献上品以外に持参した品物は、帝国が買い上げるか、指定商人に引き取らせた。しかし、この交易は経済的利益を追求するわけではなく、遠路を来朝した〝蛮夷《ばんい》〟に対して、中華の文物を与え、その民度を向上させようとの、明国のやさしさ、優越意識が根底にあった。

ところが、倭寇（日本人海賊及び似非《えせ》日本人海賊）の発生、跳梁が、一向にやまない。憤った洪武帝はその晩年、日本を〝不征の国〟＝一切の外交関係をもつべきでない国に区分した。ここに、その後の悲劇の萌芽が現われたのである。

海禁の明国との貿易による恩沢を、曲りなりにも日本にもたらしてくれたのがアジア圏の中継貿易であった。ポルトガルはその主導権を、西暦一五五六年（日本における弘治二年）、マカオに商館を設置した頃に握った、と見なして間違いはあるまい。ポルトガルに少し遅れて、この世紀の中頃、フィリピン群島に進出し、一五七一年（日本における元亀二年）にマニラ市を建設、中国へも積極的に働きかけたのがイスパニア（スペイン）であった。

両国は東アジア各地で激しい対立を引き起こしたが、戦国時代の日本人にとって、遠いヨーロッパ西端の半島にある、この二国の対立抗争が、実は日本の重大な外交・貿易における政策転換を促すきっかけとなる。

すでに見た如く、日本では織田信長が荒木村重に謀叛された天正六年（一五七八）、地球の反対側では、モロッコ遠征中のポルトガル国王ドン・セバスティアンが、モロッコ軍の攻撃に大敗を喫し、行方不明となる一大事件が発生していた。このため、イスパニアはポルトガルのリスボンを占拠し、同国を併合してしまう。ポルトガルの消滅は、東アジアの情勢に多大な影を落とした。

日本についていえば、イエズス会の宣教師の間で、手間取る布教の現状打開にイスパニアの軍事力を利用しようとする動きが生まれ、新たにイスパニア系の宣教師を日本に参入させることにも繋がった。こうした動向が、信長から秀吉の天下統一事業の過程で、ヨーロッパへの疑惑の念を生じさせ、キリスト教は国家主権の侵犯者である、との見方を定着させてしまう。

中継貿易――わけても明国の生糸・絹織物と日本の銀との交易は、当時の日本にとって不可欠なものとなっていた。だが、為政者にとってキリスト教は、何としても排除せねばならない障害となった。

二律背反ともいうべきこの難問に対して、天下統一を達成した秀吉が、おりしもの国際情勢、とくに西欧諸国の植民地主義の影響を強くうけ、まさぐり出した解答の一つが、朝鮮出兵であったことは、きわめて自然といわねばなるまい。なぜ、そうなるのか。

朝鮮出兵までの軌道

「太閤さまがこの国を平定し、征服してから、これまでのあらゆる時代にもまして、人々は贅沢《ぜいたく》になってきており、いまやシナ、マニラから渡来するすべての生糸をもってしても、彼らには十分ではないありさまとなっている」

日本にいたイスパニアの商人セロンは、天下統一＝平和の訪れにより、日本人の生活が安定に向かい、海外からの物産に対する需要が急速に高まっている旨を故国へ報告している。

貿易奨励とキリスト禁教――この二つをイスパニアに説く一方で、豊臣政権はより直接的な解決策を模索しはじめた。有体《ありてい》にいえば、東アジア貿易の主導権をイスパニアから奪取することであった。

最ものぞましいのは、海禁の明国が改めて、日本と朝貢貿易を再開してくれることである。そのために天正十六年（一五八八）、秀吉は薩摩の島津氏を通じて、琉球に再三にわたって使者を派遣し、明国との国交復活の斡旋を要請、強硬に日本への来貢を促した。が、中華の大国・明は、おいそれと小国日本の要求に応じるはずもない。

そこで次善の策として、日明の密貿易船が秘かに出会って取引きをしている、フィリピンのマニラを奪うべく案が浮上した。これには遠征の順序として、琉球、台湾の占領も含まれている。筆者は、この計画の積極的推進者として、秀吉側近で寵臣の茶人・長谷川宗仁《そうにん》（前述）とともに、千利休の存在を疑ってきた。

利休は南蛮貿易の主力ともいうべき堺商人＝納屋衆の出身であり、彼らの説く南方出兵案はこの時期、政権の水面下で進行していた大陸出兵案＝朝鮮出兵と鎬《しのぎ》を削っていたように思われる。大陸出兵を説く一派は、博多商人を背景に持ち、その首領に石田三成・小西行長らを擁していた。如水はおそらく、そのいずれでもなかったのであろう。

ただ、彼と共に初期の豊臣政権を支えてきた秀長が死去すると、秀吉は天正十九年九月、朝鮮出兵を命じるが、利休が自刃に追いつめられたのは、そのわずか七ヵ月前のことであった（秀長の死後、約一ヵ月後）。

南進か北伐か――この二方向をめぐる対立において、朝鮮半島から北上し、明国を征服する案が優勢となった分岐点は、天正十七年の琉球の服属入貢と、それにつづく同十八年十一月七日の、秀吉による聚楽第での朝鮮通信使謁見であったろう。

この年の七月、小田原への入城を果たし、徳川家康を関八州へ移封した秀吉は、八月には奥州の検地を命じて、ここに日本統一を完成した。この得意の絶頂期に秀吉は、七月から京都・大徳寺に待たせていた朝鮮通信使の一行五十余人を謁見したことになる。

――ここで歴史の見解は、大きく分かれるに違いない。

秀吉の東アジア征服を、どのようにとらえるかについてである。多分、この問題は未来永劫、解けはすまい。秀吉自体がときに、相反するがごとき言動をしているからだ。

だが、外征が国内統一経略と同一線上のものであり、天正十八年、琉球国王に宛てた秀吉の書簡にあるごとく、

「異邦を以《もっ》て四海一家を作《な》す者也《ものなり》」

と、本心から秀吉が思っていたとすれば、この粗忽で軽薄な〝大気者〟は、心底から武力による外征を考慮していた、とは断じ難い。

九州や関東、奥州も、ことごとく武威を示しただけで、局地戦は別として、ほとんどは本格的な合戦には至らず、秀吉は勝利を収めてきた（多分に、如水の調略のおかげではあったが）。大兵力を敵前に展開し、それを背景に降伏を促すのは、秀吉が信長の部将であった頃から、用いつづけてきた常套戦法でもあった。無論、そうした虚勢《はったり》が、国情を異にする他国に通じるはずはない。それに気付かなかった無知蒙昧の秀吉は、責められてしかるべきであろう。

だが、それのみで結論づけるには、この日本史の汚点、朝鮮出兵のもたらした代償はあまりにも高くつきすぎた。いま少し踏み込んで、近世初頭の日本・東アジアを考える教材とすべきではないだろうか。

日本統一の祝賀のために、遠路を来日した朝鮮の使節を、先の琉球と同じく服属したと決めつけた秀吉は、すでに見たように朝鮮国王に「征明嚮導《せいみんきょうどう》」を命じる返書を与えた。

この中で、読者諸氏に注目いただきたいのは、次のくだりである。

予、国家の山海、遠きを隔《へだ》つるに屑《くじ》けず、一超、大明国に直入し、吾朝の風俗を四百全州に易《うつ》し、京都の政化を億万斯年《しねん》（永遠）に施すは方寸（心）の中にあり、貴国（李氏朝鮮）先駆して入朝するは、遠き慮り有りて近き憂い無からん者乎《か》。遠邦小島の海中に在る者、後方より進む者は許容すべからざる也《なり》。予、大明に入るの日、士卒を将《ひき》いて軍営に臨《のぞ》まば、則《すなわ》ち弥々《いよいよ》隣盟を修むべき也。予の願《ねがひ》は他に無し、只だ佳名を三国に顕《あらは》さんのみ（下略）。

己れの名を日本・朝鮮・明の三国に顕わすのが、唯一の望みだ、との功名心は、この書簡の前段で秀吉が、「日輪の子」であるとの創作神話を述べた事実と、関連づけて考察する必要がありそうだ。秀吉は真実、このような無邪気な夢物語を胸に、明国を征服する意図を抱いていたのであろうか。大いなる誇張にせよ、実際の武力行使にしても、それを実行するには確たる目的があるはずである。

天下人の秀吉が脳に障害をきたして、正常な判断を失ったということで、よもや片付けられるものでもあるまい（そうした説もあるが）。天下人は公人であって、私人ではない。そこには間違いなく、統一政権としての意志、具体的な目的・目標が込められているはずである。

すなわち、荒唐無稽な秀吉の〝夢〟を冠りつつも、その本心の部分が別途にあった、とみる方が国運を賭した事件としては考え易いであろう。

朝鮮出兵の帰結

秀吉の書簡は、当然のことながら朝鮮通信使の反発をかった。通信使を従属国の入朝と見なしたこと、朝鮮を明征服の先駆けにしようとした点などについて、あまりにも不遜な内容を書き換えるよう要求した。

これに対して応接役の宗義智《そうよしとし》と景轍玄蘇《けいてつげんそ》は、一段、格の低い字句については改めることを約束したものの、「一超、大明国に直入し」については、日本が明に入朝する意だと答えた。

これをすり替え、と説く学者は多い。だが、「入朝」の二文字書き換えを拒絶した日本側に対し、通信使の正使 黄允吉《ファンユンギル》と書状官の許筬《ホソン》は納得している。

彼らはおそらく、日本が明国との朝貢貿易を、喉から手が出るほどに欲していた事情を熟知していたのではあるまいか。

この頃、朝鮮支配層（両班《ヤンバン》）内部では、東班《トウバン》（文臣）と西班《ソバン》（武臣）入り乱れての深刻な派閥抗争が、東人派と西人派に分かれ、さらに東人派が南人派と北人派に分裂して、主導権争いをくり返しており、その影響が秀吉の書簡を曖昧なまま持ち帰らせた要因ともなった。

重ねていうならば、彼らの帰国後の復命においてすら、派閥争いがその結果を左右していたのである。具体的には、秀吉の出兵はない、とする副使・金誠一《キムソンイル》の説を、同じ東人派の左議政（左大臣）・柳成龍《ユソンニョン》が採用していた。

ところが、一行の帰国に同道した臨済宗の僧で外交を担当した景轍玄蘇《けいてつげんそ》は、

「もし、明国との朝貢が再開できなければ、日本は兵端を開くであろう」

と断じ、明国へ進入する道を借用したい、との「仮途入明《かとにゅうみん》」（途《みち》を仮《かり》て明《みん》に入《はい》る）を願い出た。これは秀吉の二度にわたる朝鮮出兵をみるとき、明白なすり替えかと思われる。

秀吉が朝鮮国王に宛てた国書では、「征明嚮導」とあった。すなわち、明国征服に際して、その先導をつとめよ、との意であった。

だが、この時点で明国との国交が回復に向かえば、それこそ宗義智や小西行長の望んだ貿易第一の観点から取り繕えば、出兵の挙にはいたらなかったとも考えられなくはない。

もっとも、これは日本側の一方的な思い込みにすぎず、朝鮮側の、

「貴国（日本）は朋友の国なり、大明は君父なり。若《も》し、貴国に使路を許さば、是《こ》れ朋友有る事を知りて、君父有るを知らざる也。匹夫すら是《これ》を恥《は》つ、況《いわん》や礼儀の邦に於《お》てをや」

（『朝鮮通交大紀《ちょうせんつうこうだいき》』）

との心情は、まったく斟酌《しんしゃく》されていない。

天正二十年（一五九二）正月、秀吉は全国の大名に対し、朝鮮侵略の大動員令を発した。派遣軍十五万八千八百名。本営の肥前名護屋（現・佐賀県唐津市鎮西町名護屋）在陣を合わせると、三十万を超す空前の大軍勢が九軍に編成された。

同年四月十三日、小西行長、宗義智の交渉・調停もうまくいかず、ついに一番隊一万八千七百名が、朝鮮・釜山に上陸。加藤清正・鍋島直茂らの二番隊二万二千八百名、黒田長政・大友義統《よしむね》（宗麟の子）ら三番隊一万一千名も上陸し、日本軍は破竹の勢いで進軍すると、わずか二十日間で首都漢城を落とした。

百年ものあいだ乱世にあった日本軍と、二百年間を泰平に過ごしてきた朝鮮軍では、合戦にならないのも道理であった。秀吉は大いに喜び、自ら朝鮮出陣を発表するが、周囲の者たちの諫止と大政所（秀吉の生母）の不幸が重なって延期となっている。

一方、朝鮮では水軍の李舜臣や義兵（民間義勇軍）たちの奮戦で、日本軍は徐々に、苦境に立たされるようになった。とくに兵糧・兵員の不足、冬季の接近といった問題に加えて、明軍の参戦もあり、やむなく講和交渉へと移った。

もっともこのおり、明国は韃靼《だったん》（モンゴル）への侵攻対策から財政は逼迫しており、日本軍の侵略については和議による解決を検討していたのである。明国の代表（京営添住遊撃）の沈惟敬《しんいけい》は、平壌《ピョンヤン》城北方の降福山《サンボクサン》下で小西行長と会談した。席上、沈惟敬は。

「爾国《にこく》（日本のこと）誠に通貢せんと欲せば、豈《あ》に必ずしも道を朝鮮に仮りんや。勅して延議に下すに、別に情無きが若《ごと》し。故に必ず開市の旧路（日明貿易の窓口であった寧波《ニンポー》の路）を査《しら》べ、一に前規に依りて定奪（可否）を覆請せよ」

といったりしている。

交渉にあたった行長は、明国・朝鮮の屈伏と朝鮮領土の割譲といった秀吉の要求を、そのままには提示せず、秀吉の日本国王任命と貿易復活を最終的に求めた。が、明国は前者のみを合意して、肝心の後者を認めなかった。交渉は、ついに決裂した。

慶長二年（一五九七）二月、秀吉は十四万余もの大軍をもって再び渡海を敢行させ、半島では明国・朝鮮軍との熾烈な戦いが展開される。だが、翌年八月、秀吉の死去に伴い、日本軍は一方的に撤退した。七年間にわたる戦いは何一つ得るものもなく、「朋友の国」を悲惨な戦火にさらして、大いなる禍根を残したまま終幕した。

繰り返すようだが、朝鮮出兵に踏み切った根幹部分には、明国との朝貢貿易の是非があった。秀吉が没しても、この問題は次代の天下人に引き継がれている。

徳川家康は秀吉の愚挙を反省し、鎖国政策への転換を図ったといわれるが、それを可能にした新しい国際環境が、この時期に整った史実を見落としてはなるまい。

十六世紀後半、イスパニアの支配下にあったネーデルラントの新教徒が独立運動を起こし、一五八一年（日本における天正九年）に北部七州が独立を宣言した。オランダの建国である。

当時、ヨーロッパにあってイスパニアと対立していたイギリスは、オランダを援助。一五八八年（日本における天正十六年）、イスパニアの覇権の象徴ともいうべき無敵艦隊《アルマダ》に、壊滅的打撃を与えたオランダは、その勢いをかって「連合東インド会社」を設立（一六〇二年）。少し先のことになるが、オルムズ（一六二二年）、マラッカ（一六四一年）、コロンボ（一六五六年）、コーチン（一六六三年）を、ポルトガルから奪取するにいたった。

オランダの東アジアでの活躍がポルトガルを駆逐し、かつ明国との中継貿易を、従来通りに行うという新局面を開いた。徳川幕府は、秀吉の朝鮮出兵に幾つかの学習をしたが、なかでも大いなる遺産は、兵站線の伸張によって生じる、そのルート確保の難しさであった。

キリスト禁教によって、イスパニア＝ポルトガル勢と敵対関係となった幕府は、日本の貿易船団が東南アジア海域において、これらの国と交戦状態に入ることを懸念した。

両国の勢力は、なお侮り難いものがある。万一、有事ともなれば海外派兵に踏み切らざるを得ないが、その場合のリスクはどれほどか、幕閣の当事者たちはそこを推し量り、両国との交戦という危機を迎えることなく、必要物資を入手する方法として、鎖国政策下のオランダとの交易という、妙手を考えついたのであった。

換言すれば、朝鮮出兵を生ぜしめた課題は、鎖国の完成によって、ようやく一つの答えを得たといえよう。それにしても、失うものの多かった、痛恨のプロセスであったといわねばならない。

公としての立場で、明国との朝貢貿易を切実に求めながら、その再開のためには朝鮮出兵も辞さず、を理解しつつも、私として無事泰平から遠のいた豊臣政権を、官兵衛は冷やかに傍観していた。

これこそが、朝鮮出兵を彼が、阻止できなかった理由だと筆者は考えている。

もっとも、官兵衛の才覚・手腕は、隠居したからといって、一気に衰えを見せるようなものではなかった。

〝九州の関ヶ原〟

関ヶ原の戦いが、その好例であろう。

慶長五年（一六〇〇）九月十五日、遠く美濃関ヶ原（現・岐阜県不破郡関ケ原町）において、〝天下分け目〟の東西決戦が行われた時、官兵衛は「如水《じょすい》」と号して、豊前中津（現・大分県中津市）に隠居していた。このとき、彼は五十五歳。「人間五十年」といわれた時代である。

すでに天正十七年（一五八九）の時点で、家督を息子の長政に譲り、以後は悠々自適の生活を送っていた官兵衛であったが、彼は決して枯れてはいなかった。

七月に石田三成の西軍が挙兵するや、この男はなんと、天下の帰趨《きすう》を見極めるべく、瀬戸内海に早船を配置し、上方《かみがた》の出来事が三日で本拠地・豊前中津に届く態勢を敷く。

この時、黒田家の将兵五千四百はすでに、長政が率いて出陣していた。

さて、官兵衛はどうしたか。これまで質素倹約で貯めてきた金を大盤振舞いに放出し、兵を広く九州中に募《つの》って、牢人を掻《か》き集めている。

たちまち、三千五百余の兵団が誕生した。官兵衛は、東軍に属していた熊本の加藤清正

（肥後熊本二十五万石）とも緊密に連絡を取りつつ、まずは自らも東軍への荷担を喧伝したうえで、豊後へと向かった。

ここには、改易された先の国主・大友義統が、西軍についた毛利氏の協力を得て旧領に舞い戻り、大友氏の旧臣らも駆けつけて、約三千の兵をもって別府湾に面する立石城（現・大分県杵築《きつき》市山香町立石《やまがまちたていし》）に集結していた。

官兵衛は脳裏で、応仁の乱が十年余かかったこと、豊臣秀吉と徳川家康が戦った小牧・長久手の戦いでも、約八ヵ月に及んだことなど、大軍同士の決戦史を、しきりと思い浮かべていた。

「急ぎ九州を平定し、その勢力をもって北上して、東西決戦の勝者と雌雄《しゆう》を決する」

それが、この隠居の企てであった。

彼には天下を取りたい、などという野心はすでになくなっていたであろう。ときに五十五歳。

「五十にして天命を知る」（『論語』為政）

である。

天命に「徳命」と「禄命」のあることも、自覚していた。その証左に、有岡城を出て以来、野心的な動きは微塵も見せていない。私利私欲をまずは捨てて、目前の問題を各々の立場にたって考え、公明正大な妥協点を見いだすのが、官兵衛流の調略であった。だからこそ、成功して来たといえる。

だが如水は、「盛衰《せいすい》の理は、天命と曰《い》うと雖《いえど》も、豈《あに》人事に非ざらんや」（『文章軌範』）を知っていた。世の中の栄枯盛衰は、天命で仕方がないものだというが、考えてみれば、やはり人間が招いているのではないか。豊臣政権の衰亡は、秀吉が朝鮮出兵を決断すればこそであった。そこには、〝私〟がなかったとはいえない。関ヶ原の戦いしかり。

東軍の徳川家康にも、西軍の石田三成にも、如水は私念を感じていた。

ならば、自分が天下を取った方が、万民のためになるのではないか——そういった横溢《おういつ》した気分が、自分のまだまだ枯れていない実力を見たい、世に知らしめたい、との気持ちと重なったようだ。

それにしても、信じられない若々しさが如水にはあった。

一方、後継者の長政は、黒田家の大半の軍勢を率いて、徳川家康と行動をともにしている。

加藤清正は、石田三成が嫌いで東軍に属していたが、家康の本性には警戒心を持っており、実質的には中立の立場に近かった。肥前佐賀の龍造寺家執政の鍋島直茂《なべしまなおしげ》もこの時、国許《くにもと》にいた。主筋の龍造寺高房と己れの息子・鍋島勝茂は、家康の上杉征討に参加すべく上京しながら、揃って途中から西軍に荷担しており、様子見の構えを見せていた。

官兵衛はそうした周辺の情勢を分析しつつ、九月十三日、立石城攻略に出撃し、石垣原

（現・大分県別府市吉弘）で大友勢と激突。激しい抵抗を受けたものの、ついには即席兵団で大友勢を下し、義統を投降させている。

ところが奇しくも、石垣原の戦いのあった当日、関ヶ原では一大決戦が行われ、半日で決着がついてしまった。

官兵衛の食えぬところは、〝鎮撫〟と称するだけで、この間、東・西の旗幟を鮮明にしなかったことだろう。否、天下には東軍荷担と受け取られるように工夫していた。

しかし実際は、混乱を助長・拡大するがごとく、大友軍二千を猛攻で降した勢いを駆って、火事場泥棒よろしく、城主のいない西軍方の諸城を矢継ぎ早に攻略していった。

官兵衛の戦国武将としての本質は、関ヶ原をめぐるこの二ヵ月ばかりの期間に、もっとも顕著になっていたように思えてならない。彼は天下がふたたび争乱となる、との判断をくだしていた。

豊臣政権は二分され、東軍と西軍の戦いは泥沼化し、かつての応仁の乱のごとく、中央で数年はつづくだろうとみていた。

官兵衛は心底、家康という男を買ってはいない。秀吉にも勝るとも劣らぬ、と自負してきた己れの器量からは、秀吉に敗れて臣下の礼をとった家康は、そもそも眼中になかったのかもしれない。なにしろ、家康を取りこんだ権謀の数々は、他の誰でもない、官兵衛自身が立案・企画して実施したものばかりであった。

家康にですらこうした評価をくだしている官兵衛にとって、西軍の石田三成ごときは論外でしかなかったに違いない。両者がかつての山名宗全《そうぜん》（持豊《もちとよ》）と細川勝元同様に、中央でがっぷり四つに組んだ横綱相撲を演じてくれれば、官兵衛はそのあいだに自身の勢力をさらに拡充し、来るべき天下争乱のなかに漁夫の利を得ようとした。

如水、「最後の戦い」

九月十五日、剃髪して墨染めの衣をまとい、大友義統が降参して来た。

官兵衛はその翌日、家康の側近であり、豊臣家武断派でもある藤堂高虎に、書状を送っている。そのなかで彼は、

「加主計（加藤清正）、拙者（如水）の事ハ《ママ》、今度切取り候間、内府様（家康）御取り成しを以って、秀頼様より拝領仕り候様ニ、井兵（井伊直政）に仰せ談ぜられ、御肝煎頼み存じ候。数年御等閑《とうかん》無きは、この節ニ候」

とあった。

九州で自らが勝利して奪い取った領土は、清正とともに拝領したい、というのである。別の項目では、息子の長政には改めて（別に）上方に所領をもらい、別家を立てさせたいと考えている、とも述べていた。

このあたり、いかにも戦国人らしい如水のずうずうしさが出ている。東西両軍の決戦が長

引けば、九州で勢力をもつ自分の価値は上がる、と如水は計算していた。

もし、家康の東軍が圧勝しても、東軍のために戦った、との証拠にはなろう。自らが天下を狙っても、狙い損ねたとしてもいいように、如水は西軍諸城を攻めた。

一ヵ月足らずで豊後一円を制圧した如水は、十月に入って自軍を北上させ、香春岳《かわらだけ》城、小倉城を落とし、毛利秀包《ひでかね》の久留米城を開城させた。そして西軍の小西行長の居城・宇土《うと》城を落とした清正、東軍支持をようやく表明した肥前佐賀の鍋島勢と歩調をあわせ、西軍に荷担した九州最後の強敵・島津攻めを試みるが、佐敷を経て水俣まで進攻したところ、十一月十二日にいたって、家康からの攻撃中止、停戦命令が発動される。

ここに、九州の戦闘は収束した。

「天下を取るには、天運がなければならぬ」

官兵衛は改めてそう思い、自らに言い聞かせてきた。

なればこそ秀吉の帷幕にあって、己れの才覚を傾けてきたともいえたが、晩年になるにしたがい、己れが秀吉とどれほどの差があるのか知りたい、との思いも膨らんだのだろう。

「節義を重んじる、新しい天下を――」

官兵衛は、自らの手で……と、生涯最後の機会に肚《はら》をくくったことは十二分に考えられた。だが、彼のおよそ外れたことのない〝読み〟が、この人生最後の博打《ばくち》では大きく外れてしまった。関ヶ原の戦いが、わずか一日で決してしまったからである。

そのため、官兵衛は存分に己れの実力を発揮する〝時間〟に恵まれなかった。

「そんな、馬鹿なことが……」

名状しがたい表情で、官兵衛は絶句したであろう。

否、何が判断を誤まらせたのか、すぐさま検討に入ったに違いない。ほどなく彼は、己れの計算違いの原因に思いいたった。何を読み間違えたのか。わが子・長政の器量であった。

長政は自らの属する豊臣家の武断派と家康の仲をとりもち、武断派の感情を操って三成憎悪を駆り立て、彼らの意志を三成誅滅《ちゅうめつ》にまとめる作業を、ことごとく一身でやってのけた。

関ヶ原の戦い前夜に、もし、黒田長政という調略の天才が家康の側にいなければ、反三成の勢力があれほど強く団結することもなければ、鮮やかに反三成＝武断派＝家康陣営と転化されることもなかっただろう。

もしも関ヶ原での戦いが、もう少し長引いていたなら、官兵衛は九州の諸大名を勢力下におさめ、上方へ討ち上って、関ヶ原の勝者と雌雄を決していたのでは……との見方は、今日なお根強い。

官兵衛の上方討ち入りが、可能であったかどうかはともかく、関ヶ原に連動して彼の仕掛けた一連の戦闘が、九州における黒田氏の影響力増大に、絶大な効果があったことだけは確かである。息子の長政は戦後、一躍、筑前福岡五十万二千四百石余を家康から拝領している。

その長政が関ヶ原の戦勝後、帰国して父・官兵衛と対面したおり、うれしそうに家康が両の手をもって、わが手を押しいただいて下さいました、と誇らしげに告げた。この挿話は『故郷物語』『名将言行録』にも収められている。

するとと官兵衛は無表情に、

「家康が押しいただいたのは、そなたの左手であったか、右手であったのか」

と問う。長政が左手でした、というと、

「では、その時、そなたのもう一方の手はなにをしていたのか？」

と重ねて問うた。

わしならば、その片手で家康を刺していた、といいたかったというのが、通史の見解であった。天下取りの野望に燃えた父の夢を、あろうことか息子がじゃまをした、というわけだ。

——だが、と筆者はさらに、官兵衛の心の奥を読む。

この人は、わが子・長政を守ろうとしたのではないか。かつて秀吉に疎《うと》まれた己れと同じ目に、家康監視下の長政をあわさぬために、官兵衛は、己れに比べれば息子はたいしたことはない、どうか警戒しないで下さい、と暗に家康の耳に入れるべく、この挿話を創ったのではあるまいか、と推察してきた。そう思えてならない、わずかながらの証左があった。

慶長八年（一六〇三）十月ごろから、病気がちとなった官兵衛はそれまで福岡城の三の丸に暮らしていたが、十一月に病気療養をかねて摂津有馬の湯へ逗留。その後、伏見の藩邸に入ったのだが、再び病状が悪化する中、死を目前にして、家臣をつぎつぎに呼びつけては、さまざまな嫌味《いやみ》をその家臣に浴びせかけた、との話があった。たまりかねた息子の長政が注意すると、官兵衛は長政に耳うちして言う。

「この乱心は、お前のためを思ってやっておるのじゃ。家来たちに嫌われて、早くお前だけの代になって安堵《あんど》したいものよ、と家来たちに思わせんがためぞ」

思うに、官兵衛が庇《かば》わねばならないほど、息子の長政には父に勝るとも劣らぬ謀才があったのではあるまいか。

如水の遺言

如水は慶長九年（一六〇四）三月二十日に伏見藩邸で病没した。享年五十九。

　思ひおく言《こと》の葉《は》なくてつひに行く
　　道はまよはじなるにまかせて

辞世であった。言い残す言葉も、とくにはない。ついにあの世に、いくことになったか。道には迷わないだろうか。いや、大丈夫だろう。あとは成るにまかせることにするか。

これまでの人生、常に厳しい決断を迫られ、追われるように生きて来た。これからの死後の世界は、ゆっくりと、歩んでいきたいものだ、との如水の感慨が伝わってきそうな辞世である。

が、一方で彼は、息子長政に遺言を残していた。湯浅常山の『常山紀談』に「黒田如水遺言の事」との一項目があり、同じ内容のものは『名将言行録』にも収録されていた。

「世に、親に勝《まさ》る子はなし、というが、そち（長政）には親より勝れていることが五つある。

第一に、わし（官兵衛・如水）は信長公・秀吉公の意に違《たが》って、剃髪し、三度まで籠居した。だが、そちは秀吉公・家康公・秀忠公（徳川幕府二代将軍）の気に入ってよく勤めた。第二には、わしは生涯を十二万石で終わるが、そちは五十余万石にまで成り上がった。第三に、わしには手掛けた功績がない。しかし、そちは自身の活躍によって挙げた功名は七、八度。しかも、賜わり物も両度に及んでいる。第四に、わしは無分別であったが、そちは分別者である。第五は、わしはそち一人を子としただけだが、そちは右衛門佐・甲斐守（甚四郎）・千之助と三人までも男子がある。そして三人ともに、生来の勝《すぐ》れ者だ。

とはいえ、わしがそちに勝るものも二つある。

いま、わしが死ねば十二万石の家中の者は無論のこと、そちの家中の者までが残念だと歎くであろう。もしまた、そちが死んでわしが生き残れば、逆ではあるが如水がいるからよいではないか、と力を落とす者もおるまい。すなわち、人心の寄りようはわしには及ばぬということだ。これは、そちの人の使い方がよくないからで、よく心得ておくべきである。次に、わしは博奕が上手だ。が、そちは下手である。なぜなら、関ヶ原の戦いのおり、万一、家康と三成との争いが百日も手間取れば、わしは九州から攻め上って勝利し、勝ち相撲に入って天下を争うつもりであった。そのときは、ただ一人のそちではあったが、見殺しにして、一博奕を打とうと思っていた。天下を望む者は、親や子を顧みてはならぬもの――この博奕、そちは到底わしに及ぶまい」

そして小姓を呼ぶと、紫の袱紗《ふくさ》包みを出させ、これは譲り物である、といって差し出したので、長政が開いてみると、草鞋《わらじ》と木履《ぼくり》（げた）を片足ずつと、溜《たまり》塗りの面桶《めんつう》（一人ずつ飯をもって配る曲げ物）であった。孝高は、これを長政に譲って、ふたたびいった。

「戦いは死生の境であるから、分別をしすぎると大事の合戦はできなくなる。草鞋と木履が片方ずつで二つが揃っていなければ、大事の場合の決断はしにくいもの。そちは賢いから先が見え過ぎて、どうしても大きな武功は挙げられぬであろう。また、この面桶は飯を入れるもの。貴賤を問わず兵糧がなくては何事もできまい。いらざることに金銀を費やし、損をするよりも兵糧を貯え、軍陣の準備を常に心掛けることを示すために、これを譲るのである」

如水らしいといえば、そうかもしれないが、いささか潑溂としすぎている気がしてならない。実は、如水の遺言はもう一つあった。

「黒田如水教諭」（『常山紀談』収録）である。これは遺言というよりも、息子長政に帝王学を述べたもの、といえるかもしれない。

箇条書きにされているものが幾つか、世に出まわっているが、ここでは各々を収録した、『名将言行録』をみていきたい。

もう一つの遺言

まずは、「臣下・百姓の罰」——。

孝高（官兵衛・如水）は筑前に入封してから、太宰府天満宮の菅公廟や筥崎《はこざき》八幡宮、志賀海神社の衰退していたのを再興し、明神を崇敬した。が、かつていうには、

「天神の罰よりも、君の罰を恐れるべきである。また、君の罰よりも、臣下や百姓の罰を恐れるべきだ。それは、神の罰は祈ればゆるされ、君の罰は詫びてゆるしを得られるが、臣下・百姓に疎んじられては、祈っても詫びようともゆるされず、必ず国を滅ぼしてしま

うからである。もっとも恐れるべきことなのだ」
と。

次に、「文武の道」――。

孝高（官兵衛）は、いっている。

「およそ領国を経営するのは、きわめて大変と思わねばならぬ。普通の人と同じ心得ではできぬものだ。まず、政事（政治）に私心をさしはさまず、しかも己れ自身の行儀作法を乱さずに、万民の手本とならねばならぬ。また、平常の嗜《たしな》みや好むものは、できる限り慎み、選ぶようにすべきである。主君が好むものは、諸士・百姓・町人にいたるまで、必ず好むようになるので大事なのだ。文武は車の両輪のごときもの。一つが欠けては何事もできぬ、と昔の人もいっている。勿論、治世にあっては文を、乱世には武を忘れず、ではあるが乱世にあって文を捨てぬことこそ、実はもっとも肝要なのだ。治世であるからといって、大将たる者が武を忘れると、家の軍法を捨てたも同然となる。家中の諸士も自然に心が柔弱となり、武道の嗜みもなくなり、武芸も怠る。武具なども不足するようになり、備えの武具は塵に埋もれ、弓や槍の柄は虫の住むところとなり、鉄砲は錆《さ》びて腐蝕し、いざという場合の役にたたなくなる。このように武道を疎《うと》んずると、平生から軍法も定まらず、俄《にわ》かに兵乱が発生すると驚き騒ぐばかりで、評定もととのわず戦略戦術もたたない有様となる。これは渇きを覚えてから、井戸を掘るようなもの。武将の家に生まれたからには、かたときといえども武を忘れてはならぬ。同様に、乱世に文を捨てる者は、戦《いくさ》の理を知らないので、軍法などが決められない。国の運営にしても私曲が多く、家臣や領民を愛する〝実〟に乏しいので、人々の恨みも多く、血気の勇のみで仁義の道に欠けるので、士卒は心を寄せず、したがって忠義の働きも稀となる。そのため、たとえ一度は戦いに勝利したとしても、後には必ず滅びるものである。大将が文の道を好むというのは、必ずしも書を多く読み、詩をつくり、故事を覚え、あるいは文字に親しむことではない。真実を求め、諸事によく検討工夫もし、道理を違えず間違わぬように善悪を糺《ただ》し、賞罰は明確にし、また、憐れみ深く振る舞うことをいうのである。さらに、大将が武の道を好むというのは、専ら武芸を好み、心が猛くなるのをいっているのではない。戦の道を知って、日頃から乱を鎮める智略を策し、武勇を心掛けて油断なく士卒を調練し、武功ある者には恩賞を与え、罪ある者には刑罰を施して剛気と臆病を糺して、平時にあって乱を忘れぬ姿勢・心得をいうのである。武芸ばかりを好んで、己れ一人の働きをしようというのは匹夫の勇で、これは小身者の嗜《たしな》みであっても大将の道ではない。また、槍・太刀・弓馬の諸芸は匹夫の芸だといって、自身がやらなければ諸士の武芸もまた上達せぬものだ。これらの根本を心得て、自身でも武芸に励み、また文をも学んだうえで、諸士にもすすめおこなわせるべきであろう。古来、文武の道なくして治国なし、という。よくよく心得るべきである」

さらに、威――。

孝高（官兵衛）は、またいっている。

「大将たる者は、威厳がなくては万人を制することはできない。とはいえ、心得違いをして、無理に威厳のあるように振る舞うのも、かえって大きな害となる。その理由は、一途に諸人から恐れられるようにするのが威厳だと心得て、家老に出会っても、居丈高になる必要もないのに目をいからせ、言葉を荒々しくして諫言を聞き入れなかったり、己れに非があろうとも、逆に、いい紛《まぎ》らわせ、わが意を押しとおそうとするので、家老も諫言しなくなり、自ら身を引くようになってしまうからである。家老がこのようになれば、まして諸士は末々にいたるまで、ただ怖《おじ》けるばかりとなり、忠義を尽くそうと思う者もいなくなり、己れの身のことだけを考えて奉公することになる。このように、高慢で人を蔑《ないがし》ろにすると、臣下万民は主君を疎《うと》むので、必ず家を失い、滅んでしまう。よくよく心得るべきである。

真の威厳というのは、まず、己れ自身の行儀を正しくし、理非や賞罰を明確にすれば、強《し》いて人を叱り、あるいは喝《おど》すことをせずとも、臣下万民は敬い畏れて、上を侮り、法を軽んずる者はいなくなって、自ずと威厳は備わるものなのだ」

如水は、子孫のことにも思いを馳せている。子の傅役《もりやく》について――。

孝高（官兵衛）は、いった。

「子の傅役《もりやく》にする士は、よく選ばねばならぬ。その理由は、傅役は、昼夜とも側を離れず教育をする役目であるから、その子の気質によって、その人を決めねばならない。つまり、子の性質が静かで、かつ和やかで、外見は鷹揚《おうよう》で物事に気をつけず、手ぬるくみえても、内心は虚気《うつけ》でない者には、貞実で智恵があり、諸事に油断なく、また、弁舌のさわやかな傅役をつけるべきである。だが、利発さを表に顕わして人をあなどり、小賢しくて思慮の乏しい子には、実直で智恵深く、外見はのどかにみえて、物に動じることなく、言葉数も少ない、そして立ち居振る舞いの重々しい者を傅役とするがよい。その他、つけおく士も、おおむねこのように心得て選ぶとよい。傅役は主君も懇《ねんご》ろに扱って、威厳のつくようにしなければならない。もし、軽く取り扱って、威厳がつかねば、その子は傅役を侮り、蔑《ないがし》ろにして諫言も聞かなくなり、ついには上下の間もうまくいかなくなって、悪い状態が生じるものだ。およそ、はじめ小身で、のちに大名になった者でさえ、当初の艱難《かんなん》を忘れて民の苦痛を思わなくなるもの——まして、大名の子に生まれると、平素から栄耀栄華な生活の中で育ち、人々の辛苦などは知らぬから、諸士に酷《むご》くあたり、下民を憐れまなければ、士も民もともに疲れて離れていくので、深謀遠慮が必要である」

〝黒田二十四騎〟強さの秘密

ところで、秀吉の「軍師」として一世を風靡した如水は、一方において自身の家臣団をどのように統率していたのだろうか。少し角度を変えて、この人物を眺めてみたい。

豊臣秀吉が天下を統一してのちのこと、隠居前の官兵衛が大坂の天満屋敷に、心やすい人々を集めて歓談したことがあった。このとき、居合わせた糟谷武則《かすやたけのり》が、

「貴殿の武名は世にかくれもないが、敵将の首を取り、軍旗を奪った、などの功名をこれまで聞いたことがない。これはどういうことなのであろうか」

と、無遠慮にも官兵衛に向かって訊ねた。

糟谷武則は秀吉子飼いの武将で、かつて秀吉が柴田勝家と戦った賤ヶ岳の合戦において、〝七本槍〟の一人に数えられた若手の武辺者である。このころは栄進して加古川一万二千石の城主となっていた。根が単純素朴なだけに、かねてからの疑問を素直につい、口にしたのであろう。

なるほど官兵衛の武功は、その謀才に比べて、世には聞こえていなかった。官兵衛は糟谷の質問に、感情を害することもなく、次のように答えた。

「人には得手と不得手がある。わしは若い頃から槍をふるって敵陣に駆け込み、あるいは刀をもって、敵と渡り合うのは不得手であった。しかし、采配をとって一度に多くの敵を討ち取るのは得手であった。このことは、そなたたちもよくご存知であろう」

ここで重要なのは、腕力ではなく智力をもって乱世を生きた官兵衛が、逆に、みずから育てた家臣団においては、勇猛果敢、一騎当千の強者《つわもの》を輩出したことである。〝黒田二十四騎〟がそれだ。

官兵衛のこうした、一騎当千の強者を多数育て得た実績は、実のところ、彼自身の欠陥＝自身の体が頑強でない、武辺が不得意という、負の遺産から出発していた。

生来、病弱な質《たち》であった官兵衛は、体をいたわる術を幼い頃から自得しており、自分には馬上で巧名をあげることは無理だ、との悟りがあったように思われる。だからこそ、自らは匹夫の勇を見習わずに、志を雄大に持ち、兵法軍略を学んで、勝ちを百里の外に決するべく、努力したともいえる。

そうした反面で、身体の頑強な者、勇気や才覚、腕力に富む若者を見出しては、家来として育てた。たとえば、官兵衛麾下で重臣筆頭といわれた栗山四郎右衛門利安《くりやましろうえもんとしやす》（一五五一～一六三一）、それに並ぶ母里《もり》太兵衛友信《とものぶ》（一五五六～一六一五）などがこれにあたる。

筑前入国後、「備後」を名乗って、知行一万五千石。上座郡左右良《まてら》城（現・福岡県朝倉市杷木志波）を預かった栗山は、黒田家では常任の先鋒大将をつとめた。

彼が官兵衛のもとに、奉公にあがったのは十五歳のおりであった。善助と名づけてくれた主人・官兵衛も、いまだ二十歳でしかなかったから、二人は主従というよりは、兄弟に近い愛情をもっていたというべきかも知れない。

官兵衛は、武芸を片時たりとも忘れるな、と栗山に教えながら、他方で、室町幕府の行儀作法を身につけさせている。何処へ使いをしても、恥ずかしくないように、との配慮からであった。

栗山は十九歳で初陣して以来、戦場での功名は十一度を数えたという。膂力《りょりょく》にめぐまれて運動神経もよく、胆力もあり思慮ぶかい男であった。

いまひとりの母里は、すでにみた如く、福島正則の秘蔵する名槍「日本号」を、呑み取った逸話で知られている黒田武士。筑前入国後、「毛利但馬」と改名したことは、すでにふれた。知行一万八千石。鞍手郡鷹取城（現・福岡県田川郡福智町）を預かり、のち嘉麻郡益富《ますとみ》城（別名大隈《おおぐま》城、同県嘉麻市中益）へ。

黒田家が大成してから、栗山は〝一老〟、母里は〝二老〟と称されて尊重されたが、二人と並んで〝三老〟と呼ばれた井上九郎右衛門之房（周防《すおう》）も、戦場での巧みさでは決して栗山、母里にひけはとらなかった。

九州版関ヶ原の戦いでは、大友義統が最初の攻撃目標とした、細川忠興の飛地に築かれた杵築《きつき》城（城将は家老の松井康之）の危急を救うべく、別働隊を率いて駆けつけ、石垣原の決戦でも自らが戦場を馳せている。筑前入国後、一万六千石を賜り、遠賀郡黒崎城（現・福岡県北九州市八幡西区）を預けられた。

蛇足ながら、のちに、〝黒田二十四騎〟と称された豪傑たちの中で、おそらく官兵衛に前述の三人にもまして、かわいがられた武将に、大坂の陣で勇名を馳せた後藤又兵衛（基次《もとつぐ》）がいたように、と思われてならない。

氏房・政次ともいう。播磨の別所氏に仕えていた後藤基国《もとくに》の子であり、幼くして官兵衛にひきとられ、長政の遊び相手として養育された。が、性格が二人ともに苛烈《かれつ》で、酷似していた。主従というよりは、競争相手として育った長政と又兵衛は、官兵衛の正統をどちらが継ぐのか、と暗黙のライバル心をむき出しにして、戦乱の中をともに競い合った。

〝黒田二十四騎〟をときに、〝黒田二十五騎馬〟と呼ぶことがある。この一人多い分が、長政であった。官兵衛の方針であったものか、後継者の長政も武将の一人として数えられたわけだ。

長政と又兵衛——二人の競争は、朝鮮出兵までは相乗効果でうまくいっていた。主君となった長政の、先手の大将をつとめた又兵衛は、晋州《チンジュ》城一番乗りで大いに武名をあげている。

「戦功多く武勇、人に勝《まさ》れり」

といわれた又兵衛は、黒田武士の代表格となり、関ヶ原でも活躍。筑前入封後は一万六千石を知行した。預かった城は、嘉麻郡益富城であった。

ところが、官兵衛が他界すると、慶長十一年（一六〇六）に又兵衛はあっさりと大隅城を出奔、筑前を立ち退いてしまう。

その後、細川忠興や池田輝政の許に身を寄せたが、黒田家の当主となった長政は、已れを見かぎった又兵衛を許さず、憎み、ついには「奉公構《がま》え」の処分にしてしまう。

これは、もし、後藤又兵衛を召し抱えたら、その大名家はとりも直さず、黒田家と一戦交える覚悟を持たれよ、という宣誓であった。

大名たちは、長政の怒りを恐れた。いかに有能でも、一人の武士を抱えて、黒田家と絶縁となってはたまらない。触らぬ神に祟りなし、である。

そのため又兵衛は、乞食の境涯にまで身を落とし、ようやく豊臣秀頼の招きで大坂城に入城することとなった。

入城した又兵衛は、真田幸村（正しくは信繁）とともに、秀頼の「軍師」をつとめ、〝大坂城の七将星〟に数えられ、大坂冬の陣で大活躍。和議を挟んで、慶長二十年（一六一五）五月六日、再び開かれた夏の陣で、伊達政宗の軍勢と戦うなか、銃弾に撃たれて壮烈な戦死を遂げてしまう。

又兵衛は自らが心酔し、神の如く敬愛していた官兵衛に比べ、己れとよく似た剛毅さをもつ長政が、比較してどうも好きにはなれなかったのだろう。

あるいは、「軍師」としての長政のレベル、官兵衛の後継者という血脈に、嫉妬を感じていたのかもしれない。

黒田家家臣団統率の極意

ところで、如水の家来のほとんどが、もとは百姓か、土豪あがりである。彼らの多くは、幼少のころに郎党となり、如水の教育によって一人前の侍となった者が少なくなかった。

どうやら如水は、侍というものは生まれながらのものではなく、むしろ生まれてから教育され、創られるものだ、と考えていたふしがあった。そのため、渾身の知恵をしぼり、懸命に適材適所を考え、ことごとく自身が手塩にかけて育てた。

こうした連中＝〝黒田二十四騎〟が、いわゆる黒田武士の祖型をつくっていくのだが、この時代、官兵衛ほど微に入り細にわたって、家臣団の教育・指導を熱心にした主君もいなかったのではあるまいか。やはりこれも、この人物らしい情報収集能力、分析力、そして客観的思考の賜《たまもの》であった、といえそうだ。

「家中間善悪之帳」

と題する覚書が、如水の没後にその篋底《きょうてい》（箱の底）から出てきた。

この覚書には、如水がみずから家臣一人一人の、交遊関係を調べた記述があり、合戦、その他の仕事に、誰と誰を組み合わせると、各々にとってためになるか、能率が向上するかを、日頃から心がけていたさまがうかがえる。先述の栗山四郎右衛門、母里太兵衛の二人も、如水が組み合わせて競わせ、ともに立派な武士に育てあげた経緯があった。

二十歳前後の当時、栗山には人にまさる思慮分別はあったが、いささか決断に時間のかかるきらいがある。かたや母里は、豪胆で実行力に富むものの、半面、勝ち気のあまり猪突の欠点があった。そこで如水は、双方の長所をのばし、短所を矯正《きょうせい》するため、天文二十年（一五五一）生まれの栗山を兄、弘治二年（一五五六）生まれの母里を弟と定めて、二人に義兄弟の誓紙を書かせたのであった。

では、如水のこうした家臣団の育成、組織化、統率のための基本理念とは、どのようなものであったのだろうか。『黒田家譜』には、大将たる者の心構えとして如水が、後継者の長政に語った言葉が述べられていた。すでに『名将言行録』を引いている。

「大将たる者は、威厳がなくては万人を制することはできない」

というものだが、如水のいう〝威厳〟は、そのニュアンスにおいて、実に多様であった。

――築城にかかわる、この人物らしい挿話がある。

大勢の大工や左官をつかって、築城を急いでいた如水のもとに、工事用の材木がたびたび盗まれるという報がとどいた。間もなく、大工の中に盗人のいることが判明。盗人は捕えら

れ、如水の前に引き据えられた。如水は家臣や大工・左官たちを前に、盗人を罵倒し、

「その罪は、打ち首に値する」

と、厳しく言い放った。

家臣は刑の執行まで、この盗人を檻に入れておいた。

ところがその後、いっこうに主君から死刑執行の命令が下りてこない。そこで家臣が、如水に伺いを立てたところ、平素、家臣を叱ることの少ないこの男が、声を荒げて怒鳴った。

「馬鹿者、人の生命《いのち》の尊さを知らぬのか」

如水は理非賞罰を明らかにすることこそが、大将たる者の心得と信じていたが、そこには人間に対する尊厳という、同時代の武将には稀有な心情、温かさがあった。否、戦国期、名を成した武将の多くは人を殺害することが少なかった、と理解すべきかも知れない。

材木を盗んだ罪は罪で、その量刑を家臣や領民の前に明白にするのは、領主としての役目である。が、それは刑の執行そのものとはおのずと、別問題である、と如水はいう。

彼にいわせれば、刑の執行を催促するほどであれば、なぜ、今度《このたび》だけはお赦《ゆる》しください、と頼みにこないのか、というのが怒りの根源＝心底であったろう。

また、別のところでは、

「馬鹿を言うではない。よく聞け、その盗人の首を刎《は》ねて、盗んだ木切れにその者の衣服を着せてみるがよい。人間の役はしないであろうが……。人を殺すというのは、容易なことで

はないのだ。そちたちは、何とも思わぬとみえる。急いで許してやるがよい」

といっている。

そして、さらにまた、

「ふたたび盗むようなら、こんどは縛って首を刎ねる、と存分に恐れさせて、盗まぬようにするのが奉行の役目というものじゃ。それを黙って盗ませておきながら、捕えたから首を刎ねるとは何ということを申すのだ」

といって叱ったとある（『名将言行録』）。

家臣・領民にたいする慈しみの深さこそが、如水の統率の基本にあったといっていい。

「人を手打ちにするのは、重大なことである。殺さねばならぬような罪を、犯させないようにせねばならない。その心得が大切だ」

後継者の長政にも語っている（『黒田家譜』）。

如水は戦国人にしては、人を殺すことをためらう風があり、そのためか手塩にかけて育てた家臣に離反されることもなかった。

振り返ってみれば、「軍師」官兵衛の生涯は、見事というほかはない。

彼の遺骸は崇福寺《すうふくじ》（現・福岡市博多区千代）に葬られた。もとは大宰府にあったものを、長政が現在の場所に移したものである。

法名は「龍光院」――崇福寺は、福岡藩主歴代の菩提寺となった。

京都の大徳寺にも別に、一院が建立された。ここには、官兵衛の位牌が安置されている。

（了）

【参考文献】

「故郷物語」（国立公文書館内閣文庫）
『中津歴史』　広池千九郎編　一八九一年
「老人雑話」　江村専斎著（『改定史籍集覧』十　所収）　近藤出版部　一九二六年
『萩藩閥閲録』　山口県文書館編　一九六七〜一九八一年
『物語　中津藩の歴史』（上巻）　原田種純著　歴史図書社　一九七九年
『黒田家譜』　貝原益軒編著　歴史図書社　一九八〇年
『陰徳太平記』　米原正義校注　東洋書院　一九八〇年〜一九八四年
『備前老人物語・武功雑記』　神郡周校注　現代思潮社　一九八一年
『新訂　黒田家譜』（第一巻）　川添昭二・福岡古文書をよむ会校訂　文献出版　一九八三年
『現代語訳　武功夜話　信長編』　加来耕三編　新人物往来社　一九九一年
『現代語訳　武功夜話　秀吉編』　加来耕三編　新人物往来社　一九九二年
『現代語訳　名将言行録　軍師編』　加来耕三編　新人物往来社　一九九三年
『現代語訳　名将言行録　智将編』　加来耕三編　新人物往来社　一九九三年
『豊臣秀吉大事典』　加来耕三監修　新人物往来社　一九九六年

『黒田家文書』（第一巻）　福岡市博物館　一九九八年
『史伝　蜂須賀小六正勝』　牛田義文著　清文堂出版　二〇〇八年
『徳川三代記』　加来耕三著　ポプラ社　二〇一一年
『関ヶ原大戦』　加来耕三著　学陽書房　二〇一一年
『戦国軍師列伝』　加来耕三著　学陽書房　二〇一二年

本書は、書き下ろし作品です。

人物文庫

真説《しんせつ》　黒田《くろだ》官兵衛《かんべえ》

二〇一三年九月九日［初版発行］

著者――加来耕三《かくこうぞう》

発行者――佐久間重嘉

発行所――株式会社学陽書房

東京都千代田区飯田橋一-九-三　〒一〇二-〇〇七二

〈営業部〉電話＝〇三-三二六一-一一一一

FAX＝〇三-五二一一-三三〇〇

〈編集部〉電話＝〇三-三二六一-一一一二

振替＝〇〇一七〇-四-八四二四〇

フォーマットデザイン――川畑博昭

印刷所――東光整版印刷株式会社

製本所――錦明印刷株式会社

定価はカバーに表示してあります。

ISBN978-4-313-75290-0 C0193

学陽書房人物文庫好評既刊

戦国軍師列伝

加来耕三

戦国乱世にあって、知略と軍才を併せもち、ナンバー2として生きた33人の武将たちの生き様から、「混迷の現代を生き抜く秘策」と「組織の参謀たるものの条件」を学ぶ。

関ヶ原大戦

加来耕三

天下制覇、信義、裏切り、闘志…。時代の転換期を読み、知略・武略のかぎりを尽くして生き残りをはかりながらもわずかな差で明暗を分けた武将たち。渾身の傑作歴史ドキュメント。

日本創始者列伝

歴史にみる先駆者の条件

加来耕三

時代に先駆けるか、時代に遅れるか。源頼朝、空海、世阿弥、松尾芭蕉、勝海舟、坂本龍馬…。三六人のフロンティア達の軌跡から、混迷する時代を乗り切る「歴史法則」を検証する珠玉の一冊。

黒田長政

徳永真一郎

黒田官兵衛の子として生まれ、もう一人の名軍師竹中半兵衛のもとで匿われて育った智勇兼備の「戦国最高の二代目」の生涯と、黒田軍団11人の列伝などを網羅した戦国黒田家がわかる一冊。

西の関ヶ原

滝口康彦

「関ヶ原合戦」と同時期に行われた九州「石垣原の戦い」。大友家再興の夢に己を賭ける田原紹忍と、領土拡大を狙う黒田如水が激突したその戦いを中心に、参戦した諸武将の仁義、野望を描く。

学陽書房人物文庫好評既刊

後藤又兵衛　麻倉一矢

黒田官兵衛のもとで武将の生きがいを知り、家中有数の豪将に成長するも、黒田家二代目・長政との確執から出奔し諸国を流浪。己の信念を貫いて生きた豪勇一徹な男の生涯を描く長編小説。

竹中半兵衛　三宅孝太郎

戦国美濃の地に生を受け、研ぎ澄まされた頭脳と戦局をみる眼を持った男。やがて天下人となる秀吉に請われ、数々の戦場にて天才的軍略を献策し続けた戦国屈指の名参謀の知略と度胸を描く。

小早川隆景　童門冬二

父毛利元就の「三本の矢」の教訓を守り、兄の吉川元春とともに一族の生き残りを懸け、「毛利両川」となって怒濤の時代を生き抜いた賢将・小早川隆景の真摯な生涯を描く。

山中鹿介《しかのすけ》　童門冬二

七難八苦に自ら立ち向かった勇将の心情！　出雲の名族尼子家の再興を志す山中鹿介は、戦国の過酷な運命に翻弄されながらも、なお一途な意志を貫き、強敵毛利氏に戦いを挑み続ける。

小説 立花宗茂〈上・下〉　童門冬二

なぜ、これほどまでに家臣や領民たちに慕われたのだろうか。義を立て、信と誠意を貫いた戦国武将の稀有にして爽快な生涯を通して日本的美風の確かさを描く傑作小説。

学陽書房 人物文庫 好評既刊

明石掃部
山元泰生

「われ、戦国の世を神のもとで」関ヶ原の戦い、大坂の陣で精強鉄砲隊を率い、強い信念のもと戦国乱世を火のように戦い、風のように奔りぬけたキリシタン武将の生涯を描いた長編小説。

島津家久と島津豊久
山元泰生

島津四兄弟の中でも寡兵で大敵を倒す稀なる才腕の持ち主であった戦さの天才島津家久。父の遺志を継ぎ関ヶ原合戦の敵中突破で名を上げた家久の嫡男島津豊久の豪然たる生涯を描いた長編小説。

片倉小十郎と伊達政宗
永岡慶之助

伊達政宗と己のすべてを主君の成長に捧げた片倉小十郎景綱の生涯。二階堂、蘆名、佐竹、上杉等各大名と戦い、秀吉、家康ら権力者と巧みにわたりあった戦国を代表する主従の生き様。

上杉謙信と直江兼続
永岡慶之助

数々の合戦で圧倒的強さを発揮した軍神上杉謙信。謙信の薫陶を受け、遺志を継ぎ上杉家隆昌のために激動の戦国を生きた智将直江兼続。毘沙門天の旗の下に駆け抜けた清冽なる生き様を描く。

真田昌幸と真田幸村
松永義弘

圧倒的な敵を前に人は一体何ができるのか? 幾度の真田家存続の危機を乗り越える真田昌幸。知略と天才的用兵術で覇王家康を震撼させた真田幸村の激闘。戦国に輝く真田一族の矜持を描く。